U0929385

国家出版基金资助项目
重庆市出版专项资金资助项目
重庆市精神文明建设“五个一工程”奖
教育部全国高校出版社主题出版项目

国家治理

——中国政府转型

王东京　田清旺　赵锦辉　编著

GUOJIA ZHILI

ZHONGGUO ZHENGFU
ZHUANXING

重庆大学出版社

内容提要

本书以政府转型为研究主题，从历史发展演进的视角，回顾与总结了我国改革开放至今的政府转型历程，并对其间的主要研究文献进行评述。

本书特色：第一，研究时限从我国改革开放至今，全面回顾我国政府转型的历史演进路径，是一项填补空白的研究；第二，本书将我国政府转型的历程划分为经济建设型政府、经济调节型政府、公共服务型政府和有效治理型政府，在学术界尚属首次；第三，对我国政府转型历程中的重要文献进行评述，为相关研究提供了一个详细的文献基础。

本书适用对象为党政机关工作人员和相关研究人员。

图书在版编目(CIP)数据

国家治理：中国政府转型 / 王东京，田清旺，赵锦辉编著. --重庆：重庆大学出版社，2018.9(2019.8 重印)

(改革开放 40 周年 · 大国议题丛书)

ISBN 978-7-5689-1393-5

Ⅰ.①国… Ⅱ.①王… ②田… ③赵… Ⅲ.①公共管理—研究—中国 Ⅳ.①D63

中国版本图书馆 CIP 数据核字(2018)第 223906 号

改革开放 40 周年 · 大国议题丛书

国家治理

——中国政府转型

王东京　田清旺　赵锦辉　编著

策划编辑：马　宁　尚东亮

责任编辑：易树平　马　宁　　版式设计：马　宁

责任校对：张红梅　　责任印制：张　策

*

重庆大学出版社出版发行

出版人：饶帮华

社址：重庆市沙坪坝区大学城西路 21 号

邮编：401331

电话：(023) 88617190　88617185(中小学)

传真：(023) 88617186　88617166

网址：http://www.cqup.com.cn

邮箱：fxk@cqup.com.cn (营销中心)

全国新华书店经销

重庆升光电力印务有限公司印刷

*

开本：720mm×1020mm　1/16　印张：21　字数：303 千

2018 年 9 月第 1 版　2019 年 8 月第 2 次印刷

印数：4 001—8 000

ISBN 978-7-5689-1393-5　定价：89.00 元

丛书编委会

中国改革开放为什么能够成功

——《改革开放40周年·大国议题丛书》总序

经过40年的改革开放,中国成功地实现了从计划经济向市场经济的转轨,国家经济实力、科技实力、国防实力、综合国力得到前所未有的提升;党的面貌、国家的面貌、人民的面貌、军队的面貌、中华民族的面貌发生了前所未有的变化。我们的改革开放为什么能够成功?回首40年改革开放历程,有三条重要经验值得总结。

坚持党对改革开放的领导,确保社会主义方向不动摇

办好中国的事情,关键在党。改革开放之初,邓小平同志就将坚持党中央的领导核心地位与推进改革开放紧密联系起来,不仅要求党中央树立权威,体现出能力,还强调要打造"一个具有改革开放形象的领导集体"。以江泽民同志为核心的党中央面对改革的深入推进和国际环境的深刻变化,向全党明确提出了"四个服从";以胡锦涛同志为总书记的党中央,立足于推进社会主义现代化的重任,提出要坚决维护中央权威。

习近平总书记多次强调要充分发挥党总揽全局、协调各方的核心作用,全党要统一意志、统一行动、步调一致,尤其是中央政治局要带头自觉维护中央权威,增强工作合力,做到"全党一盘棋、全国一盘棋"。他告诫全党:"中国是一个大国,决不能在根本性问题上出现颠覆性错误,一旦出现就无法挽回、无法弥补。"

从世界社会主义运动的经验教训看,如果没有共产党作为坚强的领导核心,改革就会进退失据,甚至走上不归路。苏联之所以解体,一个重要原因就是1990年3月苏联通过修改宪法取消了党的领导,结果使改革背离人民的利益,最终酿成悲剧。戈尔巴乔夫曾在接受中国记者采访时说:"我深深体会到,改革时期,加强党对改革进程的领导,是所有问题的重中之重。在这里,我想通过我们的惨痛失误来提醒中国朋友:如果党失去对社会和改革的领导,就会出现混

乱,那将是非常危险的。”

坚持党对改革的领导,最根本的就是要保证改革开放不偏离社会主义方向,既不走封闭僵化的老路,也不走改旗易帜的邪路。什么是社会主义？邓小平同志 1978 年 9 月在东北三省视察时说:“社会主义要表现出它的优越性,哪能像现在这样,搞了 20 多年还这么穷,那要社会主义干什么?” 1984 年 11 月,他第一次提到了共同富裕,并在一次即席讲话中指出:“社会主义的目的就是要全国人民共同富裕,不是两极分化……我们提倡一部分地区先富起来,是为了激励和带动其他地区也富裕起来。”1992 年邓小平在“南方谈话”中提出“社会主义的本质就是解放生产力,发展生产力,消灭剥削,消除两极分化,最终达到共同富裕”,并且强调“共同富裕是社会主义制度不能动摇的原则”。

党的十八大以来,以习近平同志为核心的党中央坚定不移地带领人民走共同富裕的道路。习近平总书记指出:“我们追求的发展是造福人民的发展,我们追求的富裕是全体人民共同富裕。”2012 年年底,习近平总书记在河北调研时指出:“没有农村的小康,特别是没有贫困地区的小康,就没有全面建成小康社会”;2013 年至 2015 年,他在海南、云南、陕西等地调研时多次论及“小康不小康,关键看老乡”“全面实现小康,一个民族都不能少”。2013 年 11 月习近平总书记在湖南湘西考察时首次提出精准扶贫,进一步拓展了共同富裕的实现途径。在精准扶贫、精准脱贫基本方略的统领下,社会各界、各行各业的力量被动员起来,产业扶贫、教育扶贫、健康扶贫、金融扶贫、生态扶贫、电商扶贫相继涌现。东西部扶贫协作和对口支援政策积极推行,一系列脱贫创新实践在各地蓬勃开展。

坚持“三个有利于”标准，充分尊重人民群众的首创精神

1984 年 10 月,《中共中央关于经济体制改革的决定》明确规定,全党同志在进行改革的过程中,应该把是否有利于发展生产力作为检验一切改革得失成败的最主要标准。1987 年 6 月邓小平同志明确讲:“我们的改革要达到一个什么目的呢？总的目的是要有利于巩固社会主义制度,有利于巩固党的领导,有

利于在党的领导和社会主义制度下发展生产力。”同年10月党的十三大提出：“是否有利于生产力发展应该成为我们考虑一切问题的出发点和检验一切工作的根本标准。一切有利于生产力发展的东西，都是符合人民根本利益的，因而是社会主义所要求的，或是社会主义所允许的。”

1992年邓小平在“南方谈话”中明确提出，判断改革开放中一切工作得失、是非、成败的标准是：是否有利于发展社会主义社会的生产力，是否有利于增强社会主义国家的综合国力，是否有利于提高人民的生活水平。这“三个有利于”的判断标准不仅包括了生产力标准，而且把发展生产力、增强综合国力和提高人民生活水平三者有机结合起来，是对生产力标准的深化和发展。

坚持“三个有利于”标准，不断解放和发展生产力，要依靠亿万群众的主体力量和创新精神，依靠人民迸发出激情和活力。事实证明：改革开放的历程就是人民群众的首创精神不断激发、不断涌现的过程。

1978年12月，安徽凤阳小岗村18户农民自发搞起了“大包干”，由此揭开了农村改革的序幕。1980年9月，中央决定允许农民根据自愿原则实行家庭联产承包制；1982年1月，中央一号文件明确指出“包产到户、包干到户都是社会主义集体经济的生产责任制”；到1983年年初，中央一号文件进一步肯定，家庭联产承包责任制是“在党的领导下中国农民的伟大创举”。邓小平同志曾明确指出：“农村搞家庭联产承包，这个发明权是农民的。”他说，“新的农村政策优势从哪里来的？难道是我们几个中央领导同志，我们的省长、书记们的发明吗？这里面当然有党的集体智慧，各级党政领导确实做了大量概括和提高的工作。而更重要的，却是亿万农民的实践，亿万农民的创造”，还说“农村改革中的好多东西，都是基层创造出来，我们把它拿来加工提高作为全国的指导”。

非公经济的发展同样来源于人民群众创业激情的释放。1982年温州出现创业高潮，当地个体工商企业超过10万家，占全国总数的十分之一，形成了闻名全国的“温州模式”。温州的非公经济发展当时之所以能领跑全国，一个重要的原因就是温州人“敢为人先、特别能创业”的精神得到了充分尊重，创新意识被充分调动，才走出了一条“生活逼出来，市场放出来，群众闯出来”的独特发展之路。

党的十八大以来，习近平总书记强调，改革开放是亿万人民自己的事业，必须坚持尊重人民首创精神。他指出：“要广泛听取群众意见和建议，及时总结群众创造的新鲜经验，充分调动群众推进改革的积极性、主动性、创造性，把最广大人民智慧和力量凝聚到改革上来，同人民一道把改革推向前进。”“要充分调动人民群众的积极性、主动性、创造性”“要自觉拜师人民、尊重人民、依靠人民”。在推进改革开放的实践中，全国不少地方尊重人民首创精神，激发企事业单位、社会组织的活力，盘活各类社会资源，在推动实现政府治理和社会自我调节、居民自治良性互动方面实现了新突破。

坚持改革、发展、稳定的有机统一，正确处理三者关系

早在20世纪80年代初，邓小平同志多次提出必须保持“国内安定团结的政治局面”。1987年在接见外宾时他指出，保持“国内安定团结的政治局面”和“有领导有秩序地进行社会主义建设”是实现“三步走发展战略”的重要条件之一。“没有安定团结的政治环境，什么事情都干不成。”1989年2月邓小平同志指出：“中国的问题，压倒一切的是需要稳定。没有稳定的环境，什么都搞不成，已经取得的成果也会失掉。”

以江泽民同志为核心的第三代中央领导集体，将改革、发展、稳定作为中国改革开放和社会主义现代化建设事业三个有机统一的组成部分：改革是动力，发展是目的，稳定是前提。以胡锦涛同志为总书记的党的领导集体，着眼于科学发展和构建社会主义和谐社会，自觉调整和改革生产关系与生产力、上层建筑与经济基础不相适应的方面和环节，不断提高改革决策的科学性，增强改革措施的协调性。

党的十八大以来，以习近平同志为核心的党中央，要求必须处理好改革、发展、稳定三者之间的关系，以更大的政治勇气和智慧，进一步解放思想、解放和发展社会生产力、增强社会创新活力。习近平同志强调，全面深化改革要处理好几种关系，其中就包括要处理好胆子要大和步子要稳的关系、改革发展稳定

的关系。改革是发展的动力,是实现长期稳定的基础;发展是改革的目的,是稳定最可靠的保证;稳定则是改革、发展的前提条件,也是发展的重要要求。处理改革发展稳定的关系,就是要坚持把改革的力度、发展的速度和社会可承受的程度统一起来,在社会稳定中推进改革发展。

正确处理改革发展稳定的关系,必须找到三者的结合点。习近平总书记强调,要把"人民拥护不拥护、人民赞成不赞成、人民高兴不高兴、人民答应不答应"作为想问题、干事业的出发点和落脚点,本着对历史负责、对人民负责的态度,准确把握改革发展稳定的平衡点,准确把握近期目标和长期发展的平衡点,准确把握改革发展的着力点,准确把握经济社会发展和改善人民生活的结合点,坚持问政于民、问需于民、问计于民,从老百姓最关心、最直接、最现实的问题入手,在转方式、调结构、保民生、推动可持续发展方面取得实实在在的成效。

中国改革开放为什么能够成功的三条经验已被理论和实践所印证。在中国改革开放40周年之际,在重庆市文化委员会、重庆大学的领导和支持下,成立了由中共中央党校(国家行政学院)副校(院)长王东京教授、重庆大学校长张宗益教授共同担任主任的丛书编委会,在丛书编委会的总体统筹和指导下,由中国大运河智库联盟理事长、重庆智库创始人兼总裁王佳宁同志担任总策划,重庆大学出版社社长易树平教授牵头组织出版了"改革开放40周年·大国议题丛书"。该丛书聚焦中国政府转型、"一带一路"建设、京津冀协同发展、长江经济带发展、新一轮东北振兴、自由贸易试验区等一系列治国理政的伟大实践,既有学术理论研究,又有实践经验总结,兼具原创性、思想性、学术性和史料性,对破解发展难题、增强发展动力、厚植发展优势,具有重要的出版价值。10年前,佳宁同志和重庆大学出版社曾经共同策划并推出"中国经济改革30年丛书",社会反响较大。如今,"改革开放40周年·大国议题丛书"秉承这一好的传统,更以全新面孔出现。丛书作者均为长期跟踪研究改革开放前沿问题的专家学者,阵容强大且权威。

研究和写作是一个知行合一的过程,这是专家学者的使命。丛书8卷,洋洋洒洒,全方位展示改革开放和现代化进程中关键领域、行业的发展进程和愿景。期待“改革开放40周年·大国议题丛书”对关注中国改革开放事业的各界读者有所助益,从而让我们一起以更广博的胸怀续写华夏新篇章。

中共中央党校(国家行政学院)副校(院)长、教授

王东京

2018年8月

重庆大学校长、教授

张宗益

2018年8月

前　言

中国改革开放走过了 40 年的历程。经过反复的实践探索，我国的经济体制已完成从高度集中的计划经济向社会主义市场经济的转变。要指出的是，虽然经济体制改革取得了突破性进展，但经济社会生活中深层次矛盾和体制弊端还没有完全根本消除，改革的任务仍然相当艰巨。可以说，改革已进入了攻坚期和深水区。必须以强烈的历史使命感，最大限度集中全党全社会智慧，最大限度调动一切积极因素，敢于啃硬骨头，敢于涉险滩，以更大决心冲破思想观念的束缚、突破利益固化的藩篱，推动中国特色社会主义制度自我完善和发展。[①]

总的来说，当前经济体制改革的各项任务都与政府转型密切相关。如果政府转型没有突破性进展，这些改革就很难取得实质性进展。40 年改革的实践表明，我国的政府改革大体保持了与经济体制改革近似的“渐进”过程和特征。可以说，离开政府改革的逐步展开和深化，市场经济体制的完善是不可能的。在这种情况下，在当前和今后一段期间，应把政府转型作为改革的中心和重点来抓。政府改革既连接经济体制改革，又连接政治体制改革、文化体制改革、社会体制改革和生态文明体制改革，处于改革的中心环节。因此，本书研究政府转型，主要从文献研究和实证分析两个角度，沿着历史发展的脉络，对我国政府转型的历程进行全面回顾，并对其间的主要研究文献进行评述，以期为我国政府转型提供参考和借鉴。

根据我国政府转型的历史演进路径，我们将其历程大体划分为四个阶段：1978—1986 年为经济建设型政府阶段；1987—2002 年为经济调节型政府阶段；2003—2012 年为公共服务型政府阶段；2012 年至今为有效治理型政府阶段。

---

① 《中共中央关于全面深化改革若干重大问题的决定》.

根据对我国政府转型历程的划分,本书的结构安排如下:

第一章,经济建设型政府。十一届三中全会后,面对“文化大革命”之后的混乱局面和落后现状,如何迅速改变我国的被动局面,成为摆在我国政府面前的一个关键难题。在对“文化大革命”进行深刻反思的基础上,在全社会形成了强大的改革发展共识。党和政府在正确分析我国发展所面临困难的基础上,提出以经济建设为中心的改革开放总方针。专家学者也纷纷提笔撰文,对如何实现政府工作重心转向经济建设建言献策。我国政府则在改革开放总方针指导下,借鉴专家学者的理论著述,结合实践把工作重点从阶级斗争转到经济建设,全面主导和推动经济建设,迅速改变了我国混乱和落后的局面,取得了经济建设的伟大成绩。

第二章,经济调节型政府。1987 年前后,通货膨胀加剧,收入分配关系扭曲,市场秩序混乱,经济环境不断恶化,我国的市场化改革陷入困境。党和政府在全面总结我国改革开放取得巨大成绩的同时,也深刻分析了改革过程中的经济秩序失衡问题,提出我国政府要加强以宏观调控为主的经济调节。专家学者也著书立说,阐明政府进行经济调节的重要性和政府如何进行经济调节。在党的方针政策以及专家学者理论分析的指导下,我国政府针对市场经济发展中经济秩序失衡的现实,切实加强了政府的经济调节职能,使我国经济发展最终实现了“软着陆”,保证了经济的平稳运行与发展。

第三章,公共服务型政府。随着经济体制改革的稳步推进和社会主义市场经济的发展,公民对社会管理和公共服务的需求越来越强烈,给政府强化社会管理和公共服务职能提出了严峻而迫切的重大课题。尤其是 2003 年的 SARS 危机,凸现了政府社会管理和公共服务职能的滞后。党和政府明确指出了我国发展过程中社会建设与经济建设失衡的现实,要求政府切实加强社会管理和公共服务职能。专家学者也著书立说,提出我国政府要切实从经济建设型政府转向公共服务型政府,并对转型中的问题与困难进行了分析。我国政府也认识到了自身公共服务职能滞后的弊端,在加强经济建设和经济调节之外,更是大力增强了社会管理和公共服务职能,努力满足人民群众对公共服务的需求,促进我国经济社会又好又快地发展。

第四章,有效治理型政府。党的十八大以来,我国经济发展进入新常态,国内外形势正在发生深刻复杂变化,实现中华民族伟大复兴中国梦,建成富强民主文明和谐美丽的社会主义现代化强国,对政府治理能力和水平提出了全新的要求。党和政府明确指出了全面深化改革的总目标,就是推进国家治理体系和国家治理能力现代化。专家学者对如何更好发挥政府作用,实现国家治理体系和国家治理能力现代化展开了深入研究。我国政府以职能转变为核心,加大政府改革力度,不断向治理体系和治理能力现代化的目标迈进。

本书的创新之处主要体现在:第一,全面回顾改革开放以来我国政府转型的历史演进路径,是一项填补空白的研究;第二,将我国政府转型的历程划分为四个阶段:经济建设型政府、经济调节型政府、公共服务型政府和有效治理型政府,这种对我国政府转型历程的划分在学术界尚属首次;第三,对我国政府转型历程中的重要文献进行评述,为相关研究提供了一个详细的文献基础。

本书的写作分工如下:王东京负责本书结构安排和写作提纲,并对全书统稿;田清旺负责第一章、第二章和第三章;赵锦辉负责第四章。

在本书的写作过程中,参阅了大量的相关研究成果,我们都尽可能地一一做了注释,在此谨向作者表示诚挚的谢意。

编　者

2018 年 6 月

目　录

第一章

1 经济建设型政府

1978—1986 年为经济建设型政府阶段。十一届三中全会后，面对“文化大革命”之后的混乱局面和落后现状，在反思“文化大革命”的基础上，全社会形成了改革发展的强大共识，我国政府的工作重点从阶级斗争转到经济建设，政府全面主导和推动经济建设，在经济建设和社会发展中起到了重要作用。

第一节　“文化大革命”后混乱和落后的状况推动政府转向“经济建设型”

十年“文化大革命”，对于中国来说，是一场大的灾难和浩劫，国民经济遭到了严重破坏，人民生活水平大幅度下降。[①][②]

一、国民经济比例关系严重失调

“文化大革命”使国民经济各项比例关系严重失调，主要表现在以下几个方面：

第一，农轻重关系失调。“文化大革命”开始时，农轻重比例关系比较合理，1966 年三者的比例为 35.9∶31.4∶32.7。“文化大革命”中“加强备战”的口号，导致片面发展重工业，轻工业发展相对落后，设备陈旧，产品远远不能满足市场需求，1976 年三者的比例关系为 30.3∶30.8∶38.9，农轻重比例关系失调。

第二，原材料工业与加工工业间的比例失调。在工业内部，不仅轻重工业之间比例失调，在重工业内部由于盲目发展加工工业，尤其是机械工业，忽视采掘工业和原材料工业，也造成原材料工业和加工工业比例失调。1966—1976 年，我国重工业产值中，加工工业的比重由 50.5%上升到 52.8%，而原材料工业却由 38.3%下降到 34.9%，原材料工业与加工工业间的比例失调。

---

① 孙健.中国经济通史：下卷（1949 年—2000 年）[M].北京：中国人民大学出版社，2000：1814-1821.

② 谢春涛.改变中国——十一届三中全会前后的重大决策[M].上海：上海人民出版社，1998：139-146.

第三，工业发展与交通运输之间的比例关系不相适应。“文化大革命”前，交通运输业已经不太适应工业发展的需要，“文化大革命”中，由于突出发展重工业，突出内地新的铁路线的建设，忽视运输繁忙地段旧铁路线的改造，使铁路运输能力与国民经济的发展越来越不相适应。京广线以东地区的铁路运输能力越来越紧张，越来越不能满足生产和生活的需要。1966—1976 年，工农业总产值增长了近 1 倍，其中工业总产值增长了 1.25 倍，而全部货物周转量增长不到 77%，其中铁路货物周转量只增长了 28.2%，工业发展与交通运输之间的比例关系越来越不相适应，交通运输越来越不能满足生产和生活的需要。

第四，积累与消费之间的比例关系失衡。1966—1976 年，我国积累率急剧波动，积累与消费比例明显失调。积累率高的时候，国民收入却增长缓慢，人口急剧增加，人们的正常消费受到了影响。

二、经济效益全面下降

“文化大革命”期间，企业合理的管理规章制度遭到破坏，又加上内地建设中错误地强调靠山、分散、进洞，以致经济效益普遍下降，投入多而产出少。最集中地表现为，每百元积累所增加的国民收入下降：“一五”时期（1953—1957 年）为 35 元，“三五”时期（1966—1970 年）下降为 26 元，“四五”时期（1971—1975 年）更下降为 16 元。在工业方面，1965—1976 年，全民所有制独立核算工业企业每万元固定资产原值实现的利润由 20.9 元下降为 12.1 元；每百元资产实现的利润和税金由 29.8 元下降为 19.3 元；每百元固定资产原值实现的产值由 98 元下降到 96 元；每百元固定资产净值实现的利润和税金由 39.8 元下降到 29 元；每百元产值实现的利润由 21.3 元下降到 12.6 元。实现利润和税金减少，但是所占用的流动资金由 25.5 元增加到 36.9 元；每百元销售收入成本由 69 元增加到 74.8 元。在商业方面，每百元资金实现利润由 1957 年的 20 元下降到 1976 年的 9.7 元。1966—1976 年，其中有 5 年经营利润比上一年减少。到 1975 年，每销售 100 元商品，占用资金达 61.16 元，比 1957 年多占用 15.98 元；资金周转率下降到 1.63 次，比 1957 年少 0.58 次；而费用水平则上升到 11.66%。在基本建设方面，固定资产的交付使用率由“一五”时期的 83.7%降到“三五”时期、“四五”时期的 59.5%和 61.4%。另外，亏损企业不断增多，如商业系统，1976 年与 1966 年相比，商业系统独立核算单位增加了 35%，而亏损单位却增加了 1 倍多，亏损单位的亏损金额则增加了 2 倍多。

三、经济发展速度缓慢

“文化大革命”期间，由于“左”的错误指导思想，使国民经济遭到严重的破坏，在徘徊中缓慢发展，有些年份还出现负增长。

“文化大革命”期间年平均增长速度如下：社会总产值“三五”时期为 9.3%，“四五”时期为 7.3%，1976 年下降为 1.4%（1976 年比 1975 年只增长1.4%）；工农业总产值“三五”时期为 9.6%，“四五”时期为 7.8%，1976 年为 1.7%（1976 年比 1975 年只增长 1.7%）；农业总产值“三五”时期为 3.9%，“四五”时期为 4%，1976 年为 2.5%（1976 年比 1975 年只增长 2.5%）；工业总产值“三五”时期为 11.7%，“四五”时期为 9.1%，1976 年为 1.3%（1976 年比 1975 年只增长 1.3%）；国民收入“三五”时期为 8.3%，“四五”时期为 5.5%，1976 年为-2.7%（1976 年比 1975 年负增长 2.7%）。

以上指标表明，国民经济平均增长速度是在明显下降，1976 年更是大幅度下降，国民收入不仅没有增长，反而下降了 2.7%。我们再拿“文化大革命”10 年与“文化大革命”前 3 年（经过调整后的国民经济）相比，经济增长速度的下降就更为明显。如 1963—1965 年社会总产值平均年增长速度为 15.5%，而“三五”时期、“四五”时期则分别下降为 9.3%和 7.3%。工业生产方面，1963—1965 年工业总产值年平均增长为 17.9%，而“三五”时期、“四五”时期只有 11.7%和 9.1%。

四、国民经济管理体制混乱

“文化大革命”期间,整个国民经济几乎处于无政府状态。“文化大革命”一开始,国家计委受到严重冲击,计划工作几乎停止。中国是一个社会主义国家,实行计划经济,制定和执行计划的机关被冲击,计划工作无法正常进行。因此,所制定的“国民经济和社会发展第三个五年计划”只有一个详细的汇报提纲,没有形成正式文件。“国民经济和社会发展第四个五年计划”也仅是一个纲要(草案),也未得到真正的贯彻执行。

在中央和地方关系上,“文化大革命”期间,由于强调备战需要,把许多经济权力下放给行政机关。1970 年批判所谓“条条专政”,把包括许多大的企业的管理权下放给地方管理,并要求各省尽快实现主要产品自给。这虽有利于发挥地方积极性,发展地方工业,但却造成了不少重复建设、盲目生产、地区分割、自成体系的现象。在地区之间,不能按照经济合理原则发挥各自的优势,组织分工协作,甚至以封锁抵制竞争,保护落后企业。企业缺乏自主权,而不少由中央下放的大企业,由于原来面向全国的产供销关系被割断,地方又无力解决,经营更加困难,不得不改为中央直供企业,形成多头领导。

在计划与市场的关系上,由于大搞“穷过渡”,急于向更高的所有制过渡,在农村取消自留地,禁止家庭经营副业,关闭集市贸易,在城镇取消个体经济,因而流通范围越来越小,流通渠道越来越少。供销社并入国营商业后,城市的集市贸易也全面关闭,从根本上排除了市场的调节作用。

在国家、集体和个人三者的关系上,由于反对按劳分配,取消企业奖金、计件工资和农村中的工分制,助长了吃“大锅饭”的平均主义倾向。

五、人民生活水平下降

"文化大革命"期间整个国民经济遭到了严重破坏,因而也影响到人民的生活。1966—1976年10年间,全民所有制各部门职工只有1971年调整过一次工资,其他年份从未调过。1966年全民所有制各部门职工年平均工资为636元,而1976年下降为605元,1966—1976年,平均工资下降了4.9%。实际工资也下降了,如以1952年为100元,1966年为120元,1976年则下降为112.1元。再从生活消费品的人均消费量看:粮食1966年为379.14斤(1斤=500克,下同),1976年为380.56斤,几乎没有增长;食用植物油1966年为3.52斤,1976年下降为3.19斤;猪肉1966年为14.08斤,1976年为14.76斤,几乎没有什么变化;煤炭1966年为208.75斤,1976年为191.15斤。

城镇人口不断增加,城市建设、职工住房、学校、医院等没有增加,许多轻纺产品质次价高,副食品供应严重短缺,商业网点、服务行业大批并缩,城市人民生活困难与不便更是与日俱增。农民平均纯收入10年来没有增加,收入很少,不少地区甚至求温饱而不可得。此外,城镇知识青年上山下乡,10年合计达1 600多万人,给城镇居民增加了不少负担。

六、中国与世界发达国家甚至若干发展中国家及地区的差距越拉越大

1966—1976年,当中国处于"文化大革命"混乱时,国门之外却是科学技术日新月异、各国经济你追我赶的迅速发展时期。在这10年间,中国的社会总产值增长了77%,而同期美国增长了124%,日本增长了345%,联邦德国(现为德国,下同)增长了131%,法国增长了212%,苏联增长了99%,加之中国社会总产值基数就有差距,因而到1976年,差距就更大了。如以国民生产总值作为综合反映的指标,1976年美国为20 871亿美元,日本为7 131亿美元,联邦德国为

6 391亿美元,英国为 2 452 亿美元,法国为 3 807 亿美元,分别相当于我国的 10. 5 倍、3.6 倍、3.2 倍、1.3 倍和 1.9 倍。在科技水平和劳动生产率方面,差距已经到了惊人的地步。农业劳动生产率,1966—1975 年,中国年均增长 0.1%,美国平均增长 5. 5%。工业劳动生产率,中国在 10 年间,除 1970 年、1975 年有所增长外,其余 8 年都在低水平徘徊。工业产值的增加,主要靠资金和劳动力的投入实现。而同一时期,发达国家工业劳动生产率因技术的进步,提高极为迅猛。在降低原材料消耗、能源消耗方面,中国的进步不大,有些产业(如钢铁)不降反增,这与世界工业发展潮流是无法相比的。

这个时期拉美的一些国家和亚洲的几个国家及地区抓住世界产业结构调整有利于落后国家及地区发展的机遇,调整政策,实现了经济起飞。韩国、新加坡和我国台湾地区、香港地区原来的经济水平很低,但自 20 世纪 60 年代初起,它们社会比较稳定,努力适应国际经济的变化,改变发展战略,积极引进外资,利用自己劳动力低廉和港口的优势,发展劳动密集型制造业,扩大对欧美市场的出口。结果,连续十几年保持了年均 10%的经济增长率,至 70 年代末,它们已成为中等发达国家或地区,人均国民生产总值新加坡和我国香港地区超过 4 000 美元,我国台湾地区超过 2 000 美元,韩国也有 1 500 多美元。

苏联和东欧各国在经历了 50 年代高速发展后,始终把经济工作放在首位,并且开始进行体制改革,又比较重视科学和教育事业的发展。因而,尽管存在不少问题,六七十年代中期经济总体是继续稳定增长的。苏联已发展为世界第二大强国,其他国家及地区多数也已成为中等发达水平的国家及地区。

七、“文化大革命”反思凝聚改革发展共识转向经济建设

历史反复证明,重大的危机推动形成新的社会共识,好的社会共识是历史进步的强大推动力量。中国改革开放之前是十年“文化大革命”,那时中国经济已经走到崩溃边缘。如果没有对“文化大革命”的反思,就不可能有今天中国的经济增长。“文化大革命”让中国人认识到了“以阶级斗争为纲”理论的错误和

荒谬,认识到了闭关锁国的严重恶果和悲剧结局。摆脱贫困和结束混乱,是全民族的强烈愿望,推动改革和开放,是全民族深埋在心中的强烈期盼。这就是中国改革和发展的社会共识。邓小平同志的正确决策代表了中国人民的强烈要求。①②

正是基于对"文化大革命"的反思,曹普指出,改革开放作为党带领人民进行的一场新的伟大革命,其发生绝不是偶然的,而是有着深刻的国际国内背景。一是从我国自身情况看,历时十年的"文化大革命",给党、国家和人民带来了巨大灾难,严重损害了社会主义。二是从外部情况看,20 世纪五六十年代以后世界范围内蓬勃兴起的新科技革命推动世界经济以更快的速度向前发展,我国经济实力、科技实力与国际先进水平的差距明显拉大,面临着巨大的国际竞争压力。因此,40 年前,是严酷的国内困境和严峻的外部压力迫使中国义无反顾地走上改革开放之路——这是一种被迫的选择,然而却是唯一正确的选择。③

从上述情况描述可以看出,"文化大革命"后,国内处于混乱和落后的状况,而与此同时,世界许多国家和地区特别是后起国家和地区发生了日新月异的变化,经济实力和综合国力迅速增强,我国与世界上其他国家和地区的差距越来越大。我国如何加速恢复和发展经济,已成为摆在党、政府和全国人民面前的头等大事,并在全社会形成了强大的改革发展共识。为了改变经济建设的混乱和落后局面,党中央和国务院重新制定了一系列方针政策和法规,果断停止了"以阶级斗争为纲"的错误路线,把党和国家的工作重心转移到以经济建设为中心的现代化建设上来,以恢复生产,发展经济。自此,我国政府走上了经济建设型政府的轨道。

---

① 刘鹤.没有画上句号的增长奇迹(上)[N].第一财经日报,2008-11-26.

② 刘鹤.没有画上句号的增长奇迹(下)[N].第一财经日报,2008-11-28.

③ 曹普.中国改革开放的历史由来[N].学习时报,2008-09-29.

第二节　党和政府的文献对经济建设型政府的表述

自 1978 年以来,党和政府的文献对深化行政管理体制和机构改革、转变政府职能、构建经济建设型政府,都进行了详细而明确的表述,下面,分别就党的中央全会和政府工作报告中的内容摘录如下。

一、党的中央全会关于经济建设型政府的表述

(一)中国共产党第十一届中央委员会第三次全体会议

中国共产党第十一届中央委员会第三次全体会议,于 1978 年 12 月 18 日至 22 日在北京举行。

全会中心议题是讨论把全党工作重点转移到社会主义现代化建设上来。全会作出了从 1979 年起,把全党工作重点转移到社会主义现代化建设上来的战略决策。在经济建设问题上,从纠正急于求成的错误倾向和全党要注意解决好国民经济重大比例严重失调等问题出发,必须采取一系列新的重大措施,对陷于失调的国民经济比例关系进行调整,对过分集中的经济管理体制着手认真的改革。

全会重新确立了中国共产党正确的政治路线,果断地停止使用"以阶级斗争为纲"这个不适用于社会主义社会的口号。

全会提出了要注意解决好国民经济重大比例严重失调的要求,制定了加快农业发展的决定,同意将《中共中央关于加快农业发展若干问题的决定(草案)》和《农村人民公社工作条例(试行草案)》发到省、自治区、直辖市讨论和试行。

(二)中国共产党第十二届中央委员会第三次全体会议

中国共产党第十二届中央委员会第三次全体会议,1984 年 10 月 20 日在北

京召开。全会一致通过了《中共中央关于经济体制改革的决定》。

《决定》根据马克思主义基本原理同中国实际相结合的原则,阐明了加快以城市为重点的整个经济体制改革的必要性、紧迫性,规定了改革的方向、性质、任务和各项基本方针政策,是指导我国经济体制改革的纲领性文件。

《决定》指出,社会主义制度的优越性没有得到应有的发挥,一个重要的原因,就是在经济体制上形成了一种同社会生产力发展要求不相适应的僵化的模式。这种模式的主要弊端是:政企职责不分,条块分割,国家对企业统得过多过死,忽视商品生产、价值规律和市场的作用,分配中平均主义严重。

为了保证经济体制改革的有效推进,《决定》要求,实行政企职责分开,正确发挥政府机构管理经济的职能:

过去由于长期政企职责不分,企业实际上成了行政机构的附属物,中央和地方政府包揽了许多本来不应由它们管的事,而许多必须由它们管的事又未能管好。加上条块分割,互相扯皮,使企业工作更加困难。因此,按照政企职责分开、简政放权的原则进行改革,是搞活企业和整个国民经济的迫切需要。

根据多年来的实践经验,政府机构管理经济的主要职能应该是:制订经济和社会发展的战略、计划、方针和政策;制订资源开发、技术改造和智力开发的方案;协调地区、部门、企业之间的发展计划和经济关系;部署重点工程特别是能源、交通和原材料工业的建设;汇集和传布经济信息,掌握和运用经济调节手段;制订并监督执行经济法规;按规定的范围任免干部;管理对外经济技术交流和合作;等。

要坚定不移地按照为人民服务和精简、统一、效能的原则,改造机关作风,提高工作人员的素质。要改变那种长期形成的领导机关不是为基层和企业服务,而是让基层和企业围着领导机关转的局面,扫除机构重叠、人浮于事、职责不明、互相扯皮的官僚主义积弊,使各级领导机关把自己的全部工作切实转移到为发展生产服务,为基层和企业服务,为国家的繁荣强盛和人民的富裕幸福服务的轨道上来。

（三）中国共产党第十二届中央委员会第四次全体会议

中国共产党第十二届中央委员会第四次全体会议，1985年9月16日在北京举行。全会讨论并原则通过了《中共中央关于制定国民经济和社会发展第七个五年计划的建议（草案）》。

《建议》指出，"七五"期间经济和社会发展的主要奋斗目标确定为：争取基本上奠定有中国特色的新型社会主义经济体制的基础，大力促进科学技术进步和智力开发，不断提高经济效益，使1990年的工农业总产值和国民生产总值比1980年翻一番或者更多一些，使城乡居民的人均实际消费水平每年递增百分之四到百分之五，使人民的生活质量、生活环境和居住条件都有进一步的改善。

《建议》指出，为了保证"七五"计划的完满实现和我国经济更长时期的持续、稳定、协调发展，最重要的是按照十二届三中全会的《决定》，既坚定不移又慎重稳妥地推进经济体制改革，力争在今后五年或者更长一些的时间内，基本上奠定有中国特色的、充满生机和活力的社会主义经济体制的基础。

建立新型的社会主义经济体制，主要是抓好互相联系的三个方面：第一，进一步增强企业特别是全民所有制大中型企业的活力，使它们真正成为相对独立的、自主经营、自负盈亏的社会主义商品生产者和经营者；第二，进一步发展社会主义的有计划的商品市场，逐步完善市场体系；第三，国家对企业的管理逐步由直接控制为主转向间接控制为主，主要运用经济手段和法律手段，并采取必要的行政手段，来控制和调节经济运行。要围绕这三个方面，配套地搞好计划体制、价格体系、财政体制、金融体制和劳动工资制度等方面的改革，以形成一整套把计划和市场、微观搞活和宏观控制有机地结合起来的机制和手段。

随着国家管理经济的职能范围和管理方式的变化，各级政府经济管理部门的组织机构也要进行相应的调整和改革。综合性经济管理部门要予以充实和加强，努力提高它们决策的科学水平和宏观控制调节能力。专业性经济管理部门要从具体管理直属企业的生产经营转向搞好全行业管理，制订行业发展规划，研究行业内重大经济技术政策，组织信息交流、技术开发和人才培训等工作。在转变职能的基础上，积极创造条件，逐步进行机构的调整和精简。

总结前几年改革的经验，在今后的改革中必须正确处理破和立的关系，切实注意以下各点：第一，要大力加强国家对各项经济活动的间接控制能力，并同这方面能力的加强相适应，确定国家减少直接控制微观经济活动的范围、程度和步骤。第二，在社会主义的经济管理中，改革的方向是逐步减少行政手段的运用，但必要的行政手段始终是不可缺少的。第三，经济体制改革的深入进行和国民经济的进一步发展，要求把更多的经济关系和经济活动的准则用法律的形式固定下来，使法律成为调节经济关系和经济活动的重要手段。

从上述内容可以看出，为了适应我国经济社会发展需求的变化，尤其是经济滞后和缺乏竞争力的现实落后局面，党的中央全会决定和建议对政府的经济建设职能和经济建设的工作重点都进行了详细的论述，指明了发展方向、工作职责和工作重点，是构建经济建设型政府的指导性文件。

二、《政府工作报告》关于经济建设型政府的表述

（一）1979 年政府工作报告

1979 年 6 月 18 日，在第五届全国人民代表大会第二次会议上，国务院总理华国锋做了《政府工作报告》。

《报告》指出，党的十一届三中全会以后，国务院全面地分析了我国经济建设的现状，认为必须在前两年多经济恢复和发展取得巨大成就的基础上，从今年起集中三年的时间，认真搞好国民经济的调整、改革、整顿、提高，把它逐步纳入持久的按比例的高速度发展的轨道。

我们讲调整，就是要针对林彪、“四人帮”长期干扰破坏所造成的经济比例严重失调的状况，自觉调整比例关系，使农轻重和工业各部门能够比较协调地向前发展，使积累和消费之间保持合理的比例。我们讲改革，就是要对现行经济管理体制坚决地有步骤地实行全面改革。我们讲整顿，就是要把现有企业特

别是一部分目前管理混乱的企业坚决整顿好。我们讲提高,就是要大大提高生产水平、技术水平和管理水平。

（二）1980 年政府工作报告

1980 年 8 月 30 日,在第五届全国人民代表大会第三次会议上,国务院副总理兼国家计划委员会主任姚依林做了《政府工作报告》。

《报告》指出,1981 年发展国民经济的主要任务,是继续贯彻执行调整、改革、整顿、提高的方针,促进工农业生产和各项事业协调地前进。具体说来,要努力加快农业、轻工业的发展,使消费品的供应同社会购买力的增长大体相适应,保持市场物价的基本稳定。大力加强能源的开发和节约,加强交通和建筑业,加快机械工业的改组和技术改造,合理调整冶金、化工等重工业生产,努力增产短缺的和新型的原材料,更好地为农业、人民生活、出口、国防和整个国民经济服务。继续严格控制基本建设规模,努力缩短建设周期,争取有更多的工程建成投产。进一步开展对外贸易,扩大国际经济交流。大力加强科学技术、教育卫生、城市建设、环境保护和劳动保护。全面讲究经济效果,努力开源节流,增加财政收入。进一步调整积累和消费的比例关系,使人民生活在生产发展的基础上继续有所改善。

（三）1981 年政府工作报告

1981 年 11 月 30 日和 12 月 1 日,在第五届全国人民代表大会第四次会议上,国务院总理赵紫阳做了《政府工作报告》。

《报告》指出,我们对国民经济进行进一步调整,真正从我国实际情况出发,走出一条速度比较实在、经济效益比较好、人民可以得到更多实惠的新路子。

围绕着提高经济效益,必须认真贯彻执行下列十条方针:①依靠政策和科学,加快农业的发展。②把消费品工业的发展放到重要地位,进一步调整重工业的服务方向。③提高能源的利用效率,加强能源工业和交通运输业的建设。④有重点有步骤地进行技术改造,充分发挥现有企业的作用。⑤分批进行企业的全面整顿和必要改组。⑥讲究生财、聚财、用财之道，增加和节省建设资金。⑦坚持对外开放政策，增强我国自力更生的能力。⑧积极稳妥地改革经济体制，充分有效地调动各方面的积极性。⑨提高全体劳动者的科学文化水平，大力组织科研攻关。⑩从一切为人民的思想出发，统筹安排生产建设和人民生活。

（四）1982 年政府工作报告

1982 年 11 月 30 日，在第五届全国人民代表大会第五次会议上，国务院总理赵紫阳做了《政府工作报告》。

《报告》指出，我们要在今后三年内全面实现第六个五年计划，就其中的经济发展计划来说，关键在于把全部经济工作转到以提高经济效益为中心的轨道上来。为了做到这一点，从当前国民经济的全局来看，必须切实管好用好计划安排的全部固定资产投资，坚决调整和整顿好现有企业，大力促进社会生产的技术进步，继续改革现行的经济体制。

《报告》还指出，在今后三年中，我们还要坚定不移地把政府的机构改革工作继续做好。国务院各部门，一定要建立起各种严格的责任制度，做到人人职责分明，事事有人负责，坚决扫除那种办事拖拉、互相推诿的坏作风。一定要深入群众，深入实际，作系统的调查研究，坚决扫除那种不调查、不研究、主观主义地决定重大问题的坏习气。各省、市、自治区和地市两级的政府机构改革，今年冬天就要开始进行，争取明年上半年完成。县和基层政权两级的机构改革，要求在明年冬季和后年春季做好。

（五）1983 年政府工作报告

1983 年 6 月 6 日，在第六届全国人民代表大会第一次会议上，国务院总理赵紫阳做了《政府工作报告》。

《报告》指出，今后五年政府的主要任务应该是：动员全国各族人民全面完成和超额完成第六个五年计划，制定和执行第七个五年计划，把以经济建设为中心的各项建设事业继续推向前进，实现中国共产党第十二次全国代表大会提出的争取国家财政经济状况和社会风气的根本好转，在全面开创社会主义现代化建设新局面的斗争中取得重大胜利。

《报告》指出，一定要在这五年中搞好国民经济的调整，加快改革的步伐，抓紧重点建设和技术改造，保证经济的稳定增长，并为以后的发展积蓄力量，创造条件。国务院认为，必须从以下三个方面认真解决好这个问题：第一，大力提高经济效益，积极扩大财源；第二，合理分配国民收入，提高财政收入在国民收入中的比重；第三，正确地确定基本建设的总规模，努力保证重点建设的资金需要，大力提高投资效果。

《报告》指出，适应经济建设发展的要求，必须加快经济体制改革的步伐。全面改革经济体制，要着重解决以下问题：第一，改革计划体制，加强国家对国民经济的有效管理和指导；第二，按照社会化大生产的要求组织生产和流通，发展统一的社会主义市场；第三，改革财政体制和工资制度、劳动制度。

（六）1984 年政府工作报告

1984 年 5 月 15 日，在第六届全国人民代表大会第二次会议上，国务院总理赵紫阳做了《政府工作报告》。

《报告》指出，今后在经济工作中，要着重抓好体制改革和对外开放这两件大事。农村改革，要进一步稳定和完善各种形式的家庭联产承包责任制，积极发展专业户和各种形式的经济联合体，继续改善农业结构，支持农民积极扩大商品生产。城市改革的步子要加快，要从解决国家与企业、企业与职工的关系入手，把适合于当前情况的各项改革措施初步配起套来，同步进行。

第一，认真地有步骤地改革城市经济中普遍存在的吃“大锅饭”的弊端，更好地调动企业和职工的积极性。第二，改革建筑业和基本建设的管理体制，大力提高投资效益。关键是要推行投资包干制和招标承包制。第三，改革流通体制，疏通流通渠道，做到货畅其流。把原有的按行政区划、行政层次统一收购和供应商品的流通体制,改变为开放式、多渠道、少环节的流通体制,形成城乡畅通、地区交流、纵横交错、四通八达的流通网络,发展社会主义的统一市场。第四,积极办好经济特区和进一步开放沿海城市,打开对外经济技术交流的新局面。第五,更加重视知识和知识分子的作用,加强智力开发,不断提高职工队伍的素质。

(七)1985 年政府工作报告

1985 年 3 月 27 日,在第六届全国人民代表大会第三次会议上,国务院总理赵紫阳做了《政府工作报告》。

《报告》指出,今年的改革一定要继续把经济搞活,促进各方面的经济效益有一个较大的提高,迈出工资制度和价格体系改革的重要一步,同时切实加强和完善宏观经济的有效控制和管理,为今后的改革打下较好的基础,为进一步理顺经济关系创造更好的条件。

为了进一步搞活经济,在农村,要继续完善家庭联产承包责任制,改革农产品的统购派购制度,积极推进产业结构的调整。在城市,小企业要继续搞活,并要着重解决增强国营大中型企业活力的问题。

1985 年的工资改革,重点是改革现行不合理的工资制度,逐步消除工资分配中吃"大锅饭"的平均主义积弊,初步建立起能够较好地体现按劳分配原则的新的工资制度。关于价格体系的改革,1985 年决定采取放调结合、小步前进的方针。在改革中,必须根据实际情况,认真贯彻价格"有升有降"的原则,努力保持物价总水平的基本稳定。

(八)1986 年政府工作报告

1986 年 3 月 25 日,在第六届全国人民代表大会第四次会议上,国务院总理赵紫阳做了《政府工作报告》。

《报告》指出,"七五"时期的基本任务是:

第一,进一步为经济体制改革创造良好的经济环境和社会环境,努力保持社会总需求和总供给的基本平衡,使改革更加顺利地展开,力争在五年或者更长一些的时间内,基本上奠定有中国特色的新型社会主义经济体制的基础。

第二,保持经济的持续稳定增长,在控制固定资产投资总规模的前提下大力加强重点建设、技术改造和智力开发,在物质技术和人才方面为九十年代经济和社会的继续发展准备必要的后续能力。

第三,在发展生产和提高经济效益的基础上,继续改善城乡人民生活。

从上述政府工作报告的内容可以看出,为了适应我国经济社会发展需求的变化,尤其是经济滞后和缺乏竞争力的现实落后局面,政府工作报告对政府的经济建设职能和经济建设的工作重点及任务都进行了详细的论述,为构建经济建设型政府奠定了基础。

第三节　专家学者对经济建设型政府的研究

面对"文化大革命"后经济建设的混乱和落后局面,党和国家将工作中心转移到以经济建设为中心的现代化建设上来,我国政府全面履行各项经济建设职能。专家学者针对传统计划经济管理体制以及该体制下政府职能的弊端,根据我国经济社会发展的现实需要,对经济管理体制改革的方向以及如何建设经济建设型政府进行了大量的论述,本节对主要文献进行评述。

一、传统计划经济管理体制的弊端

我国的计划经济管理体制,基本上是中华人民共和国成立初期从苏联学来的,是一种高度集中的、以行政管理为主的体制①。在中华人民共和国成立初期,经济基础极其薄弱,工业在国民经济中的比重很低,重工业几乎是空白,在这种情况下开始进行较大规模的社会主义经济建设,实行计划经济管理体制,

① 马洪.关于经济管理体制改革的几个问题[J].经济研究,1981(7):11-24.

有利于国家把资金和物资集中起来,用于国家重点建设项目,对于迅速恢复国民经济和建立国民经济体系起到了重要作用。但随着经济建设的进一步发展,这种体制的弊端就逐渐暴露出来了。

(一)国家管得过多、过细、过死,企业缺乏经营管理的自主权

何建章认为,我国的全民所有制经济计划管理体制,国家管得过多、过细、过死,企业缺乏经营管理的自主权。企业的产供销、人财物、计划和技术等方面的权限集中在国家手中,企业一切经营活动都得听从国家安排。这种管理办法束缚了企业的手脚,造成极其不良的后果。首先,企业没有计划权和产品销售权,造成社会生产与社会需要脱节。其次,企业没有固定资产更新权,造成技术发展停滞。再次,企业财权过小,缺少发展生产的经济动力。最后,企业对物资和劳动力没有处置权,不能做到物尽其用,人尽其才。①

柳随年认为,过多的自上而下的指令性计划与复杂多变的国民经济不相适应。国民经济错综复杂,在企业中,不仅有全民所有制企业,而且有集体所有制企业,工业、农业、运输业、建筑业和商业等基层单位合在一起有几百万个,产品品种、规格更是不计其数。各种生产条件和社会需要又经常变化。自上而下的国家计划既不可能把全国几百万个企业的产供销衔接起来,又不可能对各种不断变化的情况迅速做出反应,也不允许企业根据这种变动自行调整。把经济搞得非常之死,瞎指挥,主观主义,几乎无法避免,企业的产供销往往长期脱节,造成社会劳动的巨大浪费。②

马洪认为,我国的经济管理体制,使企业成为各级行政机构的附属物,否定了企业的相对独立性。我们的企业就像算盘珠一样,由中央各个部门、地方各个厅局把它拨上拨下,推一推,动一动,自己缺少主动性。同时,自上而下的指令性计划指标过多,管得过死,生产者和消费者不能直接见面,产销脱节,产需

---

① 何建章.我国全民所有制经济计划管理体制存在的问题和改革方向[J].经济研究,1979(5):35-45.

② 柳随年.关于我国经济体制改革方向的探讨[J].经济研究,1980(1):3-10.

脱节。这样,一方面很多产品大量积压,一方面很多产品又脱销。[①]

(二)按行政系统管理经济与生产的社会化要求不相适应

柳随年认为,按行政系统管理经济与生产的社会化要求不相适应。社会化大生产是一个有机的整体,各个部门、各个环节之间存在着密切的分工协作关系。它要求企业与企业之间能够实行最合理、最紧密、最及时的联系,否则社会扩大再生产就无法顺利进行。企业按行政区域、行政系统管理,就必然使企业之间、行业之间、地区之间横向的内在经济联系,被各种行政系统、行政层次所切断。随着社会分工的发展,行政机构越来越多,这个矛盾也越来越尖锐。[②]

何建章认为,我国的计划管理体制是"统一计划,分级管理"的体制。这种管理体制容易造成各部门和各地区自成体系、闭关自守、画地为牢,把部门和地区作为不可逾越的界限,割断了经济活动内在合理的联系。归条条管,就割断了各行业之间的联系,资源使用上单打一,不搞综合开发,不搞综合利用,不愿意用我这个部门的投资干你那个部门的事。归块块管理,就割断了地区间的联系,一方面先进地区先进企业吃不饱,生产能力不能发挥;另一方面落后地区又大量兴建技术落后的企业。[③]

马洪认为,我国的经济管理体制,按照行政系统、行政区划来管理经济,它们自成体系,割断了经济的内在联系。[④]

(三)过多地单纯用行政办法管经济,没有很好地按照客观经济规律办事

王爱珠认为,我国过去经济管理体制的主要弊端之一,是过多地单纯用行政办法管经济,没有很好地按照客观经济规律办事。这种管理方法严重束缚着社会主义经济的发展。首先,单纯用行政办法管理经济,使企业的一切经济活动都要听从上级行政部门的命令办事,严重压抑了群众的积极性和创造性,使

---

①④　马洪.关于经济管理体制改革的几个问题[J].经济研究,1981(7):11-24.

②　柳随年.关于我国经济体制改革方向的探讨[J].经济研究,1980(1):3-10.

③　何建章.我国全民所有制经济计划管理体制存在的问题和改革方向[J].经济研究,1979(5):35-45.

作为社会主义经济细胞的企业失去活力，从而也使社会主义经济缺乏生机；其次，单纯用行政办法管理经济，容易产生瞎指挥、主观主义和官僚主义，结果是投入多、产出少，浪费大、效益低，人民得到的实惠少。[①]

何建章指出，现行计划管理体制中存在的问题，主要是我们没有按经济规律办事造成的。这是有深刻的思想根源和社会根源的。从思想根源来说，我们长期以来否认社会主义经济是商品经济，否认价值规律的调节作用，忽视利用市场和价值规律来为社会主义计划经济服务。从社会根源来说，是受小生产方式严重影响的结果。这种影响主要表现在否认社会主义仍然存在商品生产和商品流通的客观必然性，把社会主义经济说成是自然经济。[②]

随着经济的发展，特别是社会化大生产的发展，这种过分集中的计划管理体制就越来越显得不相适应，到了非改不可的时候了。

二、经济管理体制改革的目标和任务

为了适应社会主义现代化建设的需要，我国的计划管理体制，在坚持走社会主义道路，坚持计划经济的前提下，迫切需要按商品生产的经济规律要求，进行根本的改革。

（一）经济管理体制改革的目标

1.第一阶段：计划性和市场性相结合

孙尚清、陈吉元、张耳认为，对经济管理体制进行改革的实质，就在于有条不紊地把我国社会主义经济的计划性和市场性结合起来，而要做到这一点，关键是承认和尊重价值规律对社会主义经济的调节作用。我们计划经济的优越性，恰恰在于有可能在正确认识有计划规律和价值规律共同起调节作用的基础上，使我们的计划安排同价值规律调节的自动机制相结合，保证社会主义经济

① 王爱珠.关于社会主义国家经济职能的几个问题[J].经济研究，1985(7)：40-46.

② 何建章.我国全民所有制经济计划管理体制存在的问题和改革方向[J].经济研究，1979(5)：35-45.

高速度、按比例发展。①

刘国光、赵人伟认为，社会主义经济中计划和市场的关系，既不是相互排斥，也不是由外在的原因所产生的一种形式上的凑合，而是由社会主义经济的本质所决定的一种内在的有机的结合。如果说，生产资料的社会主义公有制带来的人们之间的物质利益上的根本一致是社会主义经济能够实行计划管理的客观依据的话，那么，人们之间物质利益上的差别，是社会主义经济中还存在着市场的直接原因。社会主义经济中人们之间物质利益上的这种一致与不一致，正是社会主义经济中计划与市场在矛盾中实现统一的客观基础。②

刘成瑞、胡乃武、余广华认为，计划和市场相结合是我国经济管理改革的基本途径。社会主义经济既是计划经济，又是商品经济，这就决定了在社会主义经济管理中，既要运用国民经济有计划按比例发展规律，又要运用价值规律，把计划和市场很好地结合起来。只有这样，才符合客观经济规律的要求，从而才能管好社会主义经济。③

蒋学模认为，社会主义生产是建立在生产资料公有制基础上的社会化大生产。社会化大生产要求相互衔接的各个生产部门按比例发展，生产资料公有制则提供了由统一的计划使国民经济各部门按比例发展的客观可能性。国民经济有计划发展规律和价值规律同时对社会主义经济起作用，这样，在社会主义国民经济的管理工作中，按客观经济规律办事，就必须实行计划调节和市场调节相结合的原则。④

何建章、王积业、吴凯泰认为，社会主义经济是计划经济与商品经济的结合体，或者说，社会主义经济是计划指导下的商品经济。这就要求我们认真研究

---

① 孙尚清，陈吉元，张耳.社会主义经济的计划性与市场性相结合的几个理论问题[J].经济研究，1979(5)：56-67.

② 刘国光，赵人伟.论社会主义经济中计划与市场的关系[J].经济研究，1979(5)：46-55.

③ 刘成瑞，胡乃武，余广华.计划和市场相结合是我国经济管理改革的基本途径[J].经济研究，1979(7)：37-46.

④ 蒋学模.论计划调节与市场调节的结合[J].经济研究，1979(8)：52-57.

计划调节与市场调节的相互关系，实行计划调节和市场调节相结合，以计划调节为主，同时充分重视市场调节的作用，这是经济管理体制的重大改革和计划管理方法的较大变动。①

刘国光认为，从近两年来体制改革的实践来看，开展市场调节的过程，往往是从打破单一的计划调节的控制，在指令性计划调节的旁边出现一块"市场调节"开始的。计划调节与市场调节这样一种"板块式"的结合，暂时还是一个不能否认的客观的必要。上述意义的计划调节与市场调节的"板块式"结合，是在国民经济总体中的外部结合。单有这种外部结合当然是不够的，还要有它们的内部结合，就是互相渗透式的结合。所有产品的生产和流通都要按照社会主义商品经济的原则并遵照社会主义计划经济的要求，最终都要统一在两种调节紧密结合在一起的胶合体里面，接受非指令性的国家计划指导下的市场调节。这才是我们今后经济体制改革所要建立的模式。②

龚士其、许毅认为，在社会主义阶段，由于还存在着商品生产和商品交换，在实行计划经济的同时，还必须充分发挥市场调节的辅助作用，否则，这种计划经济就不可能是完善的。因此，在社会主义条件下实行计划经济为主、市场调节为辅，也是一种客观必然性，是不以人的意志为转移的。摆正计划经济和市场调节的关系，是改革我国经济管理体制的关键。③

何建章认为，我们国家是计划经济，在计划管理体制上，可以实行直接计划（包括指令性计划和指导性计划）和间接计划（自由生产）相结合的制度。一方面，无论是指令性计划、指导性计划，还是自由生产，都受主要体现社会主义基本经济规律和国民经济有计划按比例发展规律要求的国家统一计划调节。另一方面，由于社会主义经济中还广泛存在着商品生产和商品交换，价值规律通过市场还起一定的调节作用，国家计划必须利用市场调节的辅助作用。这种辅助作

---

① 何建章，王积业，吴凯泰.关于计划调节和市场调节相结合问题[J].经济研究，1980(5)：19-25.

② 刘国光.略论计划调节与市场调节的几个问题[J].经济研究，1980(10)：3-11.

③ 龚士其，许毅.坚持计划经济为主、市场调节为辅[J].经济研究，1982(6)：3-8.

用对指令性计划、指导性计划，特别是对自由生产部分都是必需的，只是它起作用程度不同而已。这种计划管理体制，可能更符合社会主义经济规律的要求。①

苏星认为，社会主义经济是建立在生产资料公有制基础上的计划经济，同时要发挥市场调节的辅助作用。在这里，计划经济和市场是统一的。社会主义经济是以计划生产为主体，但国家在制订计划时，必须考虑市场的供求。市场调节只能在计划指导下进行，这主要表现为：它的范围要经过国家计划允许；国家可以通过价格、税收、信贷等经济杠杆，使其符合于计划经济的要求。②

桂世镛认为，改革计划体制，建立符合中国实际的计划经济形式，基本的原则就是计划经济为主、市场调节为辅。这个原则要求解决两个相互关联的问题：①在坚持有计划的生产和流通为主体的前提下，让一部分生产和流通由市场进行调节，即由价值规律自发调节；②在坚持对重要经济活动和企业实行指令性计划的前提下，对大量一般经济活动和企业实行指导性计划，着重运用价格、税收、信贷等经济杠杆引导企业能动地实现国家计划的要求。实行这种体制，其实质就是要在社会主义经济中正确处理计划与市场的关系，在计划管理中正确处理行政手段与经济手段的关系。它的最大好处是可以把国家的集中领导同发挥企业的积极性结合起来，把社会生产的统一性同各个环节的灵活性结合起来，从而促进国民经济既集中统一又灵活多样地向前发展，取得良好的社会经济效益。③

2.第二阶段：有计划的商品经济

林子力认为，由于表现为分工发展的社会生产力在我国尚处在较低的水平，带自给性的生产还占较大的比重，我们只有在今后的一个历史时期中，努力使社会主义商品经济获得充分的发展，才能在十分发达的分工基础上，在很高的生产力水平上，建成社会主义现代化强国，因此，社会主义商品经济是我国历

① 何建章.再论计划经济与市场调节[J].经济研究，1982(6)：9-15.

② 苏星.中国的计划经济与市场[J].经济研究，1982(8)：14-19.

③ 桂世镛.关于正确认识计划经济为主、市场调节为辅的几个问题[J].经济研究，1984(5)：9-16.

史发展的必经阶段。[①]

马洪认为，像我们这样经济不发达的国家，建设社会主义必须充分利用商品货币关系，也就是说现阶段社会主义经济必然是有计划的商品经济。改革经济管理体制要从我们国家的现实情况出发。从实际情况出发，我国经济管理体制改革的原则和方向，就是要在坚持生产资料公有制占优势的条件下，按照发展商品经济和促进社会化大生产的要求，自觉地运用经济规律，打破行政框框和自然经济思想的束缚，把高度集中的国家决策体系改为以国家为主的国家、经济单位和劳动者个人相结合的决策体系；把单一的计划调节，改为在计划指导下，正确发挥市场调节的作用；把主要依靠行政机构、行政办法管理经济，改为主要依靠经济组织、经济办法和经济法规管理经济，调动各方面的积极性，合理地组织各种经济活动，以最少的劳动消耗取得最大的经济效果，加速社会主义现代化建设。[②]

于祖尧认为，要按照社会主义商品经济及其规律办事，全面地改革经济体制。经济体制改革唯一可行的抉择，就是顺应生产力发展的要求，以社会主义经济是有计划的商品经济为基点，对原有体制进行全面改革，建立能够促进生产力发展的充满生机和活力的社会主义经济体制。从这个基点出发，要把单一化的经济结构改为以全民所有制经济为主导、以公有制占优势的多种经济形式、多种经营方式并存的经济结构，按照自愿互利、等价交换的原则，广泛发展各种形式的经济联合。从这个基点出发，改革过分集中的决策体系，正确划分国家的经济管理职能和企业经营管理权的界限，区分全民所有制经济的所有权和经营权的界限，给企业以相对独立的经济实体和自主经营、自负盈亏的商品生产者的地位，增强企业的活力，充分发挥劳动者的主动性、积极性和创造性。从这个基点出发，改革指令性计划体制，自觉运用价值规律，缩小指令性计划范围，扩大指导性计划和市场调节的范围，建立既有统一性又有灵活性的计划体

① 林子力.社会主义商品经济探讨[N].光明日报，1980-08-30.

② 马洪.关于经济管理体制改革的几个问题[J].经济研究，1981(7)：11-24.

制,把大的方面管好管住,小的方面放开放活。从这个基点出发,建立和健全完备的计划调节体系,改变单纯依靠行政手段和行政命令进行计划管理的办法,充分发挥价格、税收、信贷等市场机制和经济杠杆的积极作用。从这个基点出发,建立各种形式的经济责任制,实行责、权、利相结合,国家、集体和个人利益相结合,职工个人利益和劳动成果相结合。从这个基点出发,实行政企职责分开,正确发挥国家管理经济的职能,充分发挥城市中心作用,逐步建立以城市特别是大、中城市为依托的、开放式、网络型的经济区。这样,才能加快四化建设,促进社会主义商品经济的繁荣和发展。①

马洪认为,经济体制改革的重要内容之一,就是要求我们在坚持计划经济原则的同时,按照商品经济的要求来组织整个社会的经济活动,力求把大的方面管住,小的方面放开,在保证宏观经济协调发展的前提下,活跃城乡各方面的经济生活。这就要求我们在理论上承认计划经济的属性和商品经济在社会主义经济中是可以统一起来的,在实践中是能够找到它们之间的结合形式和结合点的。社会主义商品经济是建立在社会主义公有制基础上的有计划的商品经济。它的特点表现在以下两个方面:①社会主义商品经济是建立在公有制基础上的、没有资本家参加的商品经济;②社会主义商品经济是在全社会实行计划经济的前提下有计划地发展,而不是无政府状态的商品经济。这样我们就可以看到,社会主义经济兼有计划经济和商品经济的性质,它是计划指导下的商品经济,或者说,是建立在商品经济基础上的计划经济。②

刘国光认为,社会主义经济由于公有制基础上根本利益的一致而必然具有计划性,同时由于不同所有制、不同企业、不同个人间局部利益的差别而必然具有商品性,因此计划经济同商品经济并不是互相对立的,而是可以统一起来的,我国社会主义经济是“有计划的商品经济”。③

---

① 于祖尧.社会主义商品经济论[J].经济研究,1984(11):9-17.

② 马洪.关于社会主义制度下我国商品经济的再探索[J].经济研究,1984(12):3-15.

③ 刘国光.改造经济体制模式、完善社会主义制度——学习《中共中央关于经济体制改革的决定》的一些体会[J].经济研究,1984(12):16-24.

刘国光等认为,我国正在进行的经济体制改革,由于确立了社会主义经济是有计划的商品经济的理论,从总体说,改革的前进方向是明确的。但是,应当看到,我国经济学界对于“有计划的商品经济”的理解有相当大的弹性,有的强调“商品经济”一面,有的强调“有计划”一面。与此相联系的我国经济体制改革的目标模式究竟是怎样的模式,更是在理论上和实践上都需要认真探讨的课题。在运用有宏观控制的市场协调模式这一理论概念时,我们绝不能把社会主义原则抽象掉,绝不能把公有制为主体的所有制结构和内涵抽象掉,也绝不能把国家的宏观决策和计划指导抽象掉。只有在考虑了这些根本问题的前提下,我们才能运用有宏观控制的市场协调这一理论概念,来分析研究我国改革所要建立的把微观放活和宏观控制有机地结合起来的目标模式。①

(二)体制模式转换的方式

刘国光等认为,我国经济理论界对于体制模式转换的方式一开始就存在着不同看法。有人主张“一揽子”方式,有人则倾向于“渐进”方式。经过几年的讨论和实践,从中国地广人众、经济文化相对落后、发展又极不平衡等基本国情出发,大家达到了比较一致的认识,就是中国的经济体制改革应该走“渐进式”加“小配套”的道路,即整个改革的进程是渐进的、分阶段的,而每个阶段的改革则要在相互联系的方面配套进行。对于改革的两种方式,我们认为需要明确以下几点:第一,对“一揽子”或“渐进”改革方式的选择,以及对“渐进式”时序长短的选择,都要从本国实际情况出发,不能简单地用逻辑推理的办法或者照抄别国的经验来解决。第二,不能把两种改革方式绝对对立起来,把“一揽子”方式看成只是在某年某月某日实行全面配套的改革,而把“渐进式”看成是旷日持久的枝枝节节、碰碰撞撞的改革。第三,经济运行机制的改革同所有制改革之间也有密切的关系。第四,为了处理好一揽子配套改革方式与渐进改革方式之间的关系,我们既要在总结本国经验的基础上借鉴外国经验,研究制定和不断

① 刘国光,陈吉元,张卓元,等.经济体制改革与宏观经济管理——“宏观经济管理国际讨论会”评述[J].经济研究,1985(12):3-19.

完善经济体制改革的总体规划和方案，又要在改革实践中摸着石头过河，不断检验已经实施的改革的成败得失，在此基础上制订下一步改革的规划和方案。这样，我们就能把我国目前实行的“渐进式”与“小配套”相结合的改革置于改革的总体规划的驾驭之下，使我国的改革有秩序地稳步地达到预定目标。①

华生等认为，中国的经济运行模式转换走上了渐进式道路，并采取了双轨制的形式。双轨制的理论意义在于，它表明中国的经济发展和经济体制改革由于其特殊的历史背景，不会在自由竞争的一般均衡中找到归宿，而多半可能在非均衡的自稳定系统中实现。另一方面，经济发展和体制改革都同时依赖于企业挣脱行政隶属和等级差别的羁绊。这就需要一种形式或道路，使得在整个庞大的运行体制转换结束之前就能冲决企业的不平等“种姓制度”。双轨制提供了这种形式，这就是它的历史贡献。正是在这个意义上，双轨制是我国找到的风险较小、兼容性很大的特殊转换形式，是中国经济体制改革的伟大创造。②

（三）经济管理体制改革的任务

1.坚持以国营经济为主导的多种经济形式

有林认为，改革经济体制，必须坚持社会主义经济制度，而坚持社会主义经济制度，就必须坚持生产资料公有制。但是，公有制的范围多大、程度多高，则必须依据生产力的状况。由于我国生产力水平不高而且发展很不平衡，不能实行单一的全民所有制，必须同时大力发展集体所有制；不能百分之百地实行公有制，而要适当地发展一些个体经济，发展一些和外资合营的国家资本主义性质的经济。总之，要在全民所有制占主导地位的前提下，发展多种形式的经济。这既是经济体制改革的重要内容，又是经过改革应该达到的一个目标。③

---

① 刘国光，陈吉元，张卓元，等.经济体制改革与宏观经济管理——“宏观经济管理国际讨论会”评述[J].经济研究，1985(12)：3-19.

② 华生，何家成，张学军，等.经济运行模式的转换——试论中国进一步改革的问题和思路[J].经济研究，1986(2)：3-11.

③ 有林.经济体制改革中若干问题的探讨[N].光明日报，1983-07-31.

周太和、詹武、傅丰祥认为，要坚持以国营经济为主导的多种经济形式。正确处理各种经济形式之间的关系，建立起适合我国国情的所有制结构，是建立科学的合理的经济体制的基础。我们必须实行以国营经济为主导、集体经济为重要组成部分、个体经济为补充以及各种经济联合体的多种经济形式长期并存的所有制结构。国营经济是社会主义全民所有制经济，是我国社会主义公有制的主要形式。它掌握着关系国计民生的经济命脉，是保证劳动群众集体所有制经济沿着社会主义方向前进，保证个体经济为社会主义服务，保证整个国民经济发展符合于劳动人民的整体利益和长远利益的物质基础。劳动群众集体所有制是社会主义公有制的重要形式，在农村，则是主要的经济形式。在发挥国营经济主导作用的同时，大力发展集体经济，是繁荣城乡经济，方便人民生活，扩大劳动就业的必由之路，是我国发展经济的长远方针。城乡劳动者个体经济，是我国社会主义公有制经济的必要的补充。城镇个体经济多数从事手工劳动，只需简单的工具，凭着传统的技艺，为人民提供多种多样的产品和劳务，又有经营灵活、品种细小、适应性强、走街串巷、方便群众等特点。农村中从事个体经营的专业户、重点户和家庭副业，可以把家庭辅助劳力和剩余劳力充分利用起来，把集体经济不能利用的零星资源合理利用起来，把集体经济不便经营的项目经营起来，具有投资少、见效快、商品率高等优点。①

2.推行农业生产责任制

周诚认为，产量责任制所以具有生命力，首先在于它能在农业生产中更好地贯彻“按劳分配”原则。在农业生产中要真正做到“酬劳相符”就要实行“产酬挂钩”，即按照产量任务完成的好坏来适当调整（增加或减少）社员根据日常作业完成状况所取得的报酬；或直接以产量作为计算劳动报酬的标准（“以产计酬”）。这就是“包工包产”的实质，也就是产量责任制的要点和核心。产量责任制之所以具有生命力，还在于它符合在生产队内部健全劳动组织的需要。实

① 周太和，詹武，傅丰祥.建立具有中国特色的经济体制[J].经济研究，1983(10)：10-17.

行产量责任制,可以使作业责任制通过产量责任制得到落实,会从作业单位的物质利益上加强其经济活力,使其更好地发挥作为生产队内各"战斗班子"所应有的积极作用。[①]

杜润生认为,人民公社制度过早地实行了过度集中经营和集中劳动的制度,影响了农民生产经营的自主权和个人物质利益,出现了"大锅饭"、平均主义等弊端,障碍了生产力的发展。实行联产承包责任制,把集中经营和分散经营适当结合起来,有专有联,统一核算和包干分配相结合,体现了按劳分配原则,有力地调动了农民的生产积极性,推动了农业生产的发展。[②]

陈武元、梁与延认为,为了加速农业的发展,改革不合理的管理体制已经提上议事日程。改革的指导思想,是在坚持生产资料公有制占优势的前提下,按照经济规律的要求,打破行政框框的束缚,合理地组织各种经济活动,用经济办法管理经济,让农民真正成为集体经济的主人,调动他们的积极性,使管理体制适合农业生产发展的要求,保证现代化建设的顺利进行。从这些指导思想出发,我们认为改革的内容应包括以下几方面:①改"政社合一"为政社分开。②改"三级所有制"为一级所有制。③改单一的指令性计划为指令性计划和指导性计划相结合。④改单一经营为农工商综合经营。⑤改高度集中的管理体制为劳动者直接参加的民主管理体制。⑥改分配上的平均主义、"吃大锅饭"的办法为联产计酬责任制。此外,改革农村管理体制还包括信贷、税收、流通渠道等方面的内容。[③]

3.扩大企业权限

孙尚清、陈吉元、张耳认为,企业是经济组织,不是行政机构,更不是专政机构。因此,扩大企业权限,就是要按照计划性和市场性相结合的指导思想,让企业在国家统一计划的指导下有更多的经营管理自主权,成为名副其实的经济组

① 周诚.农村人民公社生产队实行产量责任制问题的探讨[J].经济研究,1980(10):38-42.

② 杜润生.联产承包制和农村合作经济的新发展[N].人民日报,1983-03-07.

③ 陈武元,梁与延.我国农村管理体制必须改革[J].经济研究,1983(4):63-65.

织。企业(公司)成为名副其实的经济组织的根本标志,就是要有在企业(公司)范围内把产、供、销、人、财、物六方面统一管理起来的权利。①

何建章认为,社会主义企业既然是具有特殊利益的联合起来的劳动者的共同体,就必须具有商品生产者的地位。承认企业具有商品生产者的地位,相应地就应赋予它们应有的权力。制订计划权,企业有权根据国家和市场需要、本身的生产条件和经济利益,独立自主地制订生产计划。产品销售权,除保证完成合同规定的订货任务外,企业有权自行销售自己的产品。资金支配权,在完成上缴国家规定的各项税收费用(包括资金占用费)、贷款本息以后,企业有权根据市场需要和自己的条件决定设备更新、进行改建或扩建;有权出租或出让闲置或多余的固定资产;有权根据自己的需要和可能举办各种福利事业,并根据盈利情况决定职工分红办法。劳动工资调剂权,企业可以根据需要招聘职工,择优录取。产品定价权,除国家规定价格的产品,必须执行国家的规定外;属于议价的产品,由生产企业和用户议定;其余产品,企业有权根据市场供求情况,自行定价。企业有权拒绝任何行政领导机关摊派的各种平调任务,如随意抽调和动用企业的资金、材料、设备、产品和人员等。②

李成瑞、张卓元认为,要在国家计划指导下给予企业较大的自主权。首先要把现有企业的一套行政的组织管理形式,改变为经济的组织管理形式。这种经济的组织应当是各种类型的公司,国家一方面要在产、供、销和人、财、物等方面,赋予公司较大的权力;一方面要求各公司的经营活动对国家负责,各公司的领导人对使用国家的生产资料和资金负经济责任和法律责任,同时要求各公司及其所属工厂把企业经营成果同企业全体职工的切身利益紧密地联系起来。③

刘成瑞、胡乃武、余广华认为,要扩大企业的经营管理自主权,实行全面的

---

① 孙尚清,陈吉元,张耳.社会主义经济的计划性与市场性相结合的几个理论问题[J].经济研究,1979(5):56-67.

② 何建章.我国全民所有制经济计划管理体制存在的问题和改革方向[J].经济研究,1979(5):35-45.

③ 李成瑞,张卓元.关于高速度进行社会主义现代化建设的几个问题[J].经济研究,1979(2):2-11.

经济核算制。改革经济管理，涉及国家、企业和个人的经济利益问题，不首先考虑企业的经济利益，充分尊重和发挥企业的积极性，是不行的。为了把企业、劳动者的物质利益同企业的经营成果联系起来，最大限度地调动企业的积极性，必须实行全面的经济核算制，承认企业是独立的经济核算单位，让企业独立经营，自负盈亏，对自己的经营活动负法律责任。要让企业在计划指导下像独立的商品生产者那样，享有独立解决生产、技术、财务、劳动和其他经济问题所必需的一切权力。①

蒋学模认为，要扩大企业的自主权。国营企业当然应当服从国家的计划领导和遵守国家的财政纪律。在这一前提下，国家也应让企业在制订生产计划、进行技术革新、更换机器设备、组织职工队伍和处理日常财务活动等方面，有较多的自主权，使企业能够适应国内外市场需要的变化而改变自己的生产经营活动。②

马洪认为，要政企分开，权力下放，扩大企业自主权。马洪还认为，改革经济管理体制，不仅要扩大企业自主权，使企业有必要的决策权，同时劳动者个人也应该有必要的决策权，包括收入怎么支配和选择职业。这是我们整个经济体制改革的基础。我们现在扩大企业自主权，就是因为企业缺乏必要的决策权。目前实行扩大企业自主权试点的企业，在利润留成方面，有了一些权力，但对留用的利润如何支配，还有种种不合理的限制；至于产销方面、人事方面、劳动方面、计划方面的自主权，还是很小的，在国家法令允许的范围内，在国家计划的指导下，还应该逐步扩大以上各种权限，有步骤地使企业有必要的决策权。大体来说有三个要求：经济上，企业在完成国家规定的任务的条件下，实行独立核算、自负盈亏，真正成为一个内有动力，外有压力，具有强大生命力的相对独立的经济单位。政治上，由职工群众当家做主，实行民主管理，使职工真正爱厂如

① 刘成瑞，胡乃武，余广华.计划和市场相结合是我国经济管理改革的基本途径[J].经济研究，1979(7)：37-46.

② 蒋学模.论计划调节与市场调节的结合[J].经济研究，1979(8)：52-57.

家,形成一个职工和企业血肉相连的“命运共同体”。在领导管理制度上,实行民主管理基础上的厂长负责制。为了实现上述经济上、政治上的要求,企业在经济管理上要实行以下六个转变:①使企业由部门和地方行政机构的附属物,变成一个自负盈亏的经济单位,能够建立独立的生产系统和经营管理系统,并且对经营管理结果负全部责任。②使企业从一个缺乏活力的机构变成一个内有动力、外有压力、经营好坏和职工利益直接挂钩的经济单位。③使企业由单纯执行命令的单位变成自动决策的单位。④使企业由“大而全”“小而全”的经济组织变成一个专业化和协作相结合的经济组织。⑤使企业由单纯生产型变为经营生产型。⑥使企业不仅是对上级机关负责,而主要是对消费者负责。[①]

苏星认为,要在国营企业进行扩大企业经营管理自主权的试点。这些企业的经营管理自主权包括:①企业在全面完成国家计划的前提下,可以根据国内市场和出口的需要,组织生产和接受来料加工;②企业可以自行销售商业、物资部门不收购的产品和展销新产品;③企业在完成国家规定的各项技术经济年度计划指标及供货合同的情况下,可以从计划利润和超计划利润中分别按一定的比例提取企业基金;④企业有权申请出口自己的产品并取得外汇分成,用于引进新技术、进口原材料和关键设备;等。[②]

田纪云认为,1979 年以来实行利润留成的办法,使企业的财权有所扩大,这同统负盈亏、吃“大锅饭”的体制相比,确实是前进了一大步;但从建立健全企业经济责任制的要求来看,还没有从根本上突破吃“大锅饭”的体制。因为,在利润留成体制下,企业有了利润则得分成,利润少了无非是少得分成,或者通过“调整”计划利润指标等办法照得分成,发生了亏损,企业也不承担多少经济责任,因而对企业实实在在的压力并不大,企业的责权利没有紧密结合起来。在经济体制改革中,一个基本的问题就是如何尽快地把企业的经济责任制建立健全起来,把责权利密切结合起来,使企业外有压力,内有动力,从而使企业这个

---

① 马洪.关于经济管理体制改革的几个问题[J].经济研究,1981(7):11-24.

② 苏星.中国的计划经济与市场[J].经济研究,1982(8):14-19.

最基本的经济细胞发挥出更大的活力来。而实现“以税代利”，正是为解决这一问题创造必要的条件，提供明确的依法规定的责任界限。①

4.按客观经济联系组织各种公司，充分发挥经济组织的作用

孙尚清、陈吉元、张耳认为，要按经济合理和专业化协作的原则，改组工业，组织专业公司或联合公司。所有公司都不应是行政管理部门，而应是进行独立经济核算、自负盈亏的经济组织。人、财、物、产、供、销的管理权一般集中在公司，以便使所属企业集中力量搞好专业化生产。公司是国家用经济办法管理企业的组织形式，它可以敏捷地把国家计划的意图贯彻到企业中去，并使企业的生产活动迅速地反映和适应市场情况的变化。②

何建章认为，生产社会化要求根据专业化协作的原则把企业组织起来，以提高经济效果。我国也需要逐步创造条件，把中央和地方政权直接管理经济的体制，改为按专业化协作的原则，广泛采取专业公司或联合公司的组织形式，用经济组织来管理经济。③

柳随年认为，按经济内在联系、经济区划组织经济，这就解决了我国经济管理体制中的一个根本问题，即行政管理与生产社会化不适应的矛盾。我国现在仅工业企业就有三十多万个，但这些企业过去都被中央、地方、军工、民用、司厅局，省地县区的权力分割得支离破碎，各自为政，自成体系，形不成力量，割断了相互之间的有机联系，不可能更快地发展经济。现在改革的设想不承认这些界限，它要打破部门、打破地区、打破所有制的界限，按照生产的固有联系，按照经济区域组织跨地区、跨部门的专业公司和联合公司。这样一来，不仅使经济组织合理了，而且还把大量的基层企业协作关系通过公司给组织起来了。在这个基础上，社会经济也就好组织了。工业企业的管理方向，应当是集中化、专业化、联

---

① 田纪云.国营企业推行“以税代利”的一些认识问题[N].人民日报，1983-02-07.

② 孙尚清，陈吉元，张耳.社会主义经济的计划性与市场性相结合的几个理论问题[J].经济研究，1979(5)：56-67.

③ 何建章.我国全民所有制经济计划管理体制存在的问题和改革方向[J].经济研究，1979(5)：35-45.

合化。这是社会化大生产的必然趋势,是加速生产技术进步的客观要求。①

马洪认为,要在扩大企业自主权的基础上,把几十万个分散的企业组织起来,发展多种形式的经济联合,成立经济联合体或各种公司。实行经济联合应贯彻自愿互利的原则,采取自下而上和自上而下相结合的办法。联合的形式可以多种多样,多种多样的联合,有利于解决经济的横向联系问题,可以把我们的经济搞活。同时,要建立全国的或区域性的行业组织,或者叫作协会,或者叫作联合会。行业组织应该是在政府指导下的民间组织,或者是半官方组织,而不是行政组织,不应干预企业内部的事务,而是协助企业解决同行业之间的问题。行业组织的主要任务是,根据政府的政策、法令、法规、计划和企业在组织生产技术经济活动中的需要,办理单个企业和公司无力办到的事情,为本行业企业服务。②

5.疏通渠道,扩大商品流通

苏星认为,要疏通渠道,扩大商品流通。这包括:①对生产资料,在坚持重要的、短缺的生产资料仍由国家计划分配和调拨的同时,根据资源的不同情况,分别采取敞开供应、凭票供应和核实供应等灵活办法。②对消费品,除有关国计民生的比较重要的商品继续由商业部门统购包销以外,其他商品可以分别采取选购、订购的办法。③打破地区、城乡界限,开始按经济区域组织商品流通。④发展和扩大城乡集市贸易。③

薛暮桥认为,现在我们的商品流通渠道还不够畅通。现在许多种工业品仓库积压、市场脱销,城市积压、农村脱销的现象相当严重,这与我们的管理方法不当有很大关系。要有一批集体商业和个体商人,从事城乡商品交流,只有国营、供销合作社,要把商品流通搞活是不行的。④

---

① 柳随年.关于我国经济体制改革方向的探讨[J].经济研究,1980(1):3-10.

② 马洪.关于经济管理体制改革的几个问题[J].经济研究,1981(7):11-24.

③ 苏星.中国的计划经济与市场[J].经济研究,1982(8):14-19.

④ 薛暮桥.关于经济体制改革理论需要继续深入讨论的几个问题[J].经济研究,1983(1):3-8.

厉以宁认为,要保证流通渠道的持续通畅,使少渠道、多环节、封闭式的流通体系改变为多渠道、少环节、开放式的流通体系。第一,中央有必要直接掌握一定数量的重要物资。第二,以城市为中心,组织物资供应和商品流通。第三,发展生产单位与用户之间的横向联系,健全产销合同制,使生产和需求紧密地衔接在一起。第四,由企业组成的各种形式的专业公司应当成为经营实体,使它们能更好地从事跨部门、跨地区的产品购销活动。如果在计划体制改革中采取上述这些有利于流通渠道通畅的措施,那么流通状况将会有较大程度的改善。①

6.逐步改变指令性计划为指导性计划

何建章认为,在存在商品经济的条件下,国家计划必须建立在利用市场和价值规律的基础上。同时,在国家计划指导下,社会主义商品经济可以做到有计划按比例地发展。②

刘成瑞、胡乃武、余广华认为,要改革现行的由上而下下达指令性计划指标的一刀切的计划管理方法。要区别不同的情况,采取多种方法,不能千篇一律。既要用直接计划的方法,也要用间接计划的方法;既要用经济方法,也要用政策法令的办法。在目前条件下,除重要指标由国家直接控制下达外,其他指标应改为指导性计划指标,由企业根据国家的方针、政策,参照指导性计划指标,自行决定。③

柳随年认为,要尊重价值规律,重视利用经济政策、经济手段来协调各方面的利益,保证国家计划的实现。主要的方面通过计划,一般的通过市场,而通过计划的除少数指标实行直接计划外,一般也要尽量利用价格、税收、利率、合同制等经济办法和经济政策去实现,而不是全靠行政命令。④

---

① 厉以宁.计划体制改革中宏观经济与微观经济协调问题的探讨[J].经济研究,1984(2):3-9.

② 何建章.我国全民所有制经济计划管理体制存在的问题和改革方向[J].经济研究,1979(5):35-45.

③ 刘成瑞,胡乃武,余广华.计划和市场相结合是我国经济管理改革的基本途径[J].经济研究,1979(7):37-46.

④ 柳随年.关于我国经济体制改革方向的探讨[J].经济研究,1980(1):3-10.

何建章、王积业、吴凯泰认为,要减少国家对企业下达的指令性指标。国家指导企业的经济活动,除下达必要的指令性指标外,应该多下达一些参考性指标,以协调国家同企业的经济计划。同时,国家更多地通过价格、利润、信贷、税收等杠杆,对企业实行普遍而广泛的经济调节,以保证国家统一计划的实现。这样,既能使国家从一些烦琐的细节中摆脱出来,又能发挥企业的积极性和主动性。①

马洪认为,要把单一的计划调节改为在国家计划指导下充分发挥市场调节的作用。对于多数产品,国家可以不下达指令性指标,而下达指导性指标,让企业直接同消费者见面,订立供销合同,在这个基础上编制计划,上报有关单位批准。②

周太和、詹武、傅丰祥认为,正确贯彻计划经济为主、市场调节为辅的原则,必须采取多种形式,明确划分指令性计划、指导性计划和市场调节的范围,并使三者有机地结合起来。指令性计划是我国计划管理的主要形式。但是,指令性计划的范围也不宜过宽,过宽了既不易于保证国家计划的科学性,又妨碍企业的积极性和主动性的发挥,也不利于商品生产和商品交换的发展,容易造成产需脱节和经济发展的不平衡。指导性计划是计划管理的一种重要形式。对于许多品种规格复杂,使用面广,要求多变,又比较重要的产品的生产和流通,可以实行指导性计划。对于大量小商品的生产和流通,国家可以不下达计划指标,而由各生产经营单位根据市场供求情况的变化灵活地自行安排。正确贯彻计划经济为主、市场调节为辅的原则,还必须运用经济、法律、行政等多种手段,特别是要充分发挥各种经济杠杆的作用。③

桂世镛认为,我们管理经济的形式就有三种,即指令性计划、指导性计划和市场调节。指令性计划具有强制性,下达给企业之后是必须保证完成的,但它

---

① 何建章,王积业,吴凯泰.关于计划调节和市场调节相结合问题[J].经济研究,1980(5):19-25.

② 马洪.关于经济管理体制改革的几个问题[J].经济研究,1981(7):11-24.

③ 周太和,詹武,傅丰祥.建立具有中国特色的经济体制[J].经济研究,1983(10):10-17.

也要充分考虑市场的供需情况,并合理地规定产品价格和税率,从经济上鼓励企业执行计划。指导性计划没有强制性,只下达给企业作参考,国家主要通过经济手段引导企业完成计划,只在必要时辅以一定的行政手段。与此不同,属于市场调节的部分是不作计划的,这部分产品的生产和流通完全由市场价格的起伏进行调节,或者说由价值规律自发调节。指令性计划大体要包括这些方面:一是社会总产值、国民收入生产与分配的总额平衡,特别是财政收入与财政支出的平衡。二是积累与消费的比例。三是关系国计民生的重要产品的生产和分配,其必要部分要实行指令性计划。在确定了指令性计划的范围以后,再把可以由市场调节的产品主要是小商品划出来坚决放开,这样中间那一部分也就是实行指导性计划的范围了。①

洪银兴认为,现阶段对商品生产的调节有三种方式:指令性计划、指导性计划和完全的市场调节。三种调节方式的划分范围不能按主观意志确定,不能简单地按产品重要性确定,而应该以人们对价值规律要求、对市场调节要求的认识程度科学地确定。当前进行的逐步缩小指令性计划范围,扩大指导性计划范围的改革,也应以此为标准。②

刘国光等认为,我国经济改革的方向是逐步减少行政手段,由直接控制为主转向间接控制为主,主要运用经济手段控制和调节经济的运行。但必要的行政手段始终是不可缺少的,特别是在新旧体制更替过程中还需加强必要的行政手段,以保证经济生活正常运转、改革有秩序地进行。③

7.实行灵活的价格制度

刘成瑞、胡乃武、余广华认为,要实行灵活的价格制度。实践证明,目前我国价格制度管得过死、过细,不利于促进生产,不利于竞争。允许价格有一定程

---

① 桂世镛.关于正确认识计划经济为主、市场调节为辅的几个问题[J].经济研究,1984(5):9-16.

② 洪银兴.论社会主义商品生产的调节机制——兼论经济杠杆的类型及其功能[J].经济研究,1985(5):13-19.

③ 刘国光,陈吉元,张卓元,等.经济体制改革与宏观经济管理——“宏观经济管理国际讨论会”评述[J].经济研究,1985(12):3-19.

度的浮动,可以真正做到优质优价,促进企业改善经营管理,推动生产发展。可以设想,在我国目前条件下,除重要生产资料和消费品的价格仍由国家统一规定外,其他商品的销售价格可以实行浮动价格,由国家规定最高限价或浮动幅度。①

何建章、王积业、吴凯泰认为,要搞好价格调整,改革价格体制。现在不少产品价格很不合理,不利于促进国民经济的协调发展,不利于考核企业对国家的贡献,不利于评价整个国民经济的效果,也不利于经济管理体制的改革。为把价格调整到逐步合理,从根本上说,必须改革我国的价格体制,使价格反映计划调节和市场调节的要求。应当在保持价格总水平稳定的前提下,下决心压低长线产品价格,提高短线产品价格,使价格逐步趋于合理,并着手改革价格体制。价格体制要适应市场调节的要求,要有一定的灵活性。具体地讲,就是把单一计划价格改变为多种价格:国家统一规定的价格,这种价格由国家计划进行调节。浮动价格,它同时受计划和市场的调节,但更多地反映计划调节的要求。议购议销价格,市场供求因素对价格的影响比较明显,但也不排除计划调节,因为哪些产品可以议购议销,哪些产品不准议购议销,是由国家计划控制的。②

孙冶方认为,要搞好综合平衡,必须改变现行的价格结构,调整实际上存在着的不合理的价格。目前这种不合理的价格结构,不仅是国民经济体制改革的障碍,也是国民经济管理中的障碍,更是搞好综合平衡、调整好各项比例关系的障碍。③

苏星认为,从长远来看,价格体制肯定是需要改革的。但是,在调整期间,为了使物价基本稳定,不适宜作太大的改革。现在能够做到的,只是在稳定物价的前提下,对价格管理采取一些比较灵活的办法,主要的是允许多种价格形

---

① 刘成瑞,胡乃武,余广华.计划和市场相结合是我国经济管理改革的基本途径[J].经济研究,1979(7):37-46.

② 何建章,王积业,吴凯泰.关于计划调节和市场调节相结合问题[J].经济研究,1980(5):19-25.

③ 孙冶方.谈谈搞好综合平衡的几个前提条件——在国民经济综合平衡理论问题讨论会上的发言[J].经济研究,1981(2):14-18.

式同时并存。现在,大体上有四种形式:①固定价格。由国家规定的关系到国计民生的重要商品和劳务的价格。②浮动价格。一种是以统一价格作为中准价,允许价格在规定幅度内上下浮动,一种是以统一规定的价格为最高限价,只允许向下浮动,还有一种是只允许向上浮动的,属于保护价格。③议购议销价格,简称议价。议购价格,是根据市场供求情况,考虑与相关产品的比价,同生产者协商议定的价格。议销价格以议购价格为基础,加上必要的费用和2%~3%的利润制定的价格。④集市贸易价格。凡是国家政策允许在集市上出售的商品,其价格由买卖双方议定,可以自由涨落。[①]

薛暮桥认为,我们要贯彻计划经济为主、市场调节为辅的原则,要实行指令性计划和指导性计划,特别是实行指导性计划,首先要解决好市场物价问题。物价改革是很复杂的事情。我们必须在保持物价总水平基本稳定的基础上,对不合理的价格进行有升有降的调整,对许多种小商品放宽物价管理制度。[②]

刘卓甫认为,目前我国价格不合理的情况仍然普遍存在,有的还相当严重。因此,改革价格体系和价格管理办法势在必行。改革价格体系,涉及生产、流通、分配和消费各个环节,实质上是各个经济部门和社会各个集团、各个阶层的经济利益的调整,是一个牵动全局的重大而复杂的问题。因此,既要积极又要慎重,价格改革要在保持物价基本稳定的前提下进行,既要把多年来积累下来的不合理的价格调整合理,又要做到价格总水平变动不大。实现物价基本稳定的根本途径,在于努力提高经济效益,降低单位产品的生产成本,搞好国民经济的综合平衡,实现财政、信贷平衡和商品可供量与社会购买力之间的平衡。关于改革价格管理办法,主要解决以下几个问题:第一,要正确贯彻计划价格为主、自由价格为辅的原则;第二,在价格管理权限上,要坚持"统一领导,分级管理"的原则。通过改革,建立起既有统一领导又有灵活性的,法律手段、行政手段和经济手段相结合的价格管理办法,使物价既要经常保持合理,又能保持相

---

① 苏星.中国的计划经济与市场[J].经济研究,1982(8):14-19.

② 薛暮桥.关于经济体制改革理论需要继续深入讨论的几个问题[J].经济研究,1983(1):3-8.

对稳定,并具有一定竞争性,更好地发挥价格杠杆作用。①

楼继伟、周小川认为,我国的现行价格体系,距离合理价格体系甚远。应结合税收与补贴政策,在充分考虑到克服不良的周期性波动,防止过高的通货膨胀率,争取收入分配的合理化及支持国民经济长远发展战略的前提下,使主要产品的定价有利于出现供求平衡的局面。②

薛暮桥认为,调整价格体系,目前已经成为保证国民经济活而不乱的当务之急,成为整个经济体制改革成败的关键。当然,目前由于价格背离价值过大,如果一下子全面调整,对生产和生活都会产生相当大的震动,因此调整价格必须慎重规划,有步骤地逐步进行。③

华生等认为,我国价格体系不合理主要表现有二:工业基础品价格偏低,造成一般工业品的物化劳动耗费失真;农副产品价格倒挂和公用事业收费偏低,使活劳动耗费计量不全。而不合理的价格管理体制不仅不能缓解反而助长了价格体系的紊乱,在某些方面已经到了积重难返的地步,这是价格改革的现实起点。在有计划的商品经济的基础上,新的价格管理体制应以有弹性的计划价格为主体。我国当前的价格改革不能仅是一个调的过程,也不能仅靠一个放的办法,而必须从我国当前的国情出发,从经济改革的实际出发,改、调、放结合,外改内调,以改促调,以改养调,因势利导,走出一条符合中国国情的价格改革道路。④

郭树清认为,我国价格体制改革的目标模式,应当是计划指导下的市场价格体制。该目标的提出,除了直接针对旧体制的弊端和局限性之外,还有着更广泛更深刻的理论和经验根据。但是,需要指出,由于长期实行旧体制,我国经济中存在着许多严重问题和不利条件,而且在短期内不可能根本改变这种状

① 刘卓甫.关于价格改革的几个问题[N].光明日报,1983-06-05.

② 楼继伟,周小川.论我国价格体系改革方向及其有关的模型方法[J].经济研究,1984(10):13-20.

③ 薛暮桥.关于物价的几个问题[N].人民日报,1985-01-28.

④ 华生,何家成,蒋跃,等.论具有中国特色的价格改革道路[J].经济研究,1985(2):27-32.

况,因此,要实现上述目标模式,不能不经过一个较长的时期,不能不采取必要的过渡模式,最合适的过渡模式就是混合价格体制。①

薛暮桥认为,社会主义国家的价格管理制度,需要计划管理和市场调节相结合。在多数产品供不应求的时候,若干种重要生产资料和消费品应以计划管理为主,市场调节为辅;大部分次要的、特别是分散生产的生产资料和消费品则只能以市场调节为主,国家给以必要的管理。②

戴园晨认为,双重价格或双轨价格是自由交换受到限制的计划分配和计划价格中的特有现象,也就是计划分配需要有自由交换作为补充,计划价格需要有自由价格作为补充时的特有现象。价格体系改革的难度在于会打乱原来的国民收入再分配格局,双重价格可以减轻理顺价格中的阻力。但是双重价格破坏了价格的同一性,导致了生产者和经营者的双重行为,引起了种种摩擦,有一系列的弊端。当然,双重价格是计划机制和市场机制都没有很好发挥作用的产物,是过渡性的措施,还要努力创造条件,实现从双重价格到一重价格的转换。到那时,才能在价格不扭曲的条件下更充分地运用价值规律,真正发挥市场机制的作用,从而更有效地通过竞争推动经济效益的提高。③

8.行政管理系统与经济管理系统分离

柳随年认为,行政管理系统与经济管理系统分离,就从根本上解决了以党代政、以政代企、党政不分、政企不分的问题。经济的具体组织工作由经济系统去管,这也就解决了有些行政长官瞎指挥,使经济遭受重大损失而不负经济责任的问题。④

马洪认为,要把主要依靠行政机构、行政手段管理经济改为主要依靠经济组织、经济办法和经济法规管理经济。这样做,才能使企业由部门和地方行政

---

① 郭树清.关于价格体制改革的目标模式[J].中国社会科学院研究生院学报,1985(3):30-37.

② 薛暮桥.一九七九年以来稳定和调整物价问题[J].经济研究,1985(6):39-53.

③ 戴园晨.经济体制模式转换过程中的双重价格[J].经济研究,1986(1):43-48.

④ 柳随年.关于我国经济体制改革方向的探讨[J].经济研究,1980(1):3-10.

机构的附属物变为相对独立的经济单位;才能改变企业“大而全”“小而全”的状况,按专业化协作和经济合理的原则把企业组织起来,才能改变国民经济被行政系统分割的状况,组成统一的有计划按比例发展的国民经济。这样也才能按照客观经济规律的要求,组织各种经济活动,得到最佳的经济效果。①

周太和、詹武、傅丰祥认为,要实行政企合理分工,改革行政管理体制。今后中央的多数部门应不直接管理企业,而把主要精力集中在搞好行业规划,研究和提出指导方针、政策上来。②

李明认为,只有实行政企分开,才是按经济规律办事,政企分开是我国经济体制改革的中心环节。什么叫政企真正分开?我认为就是贯彻生产资料所有权、管理权、使用权“三权分开”的原则,企业不依附不隶属于包括中央各部、省、市、县、区、乡在内的任何行政部门,实行独立经营、独立核算、自负盈亏,变政府的附属物为独立的经济实体。③

蒋一苇认为,政权组织(包括中央和地方)应当和经济组织分离,改变为从经济组织的外部来领导和监督经济组织活动,而不作为经济组织内部的上层机构直接发挥指挥与管理的作用。国民经济组织既不能把全国经济作为一个单一的经济单位,也不能按行政区划分解为若干地方单位,而只能以企业作为基本经济单位。企业在国家统一领导和监督下,实现独立经营、独立核算,一方面享受应有的权利,一方面确保完成对国家应尽的义务。这种看法可以说是“企业本位论”。④

薛暮桥认为,我国经济管理体制的弊端之一就是出在按行政系统管理企业这一点上,不论是分部管理,还是分级管理,都是采取行政管理办法,不是按照经济方法管理经济。要保持国民经济的有机联系和比例关系,就需要使各部

---

① 马洪.关于经济管理体制改革的几个问题[J].经济研究,1981(7):11-24.

② 周太和,詹武,傅丰祥.建立具有中国特色的经济体制[J].经济研究,1983(10):10-17.

③ 李明.政企分开是经济体制改革的中心环节[J].经济研究,1984(9):22-27.

④ 蒋一苇.企业本位论[J].中国社会科学,1980(1):21-36.

门、各地区不要从本身的利益出发去干预企业的经济活动,就需要想出一个好办法来使这些政府机构同企业“脱钩”,使它们只监督企业执行发展国民经济的方针政策,而不去干预企业具体的经济活动。①

杨启先认为,我国经济体制改革的一个重要层次,就是要改变国家管理经济的办法,即由直接管理改为间接管理。所谓直接管理,就是政企不分,由国家各级行政机关,去管理企业的生产经营活动。所谓间接管理,就是把政企职责分开,国家主要是管好市场,去制约和调节企业的经济活动,促使企业的经济活动基本符合国家宏观计划的要求。②

9.创造良好的经济环境

刘国光等认为,创造良好的经济环境,对于推进改革来说有十分重要的意义。第一,控制对经济增长的“过热”,是在改革过程中时刻要注意的。在高速增长和顺利改革两者不可兼得的情况下,应该在一定时期内让增长服从于改革,有意识地放慢增长速度。第二,为了防止出现总需求膨胀和经济增长过热,一个关键问题是控制货币供应。第三,经济增长和货币供应是否适度,主要看对物价总水平的影响。在改革过程中因调整不合理的价格结构而导致物价水平上升是不可避免的,但要考虑经济和社会的承受能力,谨慎地分阶段地进行,以免震动过大。③

三、传统计划经济体制下政府职能的弊端

(一)高度集权

张文寿认为,在集中计划经济体制下,政府的行政权力过分膨胀,几乎成了“万能政府”,高度集权。主要表现在:从中央和地方的关系来说,权力集中于中

① 薛暮桥.关于经济体制改革的一些意见[N].人民日报,1980-06-10.

② 杨启先.关于我国经济体制改革目标模式研究[J].中国经济体制改革,1986(5):9-14.

③ 刘国光,陈吉元,张卓元,等.经济体制改革与宏观经济管理——“宏观经济管理国际讨论会”评述[J].经济研究,1985(12):3-19.

央政府所属各部委,地方政府一般处于执行的地位;从政府和企业的关系来说,政府直接掌握了企业的使用权和经营权,企业成为政府的附属物。[①]

(二)政企不分、政资不分、政事不分

张文寿认为,在集中计划经济体制下,政企不分、政资不分、政事不分。政企职责不分,企业以政府经济计划为准则,政府直接掌握并干预企业的人、财、物大权及供、产、销环节,多数企业不能成为名副其实的经济实体和市场主体。企业缺乏应有的自主权,压抑了企业的主动精神和积极性。同时使政府陷入忙碌的微观经济管理事务中。政资不分,即政府行政管理权与政府的国有资产所有权不分。其实质是用处理行政问题的原则和方式来处理经济关系,用权力支配机制来组织和管理经济。政事不分,是指政府对诸如教育、科技、文化、卫生等各项事业大包大揽,各事业单位无自主权,成为政府的附属品,人浮于事,缺乏活力、内在竞争机制和自律机制,效益低下。[②]

(三)职能交叉重叠,效率低下

张文寿认为,在集中计划经济体制下,政府职能交叉重叠,效率低下。由于政府权力和机构的膨胀,政府各部门存在着职能交叉、重叠的状况。具体表现为,分工过细,职能交叉,机构林立,人浮于事。职能交叉所导致的机构官僚化,效率低下,严重地损耗了社会生产力。[③]

(四)政府管理经济方式的行政性

张文寿认为,在集中计划经济体制下,政府运用行政手段管理经济与社会的弊端主要表现在:首先,规范社会基本关系的主要措施是以上下级机关之间的行政渠道为基础的“红头文件”,而不是清晰完备的、公开的、面向整个社会的行政法规。其次,管理社会日常运行的主要方式是“一事一议”的行政审批方

---

① 张文寿.中国行政管理体制改革——研究与思考[M].北京:当代中国出版社,1994:39-40.

② 张文寿.中国行政管理体制改革——研究与思考[M].北京:当代中国出版社,1994:40-42.

③ 张文寿.中国行政管理体制改革——研究与思考[M].北京:当代中国出版社,1994:42-43.

式,而不是对事不对人的、普遍适用的规范化的间接控制方式。再次,调控经济发展的主要手段是以企业对政府部门的隶属关系为标志的直接控制方式,而不是按照经济规律运用汇率、利率、税率等经济杠杆进行管理。政府对企业强调的是管与控,缺少服务功能。最后,政府扮演资源配置的角色,而不是由市场来配置资源。①

王爱珠认为,管理经济的行政方式的特点是,依靠上级行政权威,采取发布指令和命令等的强制办法,直接指挥和组织下级部门直至企业的经济活动。这种管理方法严重束缚着社会主义经济的发展。首先,单纯用行政办法管理经济,使企业的一切经济活动都要听从上级行政部门的命令办事,严重压抑了群众的积极性和创造性,使作为社会主义经济细胞的企业失去活力,从而也使社会主义经济缺乏生机;其次,单纯用行政办法管理经济,容易产生瞎指挥、主观主义和官僚主义,结果是投入多、产出少,浪费大、效益低,人民得到的实惠少。过去之所以如此,是由于在理论上没有把国家的政治职能和经济职能区分开来。②

四、经济建设型政府的职能和工作任务

(一)政府工作必须以经济建设为中心

吴亮平认为,无产阶级政党和无产阶级专政的国家必须把主要精力用来发展社会生产力,以资巩固公有制、提高人民的物质文化生活水平和加强国防,这是不应有丝毫犹豫和动摇的。阶级斗争必须服务于经济建设,任何形式的政治运动,其成败利弊,都要以其对经济建设的得失进退来衡量。③

(二)调整国民经济结构,使国民经济有计划按比例的发展

桂世镛认为,进行国民经济结构调整,这是因为国民经济中还确实存在着

---

① 张文寿.中国行政管理体制改革——研究与思考[M].北京:当代中国出版社,1994:43-44.

② 王爱珠.关于社会主义国家经济职能的几个问题[J].经济研究,1985(7):40-46.

③ 吴亮平.经济建设是无产阶级专政的根本任务[J].经济研究,1979(7):24-27.

比例失调的状况,并且这种状况正在阻碍着我们更好更快地前进。从工业同农业的关系来看,农业严重落后。在轻重工业之间,轻工业发展缓慢。燃料动力严重不足,许多企业由于缺煤、缺电不能发挥生产能力。国民收入的分配,积累占的比例偏高,在积累内部生产性积累和非生产性积累的关系也不协调。如果不下决心集中相当的时间和精力,把比例关系大体调整好,国民经济要持续地、高速度地发展是困难的,弄得不好,还会加剧比例失调,阻碍经济发展。按比例才有高速度,调整好比例,才能争得持久的高速度。因此,调整是经济进一步发展的客观需要。①

周叔莲认为,调整时期的主要任务不决定于主观愿望,而决定于客观经济形势和要求。当前国民经济中的突出问题是比例关系严重失调。在这种国民经济比例严重失调的情况下,企业的生产、流通遇到许多难以克服的困难,不仅扩大再生产难以进行,简单再生产也往往难以顺利进行。这种情况,决定了要把调整国民经济比例、克服严重比例失调放在首位,而这也正是需要一个较长的调整时期的原因。②

许涤新认为,进行国民经济结构调整的原因,除了国民经济比例失调外,大家都想要把过去十年被林彪、"四人帮"破坏所损失的时间,很快夺取回来,于是就出现步子迈得过大的现象。这些现象的主要特点,就是一个盲目的积极性。某些干部的这种盲目的积极性,极不利于有计划地进行社会主义现代化建设,极不利于社会主义生产的按比例、高速度发展。如果让某些干部的盲目积极性继续下去,如果让各个经济部门之间的比例失调继续下去,我国的有系统、有计划的社会主义生产和现代化建设,就会受到干扰而不能大步前进。在这种情况之下,怎能不认真地进行调整呢?③

李成瑞、张卓元认为,要使国民经济有计划按比例的发展,几年之内需要采

---

① 桂世镛.搞好调整,更加稳妥、更加迅速地推进四个现代化[J].经济研究,1979(7):7-13.

② 周叔莲.调整国民经济的几个理论问题[J].经济研究,1981(3):13-20.

③ 许涤新.有关我国社会主义现代化建设的几个问题[J].经济研究,1979(9):3-9.

取一系列的措施，特别是要做到计划上的综合平衡，才能使工农业之间、工业内部和农业内部各部门之间、积累与消费之间、国家建设与人民生活之间的比例大体上合乎客观要求，才能为国民经济的高速度发展打下一个稳固的基础。①

刘国光认为，我们面临着要用持续的高速度来实现四个现代化的宏伟任务，这就更加要求我们在计划工作中切实做好综合平衡。国民经济的比例关系千头万绪，计划的综合平衡，首先应当考虑最主要的战略性的比例关系。这些关系，在社会主义国家的经济计划中是通过积累和消费，农业、轻工业和重工业比例关系的安排来实现的。除了积累消费和农轻重这两个最综合的比例关系外，还有燃料动力原材料工业与加工工业的比例关系、地区的比例关系等，也是很关紧要的，要在国民经济综合平衡中认真研究，妥善安排。②

柳随年、周荧认为，在我们社会主义国家，积累和消费之间存在既矛盾又统一的关系。处理好这一关系，必须从我国有八亿人口，人民生活水平较低这个现实出发，统筹兼顾国家建设和人民生活。目前我国积累率偏高，对生产建设都不利，有必要进行适当调整。根据我国目前的情况，今后几年积累率以不超过 30%为宜。③

何琢认为，国民经济各部门之间的这种比例失调的问题如不迅速改变，生产建设就不能迅速发展。首先要调整工农业比例关系，加速农业的发展。在工业内部，要调整轻重工业的比例关系，加速轻工业的发展，使消费资料的供应同购买力的增长相适应。在重工业内部，要保证煤、电、油、运输、建材等先行工业，与其他部门比例关系协调。要根据国民经济发展的需要、燃料动力和原材料供应的可能，调整工业企业，对少数不具备条件的实行“停、缓、并、转、缩”，求得燃料动力、原材料的供需平衡。要坚决缩短基本建设战线，非急需或落实不了的项目，停、缓建一批，使建设规模同材料设备、投资平衡，并按农轻重顺序调

---

① 李成瑞，张卓元.关于高速度进行社会主义现代化建设的几个问题[J].经济研究，1979(2)：2-11.

② 刘国光.关于国民经济综合平衡的一些问题[J].经济研究，1979(3)：36-44.

③ 柳随年，周荧.正确处理积累和消费的比例关系，加速实现四个现代化[J].经济研究，1979(4)：8-15.

整投资方向，加强薄弱经济部门和直接关系人民生活设施的建设。要调整积累和消费的比例关系，保证在发展生产和提高劳动生产率的基础上，人民的生活水平逐步有所改善。国民经济的各项计划都要调整得相互衔接，没有缺口，做到财政平衡、信贷平衡、物资平衡、外汇平衡。[①]

桂世镛认为，调整的任务，是要把失调的比例关系大体上改变过来，使国民经济比较按比例地发展。当前，从经济的全局来看，需要调整好的主要比例关系，第一个是农轻重的关系及与此密切相关的消费与积累的比例关系，第二个是燃料动力工业与其他部门的关系。说得更明确一点，就是要着重解决好加快农业和轻工业发展的问题，解决好有效的增产和节约能源的问题。搞好比例关系的调整，除了做好调整工作以外，还必须把调整同改革经济体制、整顿企业和提高管理水平与科学技术水平结合起来。调整、改革、整顿、提高这四个方面的任务，是互相促进、互相渗透的。从全局来说，调整是关键。在一些重大比例失调的情况下，国民经济七长八短，企业的产供销不能很好衔接，严格的经济责任制就难以建立，严明赏罚也难以实行，这样，要进行全面的经济体制改革是困难的，整顿企业和提高管理水平，也会受到一定限制。但是，反过来，如果不按客观经济规律的要求，对经济体制实行必要和可能的改革，不搞好企业的整顿，要搞好调整工作，也是不可能的。[②]

唯实认为，为了做好调整工作，至少有以下几个经济理论问题是迫切需要深入研究和广泛讨论的：第一，国民经济的调整工作怎样才能符合社会主义基本经济规律的要求。第二，在调整工作中，要足够地估计农业劳动生产率目前的水平对整个国民经济发展的制约作用。第三，要结合我国现阶段的经济条件，正确认识和运用生产资料生产优先增长的规律。第四，不应当把速度作为国民经济计划的出发点和归宿。[③]

---

① 何琢.调整国民经济是加速现代化建设的战略决策[J].经济研究，1979(5)：6-13.

② 桂世镛.搞好调整，更加稳妥、更加迅速地推进四个现代化[J].经济研究，1979(7)：7-13.

③ 唯实.按照经济规律办事认真做好国民经济的调整工作[J].经济研究，1979(10)：3-9.

李成瑞、作沅认为,目前我国国民经济中比例失调的现象还很严重,简要地说,就是“三短两长”。“三短”是农业短,轻工业短,燃料、动力、建材和交通短;“两长”是基本建设战线长,加工工业战线长。与这种情况相联系的是积累率偏高。在上述情况下,调整国民经济,就是采取有力措施,拉长三个短线(农业、轻工业、煤电油运和建材),缩短两个长线(基本建设和加工工业)。[①]

王永银认为,有计划有步骤地纠正多年形成的农轻重比例失调的状况,是经济调整所要解决的重要任务。以农轻重为序安排计划,有三个问题是应当注意的。第一,安排国民经济计划要优先考虑和满足农业,其次是轻工业对人力、物力、财力的需要。第二,正确处理农业、轻工业、重工业各自内部的比例关系。第三,重工业的生产指标和建设规模,不能离开消费品供应的可能,不能不顾是否会挤农业轻工业而安排得过高过大。[②]

桂世镛、周叔莲认为,关于调整的阶段和时期,可以划分以下三个阶段来进行工作,用十年左右的时间,初步建立起比较合理的经济结构。第一阶段:消灭赤字、稳定经济阶段。这个阶段的目的,是实现财政平衡,稳定物价,通过合理安排城镇待业人员,积极发展商业、服务业,改善“骨头”和“肉”的关系,使城乡人民生活在这几年已经改善的基础上继续有所改善。第二阶段:协调农轻重比例阶段。在这个阶段,重点是要进一步调整农轻重比例,使社会生产两大部类的比例基本协调,从而促使人民生活继续得到适当改善。第三阶段:经济结构初步合理化阶段。这个阶段要着重解决基础结构严重落后的问题,使能源、交通、邮电、通信和城市建设有一个较快的发展,在工农业之间、工业和农业内部,以及国民经济的其他部门之间建立比较协调的关系,并且把经济发展与社会发展更好地结合起来。[③]

---

① 李成瑞,作沅.坚定不移、扎扎实实地把国民经济调整的任务完成[J].经济研究,1979(12):3-10.

② 王永银.论以农轻重为序安排计划[J].经济研究,1980(7):26-32.

③ 桂世镛,周叔莲.论经济调整的目标、阶段和措施[J].经济研究,1981(6):9-17.

（三）加强宏观经济方面的管理

马洪认为，宏观经济方面的决策权应该属于国家，内容包括国民经济发展方向，主要比例，基本建设规模，投资方向和重大建设项目以及人民生活的提高幅度，等。①

柳随年认为，要在计划安排中做好人财物的平衡，具体说要安排好以下六个方面的平衡：第一，财政平衡；第二，信贷平衡；第三，外汇平衡；第四，物资平衡；第五，市场平衡；第六，劳动力平衡。以上六个方面的平衡，应该由计划部门统一抓起来，这是计划机关的性质所决定的。否则所谓加强综合平衡只能是一句空话。②

华生认为，国家要做到对经济进行宏观控制，必须对社会主义经济机制的客观运行条件和发展趋势进行研究。①科学的宏观决策程序。有无科学的宏观决策程序以及相应完善的责任制，实际上是关系到社会主义基本经济制度对生产力作用如何的大问题。②财政、信贷是宏观控制的两个主要杠杆。财政平衡是国民经济综合平衡的关键，信贷平衡是国民经济价值总量平衡的综合反映和最后一道防线。③固定资产扩大再生产投资。这既是国家进行宏观控制的主要内容和强有力手段，也是计划经济的主要标志之一。④对大类产品供求的平抑。为了保障生产、交换的顺利进行和人民生活的稳定，国家有必要对大类产品的供求进行平抑。③

何振一认为，扩大企业自主权，减少对微观经济不必要的直接行政手段的干预，才能保证企业的活力，但并不意味着，放弃宏观经济的控制。相反，越是要把微观经济搞活，越需要加强宏观经济控制。重要的办法就是强化经济杠杆的作用。在价格还难以全面改革的情况下，实行利改税，完善税收杠杆，就成为首要的问题。利改税的第一步是在不改动原工商税的基础上，采用对税后利润

---

① 马洪.关于经济管理体制改革的几个问题[J].经济研究，1981(7)：11-24.

② 柳随年.搞好综合平衡、提高计划质量[J].经济研究，1982(2)：37-43.

③ 华生.转到有计划的商品经济轨道上来[J].经济研究，1984(11)：22-26.

部分征收所得税的办法实施的。利改税第二步，必须以利改税的目的和任务为出发点，从全面改革现行税制入手，按每一特定任务选择税种，明确规定课税客体，依据其调节任务设计税率，把国营企业的纯收入在国家与企业之间重新分配与安排，方能顺利而正确地达到利改税的目的。[①]

五、政府机构改革

（一）精简行政机构

徐国喜、王成福认为，要精简行政机构，节约行政管理费用。精简机构有利于加强领导班子的建设，有利于领导密切联系实际、联系群众，克服主观主义和官僚主义，提高工作效率。当前，我国从中央到地方的许多部门，机构臃肿，层次重叠，行政费用开支大，工作效率低，同党的工作着重点的转移很不适应。这方面的节约，也是大有潜力可挖的。[②]

（二）改革决策程序

徐国喜、王成福认为，必须大力反对官僚主义。官僚主义在实际工作中，一方面表现为极端不负责任，玩忽职守；一方面表现为瞎指挥、强迫命令，违背客观经济规律，违背大多数人的意志和愿望。官僚主义压抑、挫伤群众的社会主义积极性，是造成人力、物力、财力浪费的一个重要因素。[③]

万里认为，我国政治体制上的一个重要弊病，就是领导权力过分集中，决策制度不健全。因此，政治体制改革的一个极为重要的方面，就是要充分发挥社会主义民主，真正实行决策的民主化和科学化。实现决策的民主化和科学化，关键在各级领导。领导的责任在于制定战略，拟定规划，确定政策，组织管理，使用干部。要履行这些职责，就需要进行决策。因此，决策是领导者最基本的职能。我国的各级领导干部，总的讲本质是好的，但存在着缺乏决策民主化和

---

① 何振一.利改税第二步的理论与方法探讨[N].人民日报，1983-11-30.

②③ 徐国喜，王成福.增产节约是实现我国社会主义现代化的根本方针[J].经济研究，1980(3)：17-20.

科学化的观念和素质的问题。今后对任何重大问题的决策,不能再停留在凭领导者个人经验和意志办事的传统方法和水平上,而必须采取科学的方法,按照科学的程序,进行科学的论证,力求减少和避免可能出现的重大失误。①

(三)职能变化

马洪认为,行政管理机关职能要发生变化。各级政府主要通过法规、政策、规划、计划,通过用经济杠杆来指导和管理经济。②

薛暮桥认为,政府的计划和业务管理部门要学会利用经济杠杆,引导各基层企业使它们的活动符合于国家计划的要求。经济杠杆首先是物价。就是通过价格来调节各类产品的供求关系,以保证国民经济按比例发展。第二个经济杠杆是税收。我们应当充分重视税收的作用,逐渐把它当作财政收入的主要来源和调节商品供求的另一个重要杠杆。第三个经济杠杆是银行利率。我们有必要把中国人民银行改组为中央银行,把它所经营的对企业和居民的存放业务划分出来,另设专业银行,健全银行体系。同时还要合理提高存放利率,以充分发挥银行调节社会资金的作用,并防止可能发生的信贷膨胀。③

孙尚清认为,我国经济发展要以发展速度为中心转变为以经济效益为中心。对我们社会主义计划经济来说,应当努力争取必要和可能的增长率,并且把速度和效益统一起来。当速度与效益发生矛盾时,速度必须服从经济效益。④

洪银兴认为,国家运用经济杠杆的职能限于两方面:一是调节企业总体活动,以实现宏观调节目标;二是克服价值规律作用过程中的自发性。具体包括三方面过程:第一,将企业活动推入市场,保障市场对企业活动的充分调节。第二,直接调节市场机制的运行,克服其盲目性。第三,调节企业总体活动,弥补市场调节的缺陷。各种经济杠杆各司其职,互相配合,综合运用,有效地将市场

---

① 万里.决策民主化和科学化是政治体制改革的一个重要课题[N].人民日报,1986-08-15.

② 马洪.关于经济管理体制改革的几个问题[J].经济研究,1981(7):11-24.

③ 薛暮桥.经济管理体制改革需要解决的几个问题[J].经济研究,1982(1):3-7.

④ 孙尚清.我国经济发展的战略性转变[J].经济研究,1982(5):3-6.

机制乃至整个微观经济活动纳入宏观计划轨道。综上所述，社会主义商品生产的调节机制，是国家运用经济杠杆调节市场机制，市场机制调节企业活动的有机结合。①

王爱珠认为，改革国家经济职能是经济体制改革的核心问题。实行政企分开、简政放权，跳出多年来形成的僵化模式，才能从根本上改变束缚经济发展的有害做法。政企职责分开，各级政府从直接指挥企业生产经营的活动中摆脱出来，就可以集中力量从全局上，即主要是从宏观经济和行业、地区的全局出发，组织和领导经济建设，通过经济的、行政的、法律的手段，正确发挥国家机关管理经济的职能。简政放权就是要把权真正放给从事生产经营活动的企业。通过简政放权，调整好国家和企业之间的关系，调整好企业和职工之间的关系，确立职工在企业中的主人翁地位，使企业真正成为能够拥有生产经营的责任、权利和利益的相对独立的经济实体，这样企业才能有活力，整个国民经济也才能有活力。②

（四）适度地划分中央与地方的职责权限

周太和、詹武、傅丰祥认为，要适度地划分中央与地方的职责权限。在处理中央和地方的关系上，必须坚持集中统一领导，坚持“全国一盘棋”的原则。关系国民经济全局的经济决策大权必须集中于中央。我国又是一个有十亿人口的大国，各地经济发展很不平衡，各项经济活动不应该也不可能都集中到中央管理，必须实行“统一领导、分级管理”和“大权集中、小权分散”的原则，要在中央统一计划下，给地方一定的因地制宜权限。中央与地方财力、物力的分配，也要贯彻“大集中、小分散”的原则，即财政收入、外汇收入和重要物资的大部分应集中于中央，地方可以掌握一部分。根据历史经验，中央支配的财力应占国家财政收入的60%以上，直接支出比重占50%左右，中央掌握必要的机动财力，有

① 洪银兴.论社会主义商品生产的调节机制——兼论经济杠杆的类型及其功能[J].经济研究，1985(5)：13-19.

② 王爱珠.关于社会主义国家经济职能的几个问题[J].经济研究，1985(7)：40-46.

利于保证国家重点建设和对落后地区的扶植。①

田纪云认为，长期以来，我国财政的分级管理体制，只是侧重于各级收支总额的分配上，对于各级财政的收入渠道和支出范围及其责任，缺乏细致全面的研究。因而各级地方领导和财政部门所关心的，不是某一项收支如何划分及其对经济的影响，而是更多地关心地方的机动财力和正常支出的总额是否受到影响。这种体制不利于充分调动地方的积极性和加强地方对各项事业发展的责任心。为了使地方有明确的、稳定的收入来源，能因地制宜地安排地方经济、文化等事业的发展，要求我们逐步将各级财政的收支范围用法律形式确定下来。实行"以税代利"，财政收入基本上靠税收，只要把中央税、地方税、中央与地方共享税划分好了，财政的分级管理前提也就基本上解决了。因此，对国营企业由上交利润改为征税，是中央与地方各级之间分配关系的一项重大改革。②

上述研究文献，为我国经济建设型政府的实践提供了理论上的认识和思考，对我国经济建设型政府的实践发挥了重要的影响和指导作用。

第四节　经济建设型政府的实践及其成就

自 1978 年改革开放开始，我国政府把工作中心从阶级斗争转向经济建设，政府承担起经济建设的各项任务，开始了经济建设型政府的实践，并取得了巨大的成就。

一、以经济建设为中心的政府工作中心转移

1978 年 12 月 18 日至 22 日，中国共产党十一届三中全会在北京召开。全会决定，果断停止"以阶级斗争为纲"，从 1979 年起把全党工作的着重点转移到

① 周太和，詹武，傅丰祥.建立具有中国特色的经济体制[J].经济研究，1983(10)：10-17.

② 田纪云.国营企业推行"以税代利"的一些认识问题[N].人民日报，1983-02-07.

以经济建设为中心的社会主义现代化建设上来。这是在对社会主要矛盾和根本任务重新做出正确判断的基础上所取得的重大成果，是十一届三中全会最重要的决策。

十一届三中全会在确定以经济建设为中心的总方针的同时，对经济发展问题作出了重大决策。第一，对严重失调的国民经济进行调整。会议指出，由于林彪、“四人帮”的长期破坏，国民经济中还存在不少问题。一些重大的比例失调状况没有完全改变过来，生产、建设、流通、分配中的一些混乱现象没有完全消除，城乡人民生活中多年积累下来的一系列问题必须妥善解决。我们必须在这几年中认真地逐步地解决这些问题，切实做到综合平衡，以便为迅速发展奠定稳固的基础。基本建设必须量力而行，循序推进，要集中力量打歼灭战，不可一拥而上，造成窝工和浪费。全会讨论和原则同意 1979 年、1980 年两年的国民经济计划安排。第二，对经济管理体制进行改革。会议指出，现在我国经济管理体制的一个严重缺点是权力过于集中，应该有领导地大胆下放，让地方和工农业企业在国家统一计划的指导下有更多的经营管理自主权；应该着手大力精简各级经济行政机构，把它们的大部分职权转交给企业性的专业公司或联合公司；应该坚决实行按经济规律办事，重视价值规律的作用，注意把思想政治工作和经济手段结合起来，充分调动干部和劳动者的生产积极性；应该在党的一元化领导之下，认真解决党政企不分、以党代政、以政代企的现象，实行分级分工分人负责，加强管理机构和管理人员的权限和责任，减少会议公文，提高工作效率，认真实行考核、奖惩、升降等制度。第三，尽快把农业搞上去。会议深入讨论了农业问题，同意将《中共中央关于加快农业发展若干问题的决定（草案）》和《农村人民公社工作条例（试行草案）》发到各省、市、自治区讨论和试行。第四，改善城乡人民生活。全会指出，城乡人民的生活必须在生产发展的基础上逐步改善，必须坚决反对对人民生活中的迫切问题漠不关心的官僚主义态度。同时，我国经济目前还很落后，生活改善的步子一时不可能很大，必须把有关的情况经常告诉人民，并在人民和青年中继续加强自力更生、艰苦奋斗的革命思想教育,各级领导同志必须以身作则。

在十一届三中全会的基础上,1979 年 4 月 5 日至 28 日,中共中央又召开了工作会议,会议正式通过了中共中央政治局提出的“调整、改革、整顿、提高”的八字方针,即以调整为中心,边调整边前进,在调整中改革,在调整中整顿,在调整中提高。

十一届三中全会和 1979 年中央工作会议的召开,为我国新时期的经济建设指明了正确方向,奠定了坚实基础,同时,也把我国政府推上了经济建设型政府的轨道。政府开始全面履行经济建设和经济改革的各项任务,开始认真搞好国民经济的调整、改革、整顿、提高,把它逐步纳入持久的按比例的高速度发展的轨道。

经过 1979 年和 1980 年贯彻执行“调整、改革、整顿、提高”的方针,国民经济得到了发展,一些重要的失调的比例关系开始逐步协调,不合理的经济管理体制初步得到改革,经济效益有所提高。但是,由于长期形成的国民经济比例失调的现象很难在短期内完全纠正,为此,1980 年 12 月,召开了全国省长会议和中央工作会议。会议决定,从 1981 年起,对国民经济进行进一步的调整,总的要求和主要任务是稳定经济,调整结构,挖掘潜力,提高效益。继续调整国民经济的工作,扭转了重大比例关系严重失调的情况,市场发展,经济效益提高,经济管理体制得到进一步改进,人民生活也得到了相应的改善,取得了很好的成绩。①

(一)国民经济有计划按比例高效益发展

1.调整工农业比例关系,尽快把农业搞上去

针对工农业比例关系严重失调、农业远远不能适应整个国民经济发展的需要的状况,政府大力贯彻《中共中央关于加快农业发展若干问题的决定》,制定并落实各项加快农业发展的政策,促进了农业的迅速发展。

---

① 孙健.中国经济通史:下卷(1949 年—2000 年)[M].北京:中国人民大学出版社,2000:1854-1874.

(1)改革农业管理制度,充分发挥农民的积极性

稳定三级所有、队为基础的制度,保护和尊重社队的所有权和自主权,因地制宜地实行有利于发展生产、巩固集体经济的各种形式的农业生产责任制度,把劳动者的责、权、利结合起来,极大地调动农民生产的积极性,坚持各尽所能、按劳分配的原则,允许社员经营少量自留地和经营家庭副业,允许正当的集市贸易。

(2)调整农业产业结构

在保证粮食稳定增长的基础上,适当调整农业作物内部的比例关系,因地制宜地搞好农、林、牧、副、渔各业的生产,促进农、林、牧、副、渔各业全面发展,改变长期以来比较单一经营粮食种植业的状况。

(3)加大国家支持力度

政府增加对农业的投资和信贷,适当提高农副产品的收购价格,减免部分经济条件较差的地区的农业税收和社队企业税收,加强对农业的物质和技术支持,发展农业税收和社队企业税收,加强对农业的物质和技术支持,发展农业科学研究和技术推广事业,继续促进农业的机械化,加快商品粮基地和国营农场、林场、牧场、渔场的建设。

2.调整工业内部比例关系,使工业内部协调发展

针对工业发展中重工业发展过多过快,而轻工业发展相对太少太慢的情况,政府制定了相应的调整政策。

(1)提高了对轻工业的投资比重,改善轻工业生产和流通条件

为加快轻工业发展,改善轻工业生产和流通条件,决定对轻工业实行六个优先原则:即原材料、燃料、电力供应,挖潜革新改造,基本建设,银行贷款,利用外资和引进新技术,以及交通运输。同时,计划、物资、财政、银行等部门也要对轻工业给予优先照顾,以加快轻工业的发展,增加市场上急需的轻工业产品和其他消费品的生产。

（2）调整重工业，扭转服务方向

在重工业方面，对长线产品的生产进行了控制，改变重工业的服务方向，增产了一批适销对路的产品，关停并转了一批消耗高、质量差、货不对路、长期亏损的企业，同时还采取“重转轻”“军转民”“长转短”等形式，调整产品结构，使重工业在调整中继续前进。

（3）调整燃料动力、运输、原材料工业与其他工业比例关系

燃料动力、运输、原材料工业是社会先行产业，但是，多年来我国的燃料动力、运输、原材料工业大大滞后于其他工业的发展，成为制约其他工业和整个国民经济发展的“瓶颈”，为此，政府确定了加强煤、电、油、运输和建材的生产建设，努力改变燃料动力、运输、原材料工业落后的状况，以保证其他工业的发展。一方面尽快把煤、油、电的生产建设搞上去；另一方面采取最严格、最有效的措施节约能源，杜绝浪费。在交通运输方面，加快主要铁路干线的技改和沿海港口建设。加快建筑材料工业的发展，特别要把新型建材搞上去。

3.压缩基本建设规模，使其与钢材、水泥、木材、设备和资金的供应相适应

针对多年来形成的基本建设规模过大这一难题，政府采取措施进行调整。着重调整基本建设规模和投资方向，整顿基本建设管理和企业管理，改革基本建设管理体制。对现有工程逐个审查排队，凡条件具备的特别是国家急需项目要坚决保上去，条件不具备的项目要坚决停建或缓建，即使条件具备而国家不需要的也要停建。同时，调整投资比例，压缩基建规模，提高工程质量，降低工程造价，缩短建设工期。另外，还清理了基本建设在建项目，停建、缓建一部分大中型基建项目。

4.调整积累与消费比例关系，提高国民收入中的消费基金比重

针对国民经济中积累与消费比例关系严重失调的状况，政府下决心进行了调整，提出要降低积累率，相应提高国民收入中消费基金比重，保证城乡人民生活水平逐步有所提高。在农村，大幅度提高农副产品收购价格，减免部分地区和社队的农业税和统购派购任务。在城市，发展手工业、商业、服务业、餐饮业、

旅游业、城市公共事业等,增加就业,增加职工工资,发放职工副食品价格补贴;增加科技、教育、文化、卫生等非生产性投资比重,改善城乡人民生活水平。

经过上述调整工作,国民经济得到了调整,扭转了重大比例关系严重失调的情况,生产发展,经济效益有所提高,人民生活得到相应的改善。从农轻重的比例关系来看,1978 年为 27.8∶31.1∶41.1,采取措施后,农业和轻工业以及煤、电、油、运输、建材工业得到了迅速发展,1986 年农轻重的比例关系改变为 35.2∶30.2∶34.6,这种比例关系基本上适合我国当时的经济发展水平,能源、原材料供应短缺现象开始缓解。从社会总产值增长速度来看,1979—1986 年,社会总产值每年平均递增 10.1%,其中最高年增长 16.5%,最低年增长 4.6%,分别偏离平均速度+6.4 和-5.5,而 1952—1978 年社会总产值每年平均递增 7. 9%,其中最高年增长 32.7%,最低年下降 33.5%,分别偏离平均速度+24.8 和-41.4,这说明我国国民经济增长的稳定程度大大提高。从社会总产出占社会总投入的比重来看,1978 年为 34.4%,1986 年为 36.5%,提高了 2.1%,这说明我国经济整体效益获得了大大提高。从国家经济实力来看,国民生产总值由 3 480 亿元增加到 9 380 亿元,按可比价格计算增长 102%;国民收入由 3 010 亿元增加到7 790亿元,按可比价格计算增长 94.9%;国家财政收入由 1 121 亿元增加到 2 220 亿元,增长 98%,部门、地方、企业拥有的预算外资金由 347 亿元增加到1 670 亿元,增长 381%,1986 年我国总财力为 3 890 亿元,改革 8 年使国家财力增加了一倍半。从积累与消费的比例关系来看,积累率从 1978 年的 36.5%下降为 1982 年的 28.8%,1986 年的积累率虽然回升到 30%以上,但城乡居民储蓄余额在 1978 年时不过 210 亿元,到 1986 年时达 2 237 亿元,积累率回升中相当大的一部分是从储蓄转化而来的,这和过去的高积累不大一样。从城乡人民生活水平来看,1986 年与 1978 年相比,农村人均收入从 134 元增加到 424 元,8 年共增加了 290 元,比 1949—1978 年 29 年的增加额还多出 200 元,扣除物价因素,增长了 160%,农村贫困户减少,温饱、宽裕和小康户增加。城市人均收入从 1978 年的 316 元增加到 1986 年的 828 元,扣除物价因素,增长了 80%。全国城乡居民储蓄存款由 1978 年的 210 亿元提高到 2 237 亿元。城乡消费水平差距,由 1978 年 1∶2.9 下降为 1986 年 1∶2.3,城乡消费水平差距缩小。城乡人民消费质量提高,消费结构改善。

(二)经济管理体制改革的逐步推进

我国传统的计划经济管理体制,虽然对迅速恢复国民经济、初步改变我国经济的落后局面曾经起到了一定的作用,但是,随着我国社会主义建设的发展,尤其是经济建设的发展,这种经济管理体制的弊端逐渐显现出来,阻碍了我国生产力的发展,限制了我国综合国力的增强和人民生活水平的提高,因此,必须对旧的经济管理体制进行改革。改革的目的是改变不适应我国社会生产力发展的原来的僵化的经济管理体制,建立起充满生机和活力的经济管理体制,以促进我国社会生产力的发展。我国的经济管理体制改革,是采取逐渐过渡的方式,由初期的计划性与市场性相结合,到后期的公有制基础上的有计划的商品经济。1984 年以前,主要是针对传统计划经济管理体制本身的缺陷,在计划经济为主的基础上,探讨如何有效发挥市场调节的作用,提出“计划经济为主、市场调节为辅”的口号。1984 年,十二届三中全会通过了《中共中央关于经济体制改革的决定》,《决定》第一次明确提出,社会主义经济是在公有制基础上的有计划的商品经济,商品经济的充分发展,是社会主义经济发展不可逾越的阶段,是实行我国现代化的必要条件。自此,经济体制改革进入了一个新阶段。

1.农村家庭联产承包责任制的确立

针对我国农村人民公社制度严重束缚农民积极性、阻碍农业生产力发展的状况,政府对农村经济管理体制进行改革。自《中共中央关于加快农业发展若干问题的决定(草案)》和《农村人民公社工作条例(试行草案)》肯定了包工到组、联产计酬的管理方式后,各地多种形式的生产责任制得到迅速发展,尤其是包产到组的形式,几个月内,全国约有 1/3 的社队实行了这种形式。1978 年,安徽省凤阳县小岗村生产队实行包产到户后,包产到户形式得到迅速发展。1981 年 10 月,全国农村工作会议在北京召开,主要讨论农业生产责任制问题,通过了《全国农村工作纪要》，肯定了包产到户、包干到户属于社会主义集体经济生产责任制性质，包产到户、包干到户责任制迅速发展起来，到1982年6月，全国农村已有67%的生产队实行包干到户。1982年11月，中共中央召开了全国农村思想政治工作会议和全国农业书记会议，制定了《当前农村经济政策若干问题》，指出家庭联产承包责任制越来越成为农业生产责任制的主要形式。这极大地推动了家庭联产承包责任制的发展，到1983年底，全国农村实行家庭联产承包责任制的农户已占总数的90%以上。1984年，农业生产责任制进一步完善，承包期一般都延长到15年以上。1985年发布了中共中央1号文件，重申"联产承包责任制和农户家庭经营长期不变"。至此，家庭联产承包责任制成为农村经济管理体制的基本制度，而家庭联产承包责任制适合我国现阶段农业生产力发展状况，调动了农民生产积极性和主动性，从而有效地促进了农业生产的发展，提高了农民的生活水平。

2.扩大企业自主权，增强企业活力

针对传统计划经济管理体制政企职责不分、经济管理权过于集中、企业缺乏自主权和活力的状况，政府开始了扩大企业自主权、增强企业活力的改革。1978年10月，开始企业改革试点工作，扩大企业自主权。为了加强对扩权试点工作的指导，1979年7月国务院颁布了《关于扩大国营企业经营管理自主权的若干规定》《关于国营企业实行利润留成规定》《关于提高国营工业企业固定资产折旧率和改进折旧费使用办法的暂行规定》《关于开征国营工业企业固定资产税的暂行规定》《关于国营工业企业实行流动资金全额信贷的暂行规定》五个文件，要求各地区、各部门选择企业试点。这些试验性的改革，使企业经济利益与经营成果初步挂钩。在上述实践的基础上，1984年5月国务院又作出了《关于进一步扩大国营工业企业自主权的暂行规定》，在生产经营计划、产品销售、产品价格、物资选购、资金使用、资产处理、机构设置、劳动人事、工资奖金和联合经营10个方面，进一步扩大了企业自主权，使企业逐步成为独立的商品生产者和经营者。1984年《中共中央关于经济体制改革的决定》明确指出，改革的中心环节是增强企业的活力，特别是增强全民所有制大、中型企业的活力，对国有企业，必须政企职责分开，简政放权，全民所有制企业的所有权和经营权可适当分开，企业必须成为自主经营、自负盈亏的相对独立的社会主义商品生产者和经营者，充分发挥企业的积极性、主动性和创造性。在《决定》的指导下，制定并实施了许多赋予企业更多自主权的改革措施。1986 年发布了《国务院关于深化企业改革增强企业活力的若干规定》，要求各方面认真落实搞活企业的有关政策，推行各种形式的经营承包责任制，加快企业领导体制的改革，改进企业的工作、奖金分配制度，继续缩减对企业下达的指令性计划等。通过上述改革，大大提高了企业的自主权，增强了企业的活力。

3.流通体制改革

传统计划经济管理体制下的流通体制是一种按行政区划、行政层次统一收购与供应的单一的流通体制，这种体制的商品流通渠道少，流通环节多，流通网络不健全，不能适应商品生产和商品交换发展的需要，因此必须进行改革，疏通流通渠道，做到货畅其流。政府决定，必须按照计划经济为主、市场调节为辅的原则，适应大力发展社会主义商品生产和商品交换的要求，本着促进生产、服务人民的精神，把原有的按行政区划、行政层次统一收购和供应商品的流通体制，改变为开放式、多渠道、少环节的流通体制，形成城乡畅通、地区交流、纵横交错、四通八达的流通网络，发展社会主义的统一市场。农副产品要有计划地减少统购派购产品的品种和数量，扩大自由购销的范围。适应农村商品交换发展的新形势，供销合作社的体制必须改革，最根本的是要变“官办”为“民办”，把供销社办成农民群众集体所有的合作商业。商业批发和物资供应体制，也要积极探索改革途径。实践证明，通过贸易中心、批发市场、农贸市场进行商品交换，有利于产销直接见面，有利于打破地区、行业之间的界限，减少流通环节，是疏通流通渠道、加速商品流转的好形式。积极发展个体、集体商业，促使流通领域呈现多种经济成分和多种经营方式并存的局面。缩小国家计划管理的商品范围，扩大市场调节的范围。通过上述改革措施，消除了流通壁垒和堵塞，开辟了多种流通渠道,减少了流通环节,做到了货畅其流,促进了商品流通的发展,1986 年社会商品零售总额达 4 950 亿元,比 1978 年的 1 558.6 亿元增加 2.2 倍,平均每年递增 15.5%。

4.计划管理体制改革

针对传统计划管理体制统得过多、管得过死的弊端,我国开始对计划管理体制进行改革。改变过去单一的指令性计划,根据计划经济为主、市场调节为辅的原则,按照企业、产品和任务的不同,分别采取指令性计划、指导性计划和市场调节三种管理办法,同时,适当缩小指令性计划的比重,扩大指导性计划和市场调节的范围,把计划工作的重点逐步转到主要运用经济政策和价格、税收、信贷、利率、汇率、工资等经济杠杆,对宏观经济进行全面管理与调节的轨道上来,利用经济杠杆引导地方、部门和企业的经济活动朝着正确的方向发展,保证国家计划任务的实现。改革投资体制,下放投资审批权,使投资主体由一元(国家)转为多元(国家、地方、企业)。加强经济预测工作,健全和完善计划体系。通过上述改革,初步改变了国家传统计划管理体制的弊端,在保证国家计划意图的同时,增强了市场调节的作用。

5.财政体制改革

针对传统财政体制实行统收统支,造成政企不分、条块分割、资金使用不讲效益等弊端,我国开始对财政体制进行改革。将财政预算管理体制由“统收统支”改为“划分收支,分级包干”体制。这是一种“分灶吃饭”的财政管理体制,有利于调动地方增收节支理财的积极性,有利于各地根据各自财力因地制宜统筹安排本地区中长期经济和社会发展规划,促进地区经济的发展。1985 年国务院又将“划分收支,分级包干”的财政体制改为“划分税种,核定收支,分级包干”的财政管理体制。建立区(城区)、乡财政管理体制,在充分调动基层政权生财、聚财、用财积极性的基础上,促进城区和乡村经济的发展。对国营企业实行以税代利的制度,经过第一步利改税和第二步利改税,较好地处理国家和企业之间的分配关系。通过上述改革,强化了财政作为经济杠杆的作用,调动了各地区、部门和企业增产增收和理财的积极性,促进了经济的发展和财政的增收。

6.价格体系改革

在我国旧的价格体系下,许多商品的价格,既不反映价值,也不反映供求关系,直接影响对企业经营管理和经济效益的正确评价,影响商品生产和商品交换的发展。进行价格体系的改革,已经成了进一步发挥各方面的积极性,理顺各种经济关系,促进经济良性循环的关键。关于价格体系的改革,考虑到国家财政负担能力、企业消化能力和群众的承受能力,决定采取稳步前进、放调结合的原则,农产品放开价格多于调整价格,工业品调整价格多于放开价格,垄断性商品和收费只调不放,小宗商品和收费只放不调。在改革中,根据实际情况,认真贯彻价格"有升有降"的原则,努力保持物价总水平的基本稳定。经过改革,逐步建立起对极少数重要商品和劳务由国家定价,其他大量商品和劳务分别实行国家指导价格和市场调节价格的制度,较好地发挥价格杠杆的调节作用。通过上述改革,改变了过去单一的国家定价方式,形成了国家定价、国家指导价、市场调节价三种定价方式,逐步建立起合理的价格体系。

7.工资制度改革

针对我国工资分配中吃"大锅饭"的平均主义积弊,开始逐步改革工资制度,贯彻按劳分配原则,克服平均主义,使职工收入同社会经济效益、企业经营好坏和个人的劳动贡献密切联系起来。在国家机关和事业单位,实行以职务工资为主的工资制度,使职工工资同本人所肩负的职务、责任和劳绩密切联系起来。在有条件的全民所有制企业,经过充分准备,逐步推行职工工资总额随同本企业经济效益浮动的办法,把职工和经营者的工资、奖金同所在企业的经济效益高低、本人贡献大小很好地挂起钩来,既保证工资增长同生产发展和劳动生产率提高保持必要的比例,又有利于国家对消费基金的合理控制。经过改革,初步建立起能够较好地体现按劳分配原则的工资制度。

8.人事劳动制度改革

针对传统劳动制度"统包统配"造成了"铁饭碗"现象,我国开始逐步改革劳动人事制度。1986 年 4 月，国务院发布了改革劳动制度的四项暂行规定：企业新招收的工人实行合同制；企业招收工人要面向社会，公开招收，全面考核，择优录用；对职工实行待业保险；企业可以辞退违纪职工。在进行劳动制度改革的同时，也对干部人事制度进行改革，废除领导干部终身制，健全干部的选举、招考、任免、考核、弹劾、轮换制度，并对各级各类领导干部职务的任期、离退休等都作了明确的规定。通过上述改革，做到能进能出、能上能下、择优录用、选贤任能，在国家计划指导下灵活调节劳动力，促进人才的成长和合理使用。

二、以机构精简为主线的政府机构改革

党的十一届三中全会以后，我国政府把工作中心转移到以经济建设为中心的现代化建设上来，广大干部群众以极大的热情要求把国民经济搞上去，要求恢复在“文化大革命”中被撤并的机构，或者增设新机构。在这一背景下，国务院机构开始膨胀。从 1979 年到 1981 年，国务院工作部门从 52 个增加到 100 个，其中部委 52 个，直属机构 43 个，办公机构 5 个，人员编制达到 51 000 人。地方各级政府的机构编制也随之增加，省一级党政工作机构一般设置 60～70 个，市一级设置 40～50 个，县一级设置 30～40 个。从而引发了机构臃肿、人浮于事的弊端。经过深思熟虑，我国决定采取果断措施对政府机构进行改革。1982 年 3 月 8 日，五届人大常委会第二十二次会议审议了国务院总理所作的《关于国务院机构改革问题的报告》，5 月 4 日通过了《国务院部委机构改革实施方案的决议》。这次机构改革的内容主要是撤并机构、裁减人员，以解决干部副职过多和干部老化的问题。

具体内容包括：第一，改革国务院领导体制。减少了国务院副总理人数，设置了国务委员职位，由国务院总理、副总理、国务委员和秘书长组成国务院常务会议，国务院副总理由 13 人减为 2 人。国务委员相当于副总理级，他们受总理和国务院常务会议委托，负责某些方面的工作和重要的专项任务。国务院常务会议是国务院的日常领导机构，在总理主持下，负责国务院职权范围内的各项

工作。第二,精简机构。将国务院工作机构由 100 个撤并为 60 个。其中:部委由 52 个调整为 42 个,直属机构由 43 个撤并为 15 个,办公机构由 5 个裁并为 3 个,并新增国家体改委,共计 61 个部门。第三,精简领导班子。各部委设正副职 3~5 人(计委、经委、外交部除外),司局只设正副职 1~3 人。规定部长任职年龄一般不超过 65 岁,副部长和司局长的年龄一般不超过 60 岁。第四,精简人员编制。将国务院及所属各部门机关人员由 51 000 多人核减为 38 300 人,减少 12 000 余人,精减 25%。

通过上述政府机构改革,精简了政府机构和人员编制,提高了办事效率。但由于未能与转变政府职能相联系,而只是将改革重点放在机构与人员编制上,在控编、消臃方面采取措施,未能摆脱"精简—膨胀"的循环,随着时间的推移,机构和人员再次膨胀。

三、以放权让利为主线的中央与地方关系改革

针对原有体制下集中过多、统得过死、限制地方积极性的弊端,我国开始对中央与地方的关系进行改革,改革的重点是中央向地方放权让利。具体内容包括:①②

第一,改革中央与地方职权的划分,扩大地方自主权。1982 年宪法明确规定了中央和地方国家机构职权划分的总原则:遵循在中央统一领导下,充分发挥地方主动性和积极性的原则。同时,新宪法和新修改的地方人大与政府组织法,以列举的方式,规定了中央与省级政府之间以及地方各级政府间的职权范围。改革我国过去的一级立法体制,明确规定了我国的两级立法体制,从而扩大了省、自治区、直辖市国家权力机关的立法权。

第二,改革财税体制,进一步调动地方增加财政收入的积极性。在财政上,为了调动地方积极性和分担中央财政困难,1980 年,将财政预算管理体制由"统

① 张文寿.中国行政管理体制改革——研究与思考[M].北京:当代中国出版社,1994:185-191.
② 夏天.中国中央与地方关系改革的研究[D].上海:华东师范大学,2006.

收统支”改为“划分收支、分级包干”的“分灶吃饭型”财政体制。1985 年，在第二步“利改税”的基础上，重新确定收支范围和包干基数，实行“划分税种、核定收支、分级包干”的财政管理体制。

第三，下放投资决策权。中央政府下放了物资调配权、投资项目审批权限、利用外资权，并且将部属企业下放地方管理。

第四，赋予中心城市更大的经济管理权限。强化中心城市发展经济和社会事业的积极作用，赋予计划单列市相当于省一级的经济管理权限，同时“撤地设市”“撤县为市”，突出中心城市地位，强化城市组织和领导经济活动的功能。

第五，建立和发展经济特区、经济技术开发区、保税区。开放沿海城市和经济区域，赋予这些地方一定的经济特权，使之在引进外资、先进技术与管理经验，建立外向型经济结构，参与国际竞争方面发挥“窗口”作用。

通过改革，赋予了地方政府更多的自主权，调动了地方政府的积极性，促进了我国经济的全面发展。但是，放权让利也带来了一些负面影响，突出表现为中央权威流失、宏观调控能力削弱。

第二章

2 经济调节型政府

1987—2002 年为经济调节型政府阶段。1987 年前后，通货膨胀加剧，收入分配关系扭曲，市场秩序混乱，经济环境不断恶化，我国的市场化改革陷入困境。这种局面使我国政府认识到，单纯的经济建设是不够的，还必须针对市场经济发展的现实加强政府以宏观调控为主的经济调节职能，这既是市场经济现实发展的需要，也是完善政府职能的题中之意。

第一节　经济秩序混乱的现实和政府宏观调控不力推动政府转向“经济调节型”

自从经济体制改革以来，我国在经济建设方面取得了举世瞩目的辉煌成就，促进了国民经济的发展，提高了人民的生活水平。但是自从 1986 年以后，特别是 1987 年和 1988 年两年，社会经济中却出现了明显的通货膨胀、市场秩序混乱和经济结构失调的现象，严重地影响了经济的发展和人民的生活，使我国的市场化改革陷入困境。①②

一、通货膨胀加剧

我国的通货膨胀是从 1986 年下半年开始出现的，到 1987 年就非常明显了。1987 年全年零售物价总水平比 1986 年上升了 7.3%（其中 12 月份比 1986 年上升 9.1%），城镇上升 9.1%，农村上升 6.3%。职工生活费用价格总水平，1987 年比 1986 年上升 8.8%，有的大城市上升突破 10%。1988 年，通货膨胀继续发展，物价上涨更猛，1988 年零售物价总水平比上年上升了 18.5%，城镇上升了 21.3%，农村上升 17.12%。

物价大幅度上涨，超越了群众、企业和国家的承受能力，相当部分居民生活

① 孙健.中国经济通史：下卷（1949 年—2000 年）[M].北京：中国人民大学出版社，2000：1998-2010.

② 陈雪薇.十一届三中全会以来重大事件和决策调查[M].北京：中共中央党校出版社，1998：431-444.

水平下降。这些情况引起了社会的普遍关注和群众的严重不安,影响了社会的安定和群众对改革的信心。如果不采取坚决措施,遏制通货膨胀,不仅经济无法稳定和发展,各项改革也无法深入下去。

形成通货膨胀和物价大幅度上涨的主要原因是经济过热,社会总需求超过总供给,形成投资需求和消费需求双膨胀的局面。全国在建的固定资产投资项目太多,规模过大,超过国家承担的可能;消费需求过旺,社会购买力的增长超过了商品供应量的增长;国家财政支大于收,信贷规模过大,货币发行过多。1984 年以来,我国经济发展一直处于过热状态,投资规模逐年扩大,消费基金过度增长,连续 4 年社会总需求超过社会总供给,供需差率由 1983 年的 4.7%扩大到 16.5%(1984 年)、11.25%(1985 年)、13.45%(1986 年)和 13.6%(1987 年)。为了供应不断膨胀的投资需求和消费需求,货币连年超经济发行,造成严重的通货膨胀。这 4 年时间,每年货币量的增长高于经济增长 9~35 个百分点。1987 年底,我国的货币流通量已达 1 454 亿元,比 1983 年增加 174%。货币量的增长较大幅度地超过经济的增长,必然带动物价的普遍上涨。

二、市场秩序混乱

在 1987 年以后,我国国民经济的运行失控,在生产、建设、流通领域均发生了不同程度的混乱现象。特别是在流通领域,混乱现象已经非常严重,其突出表现就是各种公司办得过多、过滥,远远超过了正常商品流通的需要。特别是那些官商不分的"官倒"公司,利用价格双轨制从流通中倒卖重要生产资料,牟取暴利,严重扰乱了经济秩序,引起人民群众的严重不满。另外,一些单位和个人为谋取私利,制造和出售伪劣商品,加剧了市场秩序的混乱。

三、经济结构失调

在供求总量不平衡的同时,经济结构失调。由于有限资源过多地投入工业,在工业生产高速增长的情况下,农业发展滞后。1984 年,我国工业总产值比上年增长 14%,农业总产值增长 14.5%,农业的增长速度还高于工业。到了 1986 年和 1987 年,我国工业继续保持高速增长的势头,工业总产值分别比上年增长 11.1%和 16.5%,而农业增长速度则大幅度跌落,分别只有 3.5%和 4.7%,其中粮食仅增长 2.8%。加上同一时期人口自然增长率又回升到 14‰以上,仅 1987 年就净增人口 1 500 多万,人均粮食由 1984 年的 395.5 千克下降到 376 千克,下降了 5%,我国粮食再次由净出口转为净进口。

四、价格改革闯关受挫，致使上述问题更加严重

虽然 1987 年已经出现了明显的通货膨胀、市场秩序混乱和经济结构失调,但是,对于 1987 年的经济形势,当时主持经济工作的中央主要领导人认为 1987 年的经济形势相当好,批评有的同志把经济形势看得过于严峻。在这种认识指导下,“稳定经济,深化改革”的方针已经不可能贯彻下去了。由此造成两个结果:一是从 1988 年初开始,又放松了对财政信贷的控制,本来在 1987 年第四季度得到控制的需求,又重新开始膨胀起来;二是在 1988 年的上半年,一系列重大的改革措施相继出台,其中影响最大的就是价格改革闯关。

中央很早就酝酿了价格改革的问题。中共十二届三中全会通过的《关于经济体制改革的决定》即已指出:“我国现行的价格体系,由于过去长期忽视价值规律的作用和其他历史原因,存在着相当紊乱的现象,不少商品的价格既不反映价值,也不反映供求关系。不改革这种不合理的价格体系,就不能正确评价企业的生产经营效果,不能保障城乡物资的顺畅交流,不能促进技术进步和生产结构、消费结构的合理化,就必然造成社会劳动的巨大浪费,也会严重妨碍按劳分配的贯彻执行。”“价格是最有效的调节手段,合理的价格是保证国民经济活而不乱的重要条件,价格体系的改革是整个经济体制改革成败的关键。”这个认识在当时是很深刻的。但是,由于价格改革的风险太大,中央对于价格改革十分谨慎,步子一直迈得不大。

作为一种权宜之计,我国推行了"价格双轨制"。但实行了几年的生产资料"双轨制",已经成为经济持续、稳定增长和各方面改革进一步深化的严重障碍。在"双轨制"条件下,一物多价使企业很难进行科学的经济核算,很难进行平等的竞争。据估计,当时"双轨制"下每年的价差、利差和汇差总额达 2 000 亿~3 500亿元,占国民生产总值的 20%~30%。既然有这么大的价差,就诱导一些企业不是靠改善管理来提高效益,而是下很大功夫去拉关系、走后门、低价进、高价出,搞什么"跑部钱进"。长此以往,我国的国有企业将会在很大程度上丧失生机与活力,不仅难以参与国际竞争,就是在国内,也会逐渐失去优势。同时,如此大的价差与政府官员手中的权力紧密联系在一起,使得权力有价,"寻租行为"也由此泛滥开来。可以认为,价格"双轨制"已经成为导致经济秩序混乱的重要原因。从以上两方面的弊端可以得出这样一个结论:除非我们放弃改革,否则,价格改革势在必行。

进入 1988 年以后,同时暴露出来的几个方面的尖锐矛盾进一步提示了改革不合理的价格体系和价格管理体制的必要性和紧迫性,中央对坚决进行价格改革的意见趋于一致。因此,价格改革的步伐也开始加大、加快。经国务院批准,国家物价局、商业部决定从 4 月 1 日起,调整部分粮、油的收购价格;4 月 5 日,国务院发出《关于试行主要副食品零售价格变动给职工适当补贴的通知》,主要副食品(肉、蛋、菜、糖)暗补改为明补;从 5 月以后,彩色电视机实行浮动价格,国产的一般机型上浮 20%~30%;经国务院批准,从 7 月 28 日起放开名烟名酒的价格,同时提高部分中高档卷烟和粮食酿酒的价格等。

与此同时,制订价格改革的系统方案也提到了日程上。1988 年 5 月 30 日至 6 月 1 日,中共中央政治局在北京召开第九次全体会议,讨论全国经济体制改革和经济形势问题。会议提出,价格和工资制度改革需要有通盘的考虑和系统的方案。价格和工资制度改革,既要理顺关系、促进生产,又要使大多数群众生活水平逐步有所提高。会议决定要制订价格、工资改革的系统方案。会后,从 6 月 2 日起,中央专门责成有关部门研究此后 5 年特别是 1989 年的价格、工资改革和配套措施问题。经过几上几下的论证,有关机构提出了关于价格、工资改革的初步方案。7 月 11 日,赵紫阳主持专门会议讨论这个方案。根据讨论意见,有关机构又进行了测算、修改。8 月 5 日至 9 日,国务院总理李鹏主持国务院第十六次常务会议,对初步方案进行了讨论。最后形成的准备提交中共中央政治局讨论、通过的方案,内容包括:价格、工资改革的必要性;改革需要遵循的主要原则;1989—1993 年改革的轮廓设想;1989 年改革的初步方案;改革中可能遇到的主要风险和基本对策;必须采取的配套措施。

8 月 15 日至 17 日,中共中央政治局在北戴河召开第十次全体会议,讨论并通过了《关于价格、工资改革的初步方案》。会议认为,价格改革总的方向是:少数重点商品和劳务价格由国家管理,绝大多数商品价格放开,由市场调节,以转换价格形成机制,逐步实现"国家调控市场,市场引导企业"的要求。根据各方面的条件和现实的可能,此后 5 年左右的时间,价格改革的目标是初步理顺价格关系,即解决对经济发展和市场发育有严重影响、突出不合理的价格问题。工资改革总的要求是:在价格改革过程中,通过提高和调整工资、适当增加补贴,保证大多数职工实际生活水平不降低,并随着生产的发展而有所改善,同时进一步贯彻按劳分配原则,解决工资分配中一些突出不合理的问题。会议认为,价格、工资改革实际上是改革的全面深化。会议决定,这个方案还要在党内外人士和有关专家中广泛征求意见,然后在 9 月份的中央工作会议和十三届三中全会上讨论、审议。这次会议还特别强调:"目前我国经济正处于充满活力、蓬勃发展的时期。进行价格改革、工资改革,时机是有利的,尽管面临的问题不少,但克服困难的潜力和回旋余地很大。"

但是,价格改革方案的通过却成为中华人民共和国成立以来最大的一场抢购风潮的导火索。本来,在 1988 年初,投资需求和消费需求重新开始膨胀起来,物价涨幅已经很大,再加上一些大的价格改革措施集中出台,到 7 月份,物价上涨幅度已达 19.3%,创下历史最高纪录。在这种情况下,尽管中央一再强调要"采取强有力措施综合治理通货膨胀",但各阶层群众已经产生通货膨胀预期,中央政治局会议通过价格改革方案的消息一经传开,误以为9月1日物价要全面放开,新一轮前所未有的大幅度涨价即将开始,于是,继四五月份的抢购风潮之后,在各大中城市立即掀起了一股更为凶猛的抢购风潮。这场抢购风潮在以下几个方面,都堪称中华人民共和国历史之最。第一,波及面广。从8月中旬开始,北京、上海、天津、重庆、西安、福州、成都等大城市再次突起抢购风潮,瞬间席卷全国城市和部分乡村。第二,抢购品种全。这次抢购的主要对象为穿、用商品,涉及50个大类500多种商品,也有部分地区抢购粮食、食油的。可以说大到几千元的高档商品,小到易消耗的便宜货,均在抢购之列。第三,盲目性大。在这次抢购中,消费者的购买行为已经不是为了消费,而是为了保值,所以,购物时不管品种、不管牌号、不问质量、不讲价格,很多商场积压多年的残次商品,也在这次风潮中被一抢而空。第四,卷入阶层多。面对年初以来物价持续大幅度的上涨,各阶层群众普遍产生购物保值的心理,一有风吹草动,就会立即卷入盲目的抢购中去。这次风潮的抢购者,有工人、教师、机关干部、科技工作者、个体工商业者、农民,几乎遍布社会各个阶层,而以有固定工资收入的居多。第五,零售商品总额增幅高。8月份社会商品零售总额达636.2亿元,比上年同期增加38.6%,如扣除物价上涨因素,增加13%左右。其中粮食增销30.9%,棉布增销41.2%,绸缎增销25.5%,洗衣机增销130%,电冰箱增销82.8%,电视机增销56%。第六,商品抢购风潮伴随挤兑银行储蓄存款风潮。这次抢购风潮的又一个突出特点是动用储蓄存款,不仅挤兑活期存款,而且挤兑未到期的定期存款,从而导致储蓄存款大滑坡的严重局面。8月份城乡储蓄存款减少26.1亿元,其中定期减少27.8亿元,活期增加1.7亿元。这种情况,充分反映了老百姓普遍存在对物价上涨的恐惧和持币抢购的心理状态。

人民群众对物价上涨的恐惧心理和由此导致的抢购风潮,成为这次价格改革闯关难以逾越的障碍。面对价格改革的强大阻力,中央不得不调整对策。8月30日,国务院总理李鹏主持召开了国务院第20次常务会议,会议重提"稳定经济,深化改革"的方针,特别申明:价格改革方案中提到的"少数重要商品和劳务价格由国家管理,绝大多数商品价格放开,由市场调节”,指的是经过 5 年或更长一点时间的努力才能达到的长远目标。会议还做出保证:“目前改革方案还在进一步修订和完善之中,明年作为实现 5 年改革方案的第一年,价格改革的步子是不大的,国务院将采取有力措施,确保明年的社会商品零售物价上涨幅度明显低于今年。”这次会议,为这次价格改革闯关画上了句号。

价格改革闯关受挫,致使通货膨胀、市场秩序混乱和经济结构失调的问题更加严重。

首先,社会总需求超过总供给的矛盾进一步扩大,物价涨幅居高不下,通货膨胀日趋严重。1988 年,在花费很大力气去压缩基建项目的情况下,全国固定资产的投资仍然增长 18.5%,非生产性投资达到 510 亿元;全年社会商品零售总额增长 20.3%。这种投资与消费的双膨胀,使社会供需差率由 1987 年的 13.6% 扩大到 16.2%,通货膨胀继续加剧。1988 年,零售物价指数突飞猛进,比 1987 年平均上升 18.5%,其中 12 月份比上年同期上升了 26.7%,职工生活费用价格总水平平均上升 20.7%。同时,全年货币超量发行,到 9 月底,货币净投放量已达 395.4 亿元,比 1987 年全年增发的货币量还多 159.4 亿元,市场流通货币量已达 1 900 亿元。物价连月持续大幅度上涨,货币增发速度大大超过同期国民经济增长和物价上涨水平,两种情况互为因果,愈演愈烈,这在中华人民共和国的历史上是罕见的。

其次,在供求总量不平衡的同时,国民经济结构性矛盾更为突出。从整个国民经济的发展来看,工业和农业的增长极不协调。1988 年,工业增长率高达 20.7%,而农业增长率只有 3.2%。在两大产业的内部,结构性矛盾也十分突出。在农业内部,牧、副、渔业增长较快,均超过 10%,其中烤烟和甜菜就分别增长了 42.4%和 63.2%;而种植业则下降 0.5%,其中粮食下降了 2.2%,棉花下降了 1.1%,油料下降了 13.6%。在工业内部,以非农产品为原料的轻工业增长较快,各种高档耐用消费品增长得更快。而能源、原材料和交通运输能力的发展却明显滞后,原煤、原油、钢材的增长只达 2.2%~5.2%,交通运输能力的增长不到

5%，与整个国民经济的高速发展很不协调。

最后，伴随着几次抢购风潮，经济秩序愈加混乱。许多单位插手生产资料的经营，钻国家计划内外、国内外差价的空子，抢购、囤积、加价、倒卖，致使生产资料的价格暴涨。一些企业还利用原材料价格差异，刮起浮夸风，虚盈实亏，好多发工资和奖金。显然，在这种混乱的奖金秩序下，党和政府不仅难以实施任何改革措施，而且也不可能真正赢得经济的稳定增长。

导致上述情况的产生，是与新旧体制转换时期还不可能很快形成一套自我调节、自我约束的新机制分不开的。同时，在工作上也有缺点和失误。在经济建设中，存在着急于求成的倾向，忽视我国人口众多、资源相对短缺、经济发展很不平衡的实际情况；在指导思想上对盲目扩大建设规模、片面追求产值产量、攀比发展速度等现象，注意防止不够，纠正不力；在改革上，注意综合配套不够，未能及时加强管理、监督和抓紧建立宏观调控体系，特别是在价格改革中，没有考虑国家、企业和群众的承受能力，在通货膨胀已经比较明显的情况下，没有及时采取稳定金融、控制物价的有力措施，又放开、调整了一些商品价格，以致加剧了群众对物价上涨的恐慌心理，在许多地方诱发了商品抢购和储蓄下降。

五、宏观调控不力突显强化政府经济调节的重要性

市场混乱，经济秩序失衡，既有微观主体的原因，但更大程度上是宏观调控不力。在改革开放的过程中，为了充分激发市场活力，我国进行了以放权、让利、搞活为特征的经济体制改革，通过改变原来高度集中的计划经济体制，逐步建立社会主义商品经济。但在改革过程中，我们对社会主义商品经济的宏观管理和监督究竟应当怎样搞还探索得不够，注意得不够，在微观放活的同时，宏观调控没有跟上。由于新体制新秩序还没有相应地建立健全起来，特别是由于宏观经济的调控体系和监督体系还没有相应地建立健全起来，这就使得在新旧体制转换的过程中，经济生活中不可避免地出现了某种程度的混乱现象，整个国

民经济的发展呈现出了某种程度活而无序的状态①。因此,国民经济体制的变化和经济运行都告诉我们,走出目前经济困境,必须从企业改革走向政府职能改革,按照价值规律的要求,充分运用经济手段管理经济,提高政府驾驭宏观经济的能力②。

1987 年前后,出现了通货膨胀加剧、市场秩序混乱和经济结构失调的问题,尤其是价格改革闯关受挫,致使上述问题更加严重。这种局面使我国政府认识到,单纯的经济建设是不够的,还必须针对市场经济发展的现实需要加强政府以宏观调控为主的经济调节职能,以便保证国民经济的健康协调发展。

第二节　党和政府的文献对经济调节型政府的表述

自 1987 年以来,党和政府的文献对深化行政管理体制和机构改革、转变政府职能、构建经济调节型政府,都进行了详细而明确的表述,下面,分别就党代会、党的中央全会和政府工作报告中的内容摘录如下。

一、党代会、党的中央全会关于经济调节型政府的表述

(一)中国共产党第十三届中央委员会第三次全体会议

中国共产党第十三届中央委员会第三次全体会议,于 1988 年 9 月 26 日至 30 日在北京举行。

全会确定,把明后两年改革和建设的重点突出地放到治理经济环境和整顿经济秩序上来。治理经济环境,主要是压缩社会总需求,抑制通货膨胀。整顿经济秩序,就是要整顿目前经济生活中特别是流通领域中出现的各种混乱现

① 袁木.论治理整顿[J].管理世界,1989(3):1-18.

② 江晓薇.1988 年经济形势的反思与对策[J].经济纵横,1989(7):2-5.

象。治理经济环境,整顿经济秩序,必须同加强和改善新旧体制转换时期的宏观调控结合起来,必须同努力增加农副产品、适销的轻纺产品以及能源原材料等方面的有效供给结合起来。

全会原则通过了《关于价格、工资改革的初步方案》,建议国务院在今后五年或较长一些时间内,根据严格控制物价上涨的要求,并考虑各方面的实际可能,逐步地、稳妥地组织实施。

(二)中国共产党第十三届中央委员会第五次全体会议

中国共产党第十三届中央委员会第五次全体会议,于1989年11月6日至9日在北京召开。全会审议并通过了《中共中央关于进一步治理整顿和深化改革的决定》。

《决定》指出,我国经济在前进中存在着许多的问题和困难。突出地表现在通货膨胀明显加剧,总量不平衡,结构不合理,经济秩序混乱。

《决定》指出,必须把治理整顿工作进一步引向深入,并对治理整顿的时间和目标进行了明确的表述:

中央决定,包括今年在内,用三年或者更长一些时间,努力缓解社会总需求超过社会总供给的矛盾,逐步减少通货膨胀,使国民经济基本转上持续稳定协调发展的轨道,为到20世纪末实现国民生产总值翻两番的战略目标打下良好的基础。治理整顿的主要目标是:

——逐步降低通货膨胀率,要求全国零售物价上涨幅度逐步下降到百分之十以下。

——扭转货币超经济发行的状况,逐步做到当年货币发行量与经济增长的合理需要相适应。

——努力实现财政收支平衡,逐步消灭财政赤字。

——在着力于提高经济效益、经济素质和科技水平的基础上,保持适度的经济增长率,争取国民生产总值平均每年增长百分之五至六。

——改善产业结构不合理状况,力争主要农产品生产逐步增长,能源、原材料供应紧张和运力不足的矛盾逐步缓解。

——进一步深化和完善各项改革措施,逐步建立符合计划经济与市场调节相结合原则的,经济、行政、法律手段综合运用的宏观调控体系。

《决定》认为,治理整顿工作必须抓住四个重要环节:

一是继续压缩社会总需求,解决国民收入超分配问题;二是大力调整产业结构,增加有效供给,增强经济发展后劲;三是整顿经济秩序,克服生产、建设、流通、分配领域的严重混乱现象;四是深入开展增产节约、增收节支运动,大力提高各个方面的经济效益。

我国社会主义经济是建立在公有制基础上的有计划商品经济。改革的核心问题,在于逐步建立计划经济同市场调节相结合的经济运行机制。在当前的治理整顿期间,深化和完善改革的重点,一是要根据计划经济与市场调节相结合的原则,稳定、充实、调整和改善前几年的改革措施;二是要根据治理整顿时期应当多一点计划性的要求,适当加强集中;三是要在继续搞活微观经济的同时,逐步建立能够促进经济稳定发展的宏观调控体系。当前,要着重在以下几个方面深化和完善改革。

——企业承包经营责任制有利于调动企业和职工发展生产的积极性,应当继续坚持。同时,要认真总结实践经验,兴利除弊,不断加以完善。

——现行的财政包干体制有利有弊。有利的方面是可以调动地方当家理财、增加收入的积极性,弊端主要是助长地区封锁、市场分割和重复建设。改革的方向不是回到统收统支,但要有助于兴利除弊,有助于适当提高中央财政的集中程度。

——金融体制的改革,必须有利于加强集中统一管理。

——现行的外贸承包制对促进对外贸易的发展起了积极作用,但也助长了外汇的分散和外贸经营秩序的混乱。应当采取适当措施,逐步改变外贸和外汇过于分散的状况,实行适当集中。

——改进物资管理体制,适当提高重要物资国家统一分配的比重。

——在加强宏观调控的基础上,有步骤地、稳妥地继续推进价格改革。

——改进计划体制,适当增加指令性计划的范围和比重,强化指令性计划的严肃性,完善指导性计划的实施办法。

(三)中国共产党第十三届中央委员会第七次全体会议

中国共产党第十三届中央委员会第七次全体会议,于1990年12月25日至30日在北京举行。全会审议并通过了《中共中央关于制定国民经济和社会发展十年规划和"八五"计划的建议》。《建议》提出了今后十年我国国民经济和社会发展的基本任务和方针政策。

《建议》指出,必须坚持国民经济持续、稳定、协调发展,始终把提高经济效益作为全部经济工作的中心。为此,必须坚持社会总需求与总供给的基本平衡,在经济建设和人民生活的安排上认真执行量力而行的原则,稳扎稳打,注意防止和克服急于求成的倾向。合理确定和安排国民经济发展的重大比例关系,保持全国财政、信贷、物资、外汇各自的和相互间的基本平衡。既要充分发挥各种资源的潜力,促进经济增长,又要防止国民收入超分配,重新诱发通货膨胀。必须坚持速度与效益的统一,注重产业结构的调整,把科学技术进步和加强管理放在突出位置,不断提高经济增长的质量。

《建议》指出,加强宏观调控,健全调控机制。进一步明确各级政府的财权和事权,使发展地区经济的政策建立在规范化和制度化的基础上。根据不同地区和不同产业的发展特点,进行分类管理和指导。采取有效措施,打破地区分割和封锁,促进全国统一市场的形成与发展。

《建议》指出,按照发展社会主义有计划商品经济的要求,建立计划经济与市场调节相结合的经济运行机制,是深化经济体制改革的基本方向。实行计划经济与市场调节相结合,需要进一步明确和把握以下几点:第一,计划经济可以从总体上保持国民经济按比例发展和资源合理配置,市场调节可以发挥优胜劣汰机制的作用和增强经济发展的活力,实行两者的结合就是要把它们的优点和长处都能发挥出来,以促进国民经济的持续、稳定、协调发展。第二,计划经济不限于指令性计划,指令性计划和指导性计划都是实行计划经济的具体形式。第三,大体说来,属于总量控制、经济结构和经济布局的调整以及关系全局的重大经济活动,主要发挥计划的作用;企业日常的生产经营、一般性技术改造和小型建设等经济活动,主要由市场调节。第四,国家经济管理的主要任务,是合理确定国民经济发展的计划、规划和宏观调控目标,制定正确的产业政策、地区政策和其他经济政策,做好综合平衡,协调重大比例关系,综合配套地运用经济、法律和行政手段引导和调控经济的运行。

《建议》指出,深化经济体制改革的主要任务是:继续坚持以公有制为主体,适当发展其他经济成分,形成适合我国现阶段生产力水平的所有制结构。建立富有活力的国营企业管理体制、经营机制和自我约束机制,探索公有制经济多种有效的实现形式。加强市场体系和市场组织的建设,逐步建立在国家指导和管理下的全国统一的市场体系。逐步理顺国家、集体和个人之间的分配关系,理顺中央和地方之间的关系,形成合理的利益分配格局。建立和健全直接调控与间接调控相结合的中央与省、自治区、直辖市两级经济调控体系。围绕以上几个方面,协调配套地搞好企业、流通、价格、财政、税收、金融、计划、投资和劳动工资等方面的体制改革,并加强宏观调控体系的建设。

（四）中国共产党第十四届中央委员会第二次全体会议

中国共产党第十四届中央委员会第二次全体会议,于 1993 年 3 月 5 日至 7 日在北京举行。全会审议通过了《关于调整“八五”计划若干指标的建议》;审议通过了《关于党政机构改革的方案》。

全会认为,党政机构改革,是政治体制改革和社会主义政治建设的重要内容,也是深化经济体制改革、加快社会主义现代化建设步伐的重要条件,必须抓紧进行。机构改革应以适应社会主义市场经济发展的要求为目标,转变职能,理顺关系,精兵简政,提高效率。这项改革,直接关系着经济发展和社会稳定,要切实加强领导,统筹规划,精心组织,分步实施。

（五）中国共产党第十四届中央委员会第三次全体会议

中国共产党第十四届中央委员会第三次全体会议，于1993年11月11日至14日在北京举行。全会审议并通过了《中共中央关于建立社会主义市场经济体制若干问题的决定》。

《决定》指出，建立社会主义市场经济体制，就是要使市场在国家宏观调控下对资源配置起基础性作用。为了确保社会主义市场经济体制的建立，《决定》提出，要转变政府职能，建立健全宏观经济调控体系：

转变政府职能，改革政府机构，是建立社会主义市场经济体制的迫切要求。政府管理经济的职能，主要是制定和执行宏观调控政策，搞好基础设施建设，创造良好的经济发展环境。同时，要培育市场体系、监督市场运行和维护平等竞争，调节社会分配和组织社会保障，控制人口增长，保护自然资源和生态环境，管理国有资产和监督国有资产经营，实现国家的经济和社会发展目标。政府运用经济手段、法律手段和必要的行政手段管理国民经济，不直接干预企业的生产经营活动。

目前各级政府普遍存在机构臃肿、人浮于事、职能交叉、效率低下的问题，严重阻碍企业经营机制的转换和新体制的建立进程，要按照政企分开，精简、统一、效能的原则，继续并尽早完成政府机构改革。政府经济管理部门要转变职能，专业经济部门要逐步减少，综合经济部门要做好综合协调工作，同时加强政府的社会管理职能，保证国民经济正常运行和良好的社会秩序。

社会主义市场经济必须有健全的宏观调控体系。宏观调控的主要任务是：保持经济总量的基本平衡，促进经济结构的优化，引导国民经济持续、快速、健康发展，推动社会全面进步。宏观调控主要采取经济办法，近期要在财税、金融、投资和计划体制的改革方面迈出重大步伐，建立计划、金融、财政之间相互配合和制约的机制，加强对经济运行的综合协调。计划提出国民经济和社会发展的目标、任务，以及需要配套实施的经济政策；中央银行以稳定币值为首要目标，调节货币供应总量，并保持国际收支平衡；财政运用预算和税收手段，着重调节经济结构和社会分配。运用货币政策与财政政策，调节社会总需求与总供给的基本平衡，并与产业政策相配合，促进国民经济和社会的协调发展。

（六）中国共产党第十四届中央委员会第五次全体会议

中国共产党第十四届中央委员会第五次全体会议，于 1995 年 9 月 25 日至 28 日在北京举行。全会审议并通过了《中共中央关于制定国民经济和社会发展"九五"计划和 2010 年远景目标的建议》。

《建议》认为，实现"九五"和 2010 年的奋斗目标，关键是实行两个具有全局意义的根本性转变，一是经济体制从传统的计划经济体制向社会主义市场经济体制转变，二是经济增长方式从粗放型向集约型转变，促进国民经济持续、快速、健康发展和社会全面进步。

为了确保上述目标的实现，《建议》要求转变政府职能，增强国家宏观调控能力：

宏观调控的主要任务是，保持经济总量的基本平衡，促进经济结构优化，引导国民经济持续、快速、健康发展。"九五"期间要以抑制通货膨胀作为宏观调控的首要任务，把目前过高的通货膨胀率明显降下来，实行适度从紧的财政政策和货币政策，基本消除财政赤字，控制债务规模；控制货币信用总量，逐步使货币发行与经济发展相适应，并保持国际收支平衡。要围绕经济社会发展目标和产业政策，引导和调整财政、信贷资金投向和分布结构，把增加的资金更多地投入国家战略重点方面。

完善宏观调控体系的重点是，建立计划、金融、财政之间的相互配合和制约，能够综合协调宏观经济政策和正确运用经济杠杆的机制。计划要根据经济社会发展需要和社会财力、物力可能，合理确定经济社会发展战略和宏观调控目标，并通过实施产业政策及投资政策，促进经济结构优化。中央银行通过实施货币政策和加强对金融业的监管，运用各种货币政策工具，调节货币供应量，保持币值稳定，并以此促进经济增长。财政通过实施财政政策，运用预算、税收手段和预算内外的综合财力，并按照中央和地方事权划分，建立起比较规范的财政转移支付制度,着重调节收入分配结构和地区分配结构。

按照政企分开的原则,转变政府职能。政府的经济管理职能要真正转变到制定和执行宏观调控政策,搞好基础设施建设,创造良好的经济发展环境上来,把不应由政府行使的职能逐步转给企业、市场和社会中介组织。要按照精简、统一、效能的原则,着手制订进一步改革和调整政府机构的方案,把综合经济部门逐步调整和建设成为职能统一、具有权威的宏观调控部门;把专业经济管理部门逐步改组为不具有政府职能的经济实体,或改为国家授权经营国有资产的单位和自律性行业管理组织;对其他政府部门也要进行合理调整。

(七)中国共产党第十五届中央委员会第二次全体会议

中国共产党第十五届中央委员会第二次全体会议,于 1998 年 2 月 25 日至 26 日在北京举行。全会审议通过了《国务院机构改革方案》。《方案》对改革的目标、改革的原则、改革的具体方案都进行了明确说明。

(八)中国共产党第十五届中央委员会第三次全体会议

中国共产党第十五届中央委员会第三次全体会议,于 1998 年 10 月 12 日至 14 日在北京举行。会议审议通过了《中共中央关于农业和农村工作若干重大问题的决定》。《决定》指出,建设有中国特色社会主义新农村在经济上的目标是:坚持以公有制为主体、多种所有制经济共同发展,不断解放和发展农村生产力。

(九)中国共产党第十五届中央委员会第四次全体会议

中国共产党第十五届中央委员会第四次全体会议,于 1999 年 9 月 19 日至 22 日在北京举行。全会审议通过了《中共中央关于国有企业改革和发展若干重大问题的决定》。

《决定》指出,国有企业改革是整个经济体制改革的中心环节。到 2010 年,国有企业改革和发展的目标是:适应经济体制与经济增长方式两个根本性转变和扩大对外开放的要求,基本完成战略性调整和改组,形成比较合理的国有经济布局和结构,建立比较完善的现代企业制度,经济效益明显提高,科技开发能力、市场竞争能力和抗御风险能力明显增强，使国有经济在国民经济中更好地发挥主导作用。

（十）中国共产党第十六次全国代表大会

中国共产党第十六次全国代表大会，于 2002 年 11 月 8 日至 14 日在北京召开。江泽民代表第十五届中央委员会作《全国建设小康社会，开创中国特色社会主义事业新局面》的报告。

《报告》指出，要加强和完善宏观调控：

完善政府的经济调节、市场监管、社会管理和公共服务的职能，减少和规范行政审批。要把促进经济增长，增加就业，稳定物价，保持国际收支平衡作为宏观调控的主要目标。扩大内需是我国经济发展长期的、基本的立足点。坚持扩大国内需求的方针，根据形势需要实施相应的宏观经济政策。调整投资和消费关系，逐步提高消费在国内生产总值中的比重。完善国家计划和财政政策、货币政策等相互配合的宏观调控体系，发挥经济杠杆的调节作用。深化财政、税收、金融和投融资体制改革。完善预算决策和管理制度，加强对财政收支的监督，强化税收征管。稳步推进利率市场化改革，优化金融资源配置，加强金融监管，防范和化解金融风险，使金融更好地为经济社会发展服务。

《报告》指出，要深化行政管理体制改革：

进一步转变政府职能，改进管理方式，推行电子政务，提高行政效率，降低行政成本，形成行为规范、运转协调、公正透明、廉洁高效的行政管理体制。依法规范中央和地方的职能和权限，正确处理中央垂直管理部门和地方政府的关系。按照精简、统一、效能的原则和决策、执行、监督相协调的要求，继续推进政府机构改革，科学规范部门职能，合理设置机构，优化人员结构，实现机构和编制的法定化，切实解决层次过多、职能交叉、人员臃肿、权责脱节和多重多头执法等问题。按照政事分开原则，改革事业单位管理体制。

从上述内容可以看出，为了适应我国经济社会发展的需求变化，党代会报告、党的中央全会的决定、建议和方案对政府的经济调节职能和经济调节的工作重点都进行了详细的论述,为构建经济调节型政府指明了方向,明确了工作职责和工作重点,是指导政府建设经济调节型政府的指导性文件。

二、《政府工作报告》关于经济调节型政府的表述

(一)1987 年政府工作报告

1987 年 3 月 25 日,在第六届全国人民代表大会第五次会议上,国务院总理赵紫阳做了《政府工作报告》。

《报告》指出,在经济领域,社会总需求超过总供给的矛盾虽已有所缓解,但问题尚未根本解决,仍然存在着某些不稳定因素。在今后的一年间,要坚持正确的建设方针,广泛开展增产节约、增收节支运动,深入体制改革和扩大对外开放,努力保证整个国民经济的持续稳定发展。为此,需要着重解决好以下问题:

第一,必须把加强农业放在发展国民经济的重要战略地位。第二,必须按照建设规模同国力相适应的客观经济规律办事。第三,必须把消费的增长切实建立在生产发展可能的基础之上。第四,必须努力做到财政收支和信贷收支的基本平衡。第五,必须继续防止盲目追求过高增长速度的倾向。第六,必须坚定不移地全面推进经济体制改革。

《报告》指出,我国的经济体制改革,必须适应在社会主义公有制基础上发展有计划商品经济的要求,以增强企业活力、完善市场体系和健全宏观管理制度为主要内容。

《报告》指出,我们的价格改革总的来说是结构性调整。从政府来说,每一项价格改革措施的付诸实施,事先必须仔细研究和周密测算,进行多种方案的比较,力求把物价总水平的上升幅度控制在社会和人民能够承受的范围之内。今后的价格改革一定要坚持既定的正确原则,继续实行“调放结合,稳步前进”的方针,谨慎从事,做得更加稳妥和周到。今年的改革只限于调整和放开极少数非动不可的产品价格,要把物价总水平的上升幅度严格控制在低于去年的幅

度之内。要继续发挥国营商业平抑物价的作用。特别要切实加强物价管理，严格禁止各种形式的乱涨价和变相涨价。

（二）1988 年政府工作报告

1988 年 3 月 25 日，在第七届全国人民代表大会第一次会议上，国务院代总理李鹏做了《政府工作报告》。

《报告》指出，当前我国经济和社会生活中存在的突出问题是物价上涨过多，使人民生活的改善受到一定影响，部分城市居民的实际生活水平有所下降。国务院最近经过多次认真讨论，决定在物价问题上采取以下的综合配套措施：①继续坚持有计划有步骤地改革不合理的价格体系，逐步调整农副产品价格，理顺工业品与农副产品的比价以及农副产品内部的比价，以利于促进生产的发展；②从增加供给和抑制需求两方面入手，适当控制物价上涨幅度，使物价总水平保持相对稳定，努力做到不超过各方面的承受能力；③对主要食品定量供应部分，各地根据价格上涨的不同情况，要给职工以适当补贴；④积极发展生产资料市场，对重要生产资料实行最高限价；⑤加强物价管理和工商行政管理，建立和健全群众性的社会监督制度。对投机倒把和违反价格管理规定的单位和个人，都要严加管束和依法惩处。

《报告》指出，以深化企业改革为中心进行综合配套改革，逐步确立新经济体制的主导地位：

深化企业改革，关键是根据企业所有权与经营权分离的原则，实行多种形式的承包经营责任制。

继续发展社会主义市场体系，发挥城市的综合经济功能，基本理顺计划、财政、银行之间的关系，逐步建立起以间接调控为主的宏观管理体系。

计划体制的改革，重点是转变国家计划机关的职能，逐步缩小指令性计划，扩大指导性计划，重视中长期产业政策的制定和搞好各项经济比例关系的综合平衡，配套运用经济手段，逐步形成“国家调节市场，市场引导企业”的新的经济运行机制。

财政体制要在企业实行承包经营责任制的基础上，逐步转向税利分流，理顺国家与企业之间的分配关系。

在金融体制的改革方面，要进一步完善中央银行的调控体系，发挥它在宏观经济调控中的重要作用。

价格改革要继续走“放、调、管”相结合的路子，逐步理顺价格体系和价格管理制度，促进商品经济的发展。

加快商业体制改革，积极发展各类批发贸易市场，探索期货交易。

《报告》指出，切实搞好政府机构改革，努力克服官僚主义、提高工作效率和严肃政纪法纪：

政府机构改革的长远目标，是根据党政分开、政企分开的精简、统一、效能的原则，逐步建立具有中国特色的功能齐全、结构合理、运转协调、灵活高效的行政管理体系。国务院这次的机构改革方案，着重考虑了以下几点。

第一，这次机构改革主要着眼于转变职能。根据深化改革的要求，按照加强宏观管理和减少直接控制的原则，转变职能，划清职责范围，配置机构。

第二，这次机构改革的重点是同经济体制改革关系极为密切的经济管理部门，特别是其中的专业管理部门和综合部门内的专业机构。对于新组建的部门，要按新的职能配置机构，搞好定职能、定机构、定人员的工作。对于要撤销的部门，要有妥善的过渡措施，以保证工作的连续性。对于保留的部门，也要根据机构改革的精神，转变职能，下放权力，调整机构和精减人员。

第三，这次机构改革要同经济体制和政治体制改革的总进程相适应。现在的机构改革方案，全面衡量了改革的需要和现实的可能，既迈出了具有决定意义的一步，又考虑到了社会的承受能力；既对传统管理模式有所突破，又带有一定的过渡性。

改革机构的一个重要目的是克服官僚主义，提高工作效率，树立良好政风。随着机构精简和管理职能的转变，各级政府要在思想作风和工作作风上有一个大的转变。各项工作不能停留于一般号召，必须注重落实，加强督促检查。各级审计、监察、财政部门都要加强监督检查，并热诚欢迎舆论机关和人民群众加强公开的社会监督。

（三）1989 年政府工作报告

1989 年 3 月 20 日，在第七届全国人民代表大会第二次会议上，国务院总理李鹏作了《政府工作报告》。

《报告》指出，治理经济环境和整顿经济秩序，是今明两年我国建设和改革的重点，也是政府工作的重点。

《报告》指出，一心一意进行治理整顿：

我们在各项工作取得成绩的同时，面临的问题和困难也不少，最突出的是出现了明显的通货膨胀。通货膨胀的加剧，是经济过热、投资需求和消费需求双膨胀、社会总需求超过总供给的结果。在供求总量不平衡的同时，经济结构失调，农业发展滞后，有限资源过多地投入加工工业和非生产性建设，在工业生产高速增长的情况下加剧了能源、原材料和运输能力的紧张程度。一些单位和个人为谋取私利，非法倒买倒卖，层层盘剥，制造和出售伪劣商品，更推动了物价上涨，加剧了经济秩序的混乱。

《报告》指出，当前治理整顿的重点仍然是压缩社会需求：

压缩固定资产投资规模，是对压缩社会总需求具有决定性影响的重大措施，是抑制通货膨胀、稳定经济全局的首要任务。在治理整顿中，还必须坚决控制消费需求的过快增长。在压缩社会总需求的同时，还必须努力改善和增加有效供给，以缓解市场供求矛盾，保障人民生活和国家建设的需要。同压缩社会总需求相适应，金融和财政都必须实行紧缩的方针政策，继续抽紧银根，严格控制货币发行。

《报告》指出，认真整顿经济秩序特别是流通秩序：

在新旧体制转换中矛盾和漏洞很多，加上法制建设和宏观调控体系不健全，在生产、建设、流通等领域都出现了一些混乱现象，特别是流通秩序的混乱相当严重。为了保证建设和改革的健康发展，必须认真整顿经济秩序特别是流通秩序，坚决推进社会主义商品经济新秩序的建设。

《报告》指出，在治理整顿中认真调整经济结构：

只有在治理整顿中切实抓好经济结构的调整，才能防止出现经济滞胀现象，在优化结构的基础上提高国民经济的素质和效益，保证和促进我国经济的长期稳定发展。当前调整结构的基本方向和任务，是集中力量发展农业、能源、交通和原材料等基础产业，加强能够增加有效供给的产业和产品，增强经济发展的后劲；同时控制加工工业的发展规模和速度，使它们同基础产业的发展相协调。

《报告》指出，把治理整顿同深化改革密切结合起来：

治理经济环境，整顿经济秩序，是在坚持改革总方向的前提下进行的。强调治理和整顿，决不意味着改革可以停顿不前。治理和整顿搞好了，就可以在宏观上为深化改革创造比较好的环境，更好地促进社会主义有计划商品经济的发展。

1989 年的经济体制改革要着重完善和发展已经出台的各项改革措施，同时配合治理整顿，进行新的改革探索。重点是继续完善和发展工商企业承包经营责任制，积极探索加强和改善宏观经济调控的措施和方法，培育有秩序的市场，缓解分配不公的矛盾。各项改革必须紧紧围绕治理整顿这个中心，做到有利于压缩需求，调整结构，有利于增加有效供给，提高经济效益。

为了适应改革开放和发展有计划商品经济的要求，加强和改善宏观经济调控体系十分重要。积极稳妥地深化计划、投资体制改革。加强和改善宏观经济管理，要特别重视发挥银行的调控作用。健全审计监督制度，是加强宏观调控的重要内容。积极研究财政体制改革，逐步理顺中央与地方的财政关系。为了抑制消费需求膨胀和缓解社会分配不公的矛盾，必须逐步改进分配制度。积极推进有利于遏制通货膨胀、控制社会需求和正确引导消费的其他改革。

（四）1990 年政府工作报告

1990 年 3 月 20 日，在第七届全国人民代表大会第三次会议上，国务院总理李鹏做了《政府工作报告》。

《报告》指出，继续控制社会总需求，努力做好财政金融工作：

今年必须继续控制社会需求的增长，坚持从紧的财政信贷方针。今年要继续采取措施，改变前几年消费需求增长超过国民收入和劳动生产率增长的现象。银行要按照国家的产业政策和信贷政策，继续控制贷款规模和货币投放。

《报告》指出，加强物价管理，稳定国内市场，安排好人民生活：

今年必须在继续控制社会需求的同时，努力增加有效供给。继续采取有力措施，切实加强市场物价管理。

《报告》指出，深化和完善经济体制改革，重点是深化企业改革和健全宏观调控体系：

今年的经济体制改革，着重点放在继续深化企业改革上。坚持完善和发展企业承包经营责任制，进行"税利分流，税后还贷，税后承包"的试点，深化企业内部改革。利用当前治理整顿的有利时机，进一步扩大企业间的经济联合，发展企业集团。

在深化企业改革的同时，积极改进和加强宏观调控体系与制度的建设。按照治理整顿期间的要求，改进和完善计划、流通、财政、税收、金融等管理体制。进一步加强审计、统计、物价、工商管理和经济信息系统的建设，发挥它们在宏观调控中的作用。逐步探索和建立以国家计划为主要依据的经济、行政、法律手段综合配套的宏观调控体系，抓紧制定《计划法》《投资法》《预算法》《银行法》《价格法》等基本经济法律法规草案，提请全国人民代表大会审议。

今年要继续整顿经济秩序，特别是流通秩序。要把清理整顿公司作为一项重要工作继续抓紧抓好。抓紧《公司法》草案的制定，加强公司制度建设，规范公司行为。继续严肃查处违法违纪案件。

今年还要推进一些重大改革的试点，包括深化计划单列城市和其他一些城市的综合改革试点，完善广东、福建、海南三省改革开放的综合试验，继续开展县级综合改革试点和办好农村改革试验区。积极稳妥地推进住房制度和社会保障制度的改革。

（五）1992 年政府工作报告

1992 年 3 月 20 日，在第七届全国人民代表大会第五次会议上，国务院总理李鹏做了《政府工作报告》。

《报告》指出，按照计划经济和市场调节相结合的原则，进一步改革计划体制和管理方式。我们应当根据经济发展的客观需要，进一步调整指令性计划、指导性计划和市场调节的范围，更好地发挥市场机制的作用。政府机构要按照政企职责分开、所有权和经营权适当分离的原则，继续转变职能，加强和改善宏观调控，同时改革国有资产管理体制，加强国有资产管理，巩固和发展公有制经济，并引导其他经济成分健康发展，继续发挥个体经济、私营经济有益的补充作用。

《报告》指出，按照政企职责分开的原则，积极推进政府机构改革。今年要在深入调查研究的基础上，按照政企分开、转变职能、精兵简政、提高效率的原则，提出各级政府精简机构、减少人员和建立公务员制度的方案，并逐步付诸实施。各级政府要逐步建立和健全民主的、科学的决策制度和程序。

（六）1993 年政府工作报告

1993 年 3 月 15 日，在第八届全国人民代表大会第一次会议上，国务院总理李鹏做了《政府工作报告》。

《报告》指出，改善和加强宏观经济管理。这是建立社会主义市场经济体制的重要组成部分。国家计划是宏观调控的重要手段之一，但计划工作要继续进行改革，今后主要任务是制定和实施中长期发展规划和年度计划，搞好经济发展预测、总量调控和重大项目建设，促进经济结构优化，使国民经济以较快速度稳步协调发展。要保持投资的合理规模，优化投资结构，提高投资效益。加强对投资的宏观调控，改革投资体制，充分发挥信贷、利率等经济杠杆的调节作用，加强建设项目的可行性论证和科学决策，增强投资者对投资效益和资金回收的责任。要综合运用各种经济手段,加强经济法制,并辅之以必要行政手段,发挥审计、监察、统计和工商行政管理等部门的作用,逐步形成比较完善的宏观调控体系。加强日常经济协调工作,保证国民经济的正常运转。

《报告》指出,认真进行行政管理体制和政府机构改革:

要围绕转变政府职能这个中心环节,用三年时间基本完成各级政府机构改革的任务。这次国务院的机构改革方案,是本着转变职能、理顺关系、精兵简政、提高效率的原则制定的,重点是加强宏观调控和监督部门,强化社会管理职能部门。一部分专业经济部门转变为行业管理机构或经济实体。我国市场经济体制尚在形成过程中,某些关系国计民生的基础行业部门还不能取消,但要大力精简内设机构,减少人员,不再直接管理企业。国务院的部委和直属机构、办事机构共59个,比现有的86个减少27个。非常设机构由85个减为26个。各级国家机关工作人员总数减少幅度在百分之二十五左右。省和省以下的机构,由于各地经济发展水平、所管辖的人口和面积有很大差异,在设置上要区别对待,给地方一定的自主权。国家规定机构设置和人员编制限额,区别必设机构和因地制宜设置的机构,后一类不要求上下对口设置。地区机构改革要同调整行政区划相结合。各级派出机构要大力精简。地和地级市并存于一地的,原则上要合并。县级政府要按照"小机构,大服务"的方向,将大部分专业经济部门改为经济实体或服务实体。乡一级机构要结合加强基层政权建设和完善农村社会化服务体系进行精简,减少脱产人员。在机构改革中,要建立健全各级政府机关和工作人员责任制,确定各级行政机构的职能、编制和定员。在完成机构改革的地区和部门,实行国家公务员制度。事业单位要按照政事分开和社会化的原则进行改革。

(七)1994年政府工作报告

1994年3月10日,在第八届全国人民代表大会第二次会议上,国务院总理李鹏做了《政府工作报告》。

《报告》指出,1994年的经济工作,要深化改革,扩大开放,加强和改善宏观调控,大力调整经济结构,推动技术进步,积极开拓市场,提高经济效益,控制通货膨胀,保持国民经济持续、快速、健康发展。

《报告》指出,继续搞好机构改革,切实转变政府职能。今年要基本完成省级政府的机构改革,并在部分市县级政府进行机构改革。各级政府都要在转变职能,提高工作效率上下功夫。要坚持政企分开,把属于企业经营自主权范围的事情交给企业,把应由市场解决的问题交给市场,充分发挥行业协会、商会等市场中介组织的作用。加强统计、行政监察和审计监督工作。政府主要搞好宏观调控、综合协调和社会管理。各级干部特别是领导干部,都要努力学习市场经济知识,掌握好重大改革方案和政策法规,以提高自己的领导水平,增强工作的主动性,减少盲目性。

(八)1995 年政府工作报告

1995 年 3 月 5 日,在第八届全国人民代表大会第三次会议上,国务院总理李鹏做了《政府工作报告》。

《报告》指出,必须继续加强和改善宏观调控,做好经济运行的综合协调工作,及时解决经济发展中出现的新问题。宏观调控的目标是,确保物价上涨幅度比去年有明显回落,力争控制在百分之十五左右。

《报告》指出,巩固和完善已出台的各项宏观管理体制改革措施:

金融体制改革,要进一步加强中央银行对货币供应的调控能力,增加间接调控手段的运用。财税体制改革,要巩固和完善分税制,逐步取消一些不规范的做法。计划体制改革,要进一步转变计划管理职能,改进计划编制方法,加强经济信息和经济监测预报工作,搞好宏观经济政策和经济杠杆的综合协调。投资体制改革,要明确国家投资和融资的范围,实行投资主体法人责任制,对立项、筹资、建设和生产经营、还本付息以及资产保值增值的全过程负责。逐步建立投资项目资本金制度。

(九)1996 年政府工作报告

1996 年 3 月 5 日,在第八届全国人民代表大会第四次会议上,国务院总理李鹏做了《政府工作报告》。

《报告》指出，未来十五年的主要奋斗目标是："九五"时期，全面完成现代化建设的第二步战略部署，2000 年在人口将比 1980 年增长 3 亿左右的情况下，实现人均国民生产总值比 1980 年翻两番；基本消除贫困现象，人民生活达到小康水平；加快现代企业制度建设，初步建立社会主义市场经济体制。2010 年，实现国民生产总值比 2000 年翻一番，使人民的小康生活更加宽裕，形成比较完善的社会主义市场经济体制。在推进改革和发展的同时，社会主义精神文明和民主法制建设要取得显著进展，实现社会全面进步。

《报告》指出，努力保持宏观经济的稳定。必须把抑制通货膨胀作为宏观调控的首要任务，避免经济出现大的波动。根据对各方面条件的综合分析，"九五"期间的宏观调控目标，年均经济增长速度为 8%左右，固定资产投资率为 30%，物价上涨幅度明显降低，首先要努力使之低于经济增长率。要继续加强和改善宏观经济调控。保持合理的固定资产投资规模和在建规模，加大投资结构调整力度，提高投资效益。继续实行适度从紧的财政政策和货币政策。

《报告》指出，转变政府职能，增强国家宏观调控能力。各级政府都要按照发展社会主义市场经济的要求，认真转变职能，实行政企职责分开，加强政府部门自身建设，精简机构，提高管理水平和工作效率。中央政府主要运用经济手段和法律手段，并辅之以必要的行政手段，对国民经济实行宏观调控。要深化计划体制改革，通过制定与实施发展战略、宏观调控目标和经济政策，保持经济总量的基本平衡，促进经济结构优化。要健全财政职能，提高财政收入占国民生产总值的比重，以及中央财政收入占全国财政收入的比重，逐步实行规范的转移支付制度，统一管理政府的国内外债务。严肃财经纪律，加强对预算外资金的管理。强化中央银行对货币供应量的调控职能，加强对金融机构的监管，防范金融风险。进一步调整和改革政府机构，把综合经济部门逐步调整和建设成为职能统一、具有权威的宏观调控部门；把专业经济管理部门逐步改组为不具有政府职能的经济实体，或改为国家授权经营国有资产的单位，或改为行业管理组织;其他政府部门也要进行合理调整。要建立权责明确的国有资产管理、监督和营运体制,促进国有资产保值增值。

(十)1997 年政府工作报告

1997 年 3 月 1 日,在第八届全国人民代表大会第五次会议上,国务院总理李鹏做了《政府工作报告》。

《报告》指出,继续实行适度从紧的财政货币政策。要千方百计增收节支,逐步减少财政赤字,控制债务规模。继续实行适度从紧的货币政策,保持货币供应量的适度增长。

现在通货膨胀的压力仍然存在,控制物价涨幅的工作绝不能放松。理顺价格关系是一项长期的任务,既要积极,又要稳妥。今年调价的项目和幅度要从严控制,根据各方面的承受能力确定有限目标,避免引起大的震动。继续实行价格调控目标责任制,加强市场物价监管。

(十一)1998 年政府工作报告

1998 年 3 月 5 日,在第九届全国人民代表大会第一次会议上,国务院总理李鹏做了《政府工作报告》。

《报告》指出,继续加强和改善宏观调控:

今年国民经济宏观调控的主要目标是:经济增长速度为 8%,商品零售价格涨幅控制在 3%以内。

投资规模的适度增长,是国民经济持续快速健康发展的一个重要条件,今年全社会固定资产投资预定增长 10%或者更多一些。继续实行适度从紧的财政政策。继续实行适度从紧的货币政策,改善金融调控方式,注意适时适度微调。

《报告》指出,积极推进政府机构改革:

这次机构改革,要按照发展社会主义市场经济的要求,根据精简、统一、效能的原则,转变政府职能,实现政企分开,建立办事高效、运转协调、行为规范的行政管理体系,完善国家公务员制度,建设高素质的专业化行政管理干部队伍。国务院机构改革的重点,是调整和撤销那些直接管理经济的专业部门,加强宏观调控和执法监管部门,按照权责一致的要求,调整部门的职责权限,明确划分部门之间职责分工,完善行政运行机制。除国务院办公厅外,国务院组成部门从 40 个减少到 29 个。国务院直属机构与办事机构也将进行相应的调整与改革。各级地方政府也要自上而下有步骤有秩序地进行机构改革,精简机构和人员。要加强行政组织立法,实现各级政府机构、职能、编制的法制化。

(十二)1999 年政府工作报告

1999 年 3 月 5 日,在第九届全国人民代表大会第二次会议上,国务院总理朱镕基做了《政府工作报告》。

《报告》指出,继续扩大内需和实施积极的财政政策:

实现今年经济较快增长,必须首先立足于扩大国内需求,继续实施积极的财政政策。在扩大投资需求的同时,要采取有力措施引导和扩大消费需求,形成投资和消费对经济增长的双重拉动。

《报告》指出,认真做好金融工作,防范和化解金融风险:

要实行稳健的货币政策,适当增加货币供应量,把握好金融调控力度,保持人民币币值稳定。银行既要坚持商业信贷原则,保证贷款质量,防范金融风险;又要努力改进金融服务,拓宽服务领域,运用信贷杠杆,促进扩大内需和增加出口,积极支持经济增长。

《报告》指出,建设廉洁、勤政、务实、高效政府:

各级政府和各部门要进一步转变职能,转变工作方式,转变工作作风,提高工作效率。加强廉政建设,惩治腐败。按照中央确定的方针,积极稳妥地推进地方政府机构改革。

(十三)2000 年政府工作报告

2000 年 3 月 5 日,在第九届全国人民代表大会第三次会议上,国务院总理朱镕基做了《政府工作报告》。

《报告》指出,坚持实行扩大内需的方针:

继续实施积极的财政政策,主要内容包括以下几个方面:一是发行 1 000 亿元长期国债。二是继续贯彻落实去年出台的调整收入分配的各项政策措施。三是进一步运用税收、价格等手段,并继续清理某些限制消费的政策和法规,鼓励投资,促进消费,增加出口。

进一步发挥货币政策的作用。金融系统要正确处理支持经济增长与防范金融风险的关系,在坚持稳健经营的原则下,从多方面加大对经济发展的支持力度。继续按照 1997 年中央召开的全国金融工作会议的要求,深化金融改革,整顿金融秩序,强化金融监管和法治,防范和化解金融风险,努力提高经营效益,为进一步发挥货币政策的作用创造良好条件。今年,除继续保持国债投资规模外,相应增加银行固定资产投资贷款和鼓励企业自筹投资,还要引导集体、私营、个体经济增加投资,并改善投资环境,吸引更多的外商直接投资。同时,要综合运用经济、法律手段和必要的行政手段,严格制止重复建设,努力提高投资效益。

《报告》指出,全面推进依法行政,从严治政,建设廉洁、勤政、务实、高效政府。要从政治思想、工作作风、制度建设和机构改革等方面加大工作力度,着重抓好以下几个方面。

进一步加强廉政建设和反腐败斗争。厉行勤俭节约,反对奢侈浪费。进一步转变政府职能,推进政府机构改革。各级政府都要自觉接受同级人民代表大会及其常委会的监督,主动加强与人民政协的联系,认真听取民主党派、工商联、无党派民主人士和各人民团体的意见。积极推行政务公开,鼓励人民群众依法对政府及其工作人员进行监督,并充分发挥舆论监督的作用。

(十四)2001 年政府工作报告

2001 年 3 月 5 日,在第九届全国人民代表大会第四次会议上,国务院总理朱镕基做了《政府工作报告》。

《报告》指出,加强和改善宏观调控,继续深化财税、金融、投资体制改革。根据经济形势变化,实施相应的宏观经济政策。近期要继续实施积极的财政政策,带动投资和促进消费。继续实行稳健的货币政策,适时调节货币供应量,保持人民币币值稳定。深化投资体制改革,全面实行投资项目法人责任制、招标投标制、工程监理制、合同管理制,健全投资约束机制。

从上述政府工作报告的内容可以看出,为了适应我国经济社会发展的需求变化,政府工作报告对政府的经济调节职能和经济调节的工作重点及任务都进行了详细的论述,为构建经济调节型政府奠定了基础。

第三节　专家学者对经济调节型政府的研究

面对 1987 年前后出现的通货膨胀加剧、市场秩序混乱和经济结构失调的问题,众多专家学者提出我国政府要转向以宏观调控为主的经济调节型政府,并对如何构建经济调节型政府进行了大量的论述,本节对主要文献进行评述。

一、构建以宏观调控为主的经济调节型政府的现实要求

吴敬琏认为,1987 年零售物价指数上升达 7.3%,而能够全面准确地反映一般物价水平趋向的国民收入物价平减指数更高达 7.5%。以上指数考察的仅仅是公开性的通货膨胀,我国还存在隐蔽性通货膨胀。由于我国实行的是计划管理价格和市场调节价格并存的“双轨制”价格体制,不少产品价格是由国家控制的,并不随供求关系变化而浮动,所以还存在“抑制性”或“隐蔽性”的通货膨胀。因此,如果加上存在的隐蔽性通货膨胀,我国实际的通货膨胀率要比物价指数反映的水平还要高。从直接因素看,1987 年通货膨胀是货币供给过量(与上年货币供给量有关)、成本推动和体制转换影响综合作用的结果,其中货币供给增长过度是主要原因。通货膨胀已经成为经济中的最突出问题,虽然我国现

阶段的通货膨胀与经济结构变动和体制转换有关,但在没有重大价格改革措施出台的情况下持续上升,说明更大程度上是需求过大所致。因此,如果不采取政策措施对持续上升的通货膨胀加以控制,甚至企图以通货膨胀来刺激经济高速增长,则无论对经济的持续稳定增长,还是对改革的顺利推进,都是有害无益的。明智的选择,是从需求和供给两方面同时采取措施,对通货膨胀要适度控制,至少要使通货膨胀率不继续上升。①

中国社会科学院“体制改革纲要”课题组认为,鉴于1986年以来的通货膨胀恶化了发展和改革的环境,从治理环境、稳定经济的要求来看,宏观调控机制的改革应作为本阶段改革的重点。这不仅是因为宏观调控机制改革不要花钱,能缓和宏观经济的紧张态势,而且当前的企业制度创新在很大程度上受改革滞后的宏观调控机制约束。如果本阶段宏观调控机制改革加快一步,可以为下阶段配套改革奠定一个很好的基础。②

国家计委经济研究中心课题组认为,我国经济实施改革开放以来,始终面临着改善和发展宏观调控机制的艰巨任务。1984年需求失控现象的出现,第一次尖锐地提醒人们:在向企业放权让利以形成富有活力和生机的微观机制的同时,必须建设起有效的宏观调控体系,否则改革和开放就不能达到预期目的。③

王梦奎认为,党的十三届三中全会以来,执行治理整顿和深化改革的方针,取得了初步的成效。但是,从整体上来看,治理整顿刚刚开始,还远没有达到预期的目标,经济工作中许多深层次的问题还没有得到解决。通货膨胀、结构失衡、经济秩序混乱和收入分配不公等问题,依然严重地存在着。为此,我们要坚定不移地进一步治理整顿和深化改革。④

中国社会科学院经济学片形势分析小组认为,1988年是一个高速增长、过热发展的年份,经济系统中的有效供给不足,有效需求过旺,结构非均衡化。从

① 吴敬琏.1987年中国经济实况分析[M].北京:中国社会科学出版社,1989:1-28.

② 中国社会科学院“体制改革纲要”课题组.中国经济体制中期改革纲要[J].改革,1988(2):41-47.

③ 国家计委经济研究中心课题组.体制转换时期的宏观调控[J].经济研究,1989(5):11-21.

④ 王梦奎.当前经济形势和需要研究的一些问题[J].经济研究,1989(12):23-20.

目前的形势要求来看,这次以整顿和治理为重点的新紧缩政策应当以结构调整为基点。用总量紧缩促进结构调整,以结构调整实现总量紧缩。具体说,就是要在给工业尤其是加工制造业的增长速度降温的同时,促使农业和能源等基础工业有一个较快的发展。①

邱晓华、刘秋生认为,在当前整顿治理和宏观紧缩的关键时期,宏观政策的选择是否合适,对能否实现治理整顿目标,能否摆脱国民经济困境至关重要。②

张萍认为,由于几年来,社会总需求超过总供给,国民收入超分配,导致我们所面临的宏观经济失控、通货膨胀和经济秩序紊乱等严重困难,因此,进一步实行计划经济和市场调节的有机结合,首要的任务是完善与加强以计划为主要依据和核心的宏观调控,搞好治理整顿,取得国民经济的综合平衡,缩小总需求和总供给之间的矛盾,使经济结构趋于合理,以实现国民经济稳定协调的健康发展。③

张塞认为,1988 年以前,连年的国民收入超分配、财政赤字、货币超经济发行和社会总需求超出社会总供给,导致连年的物价大幅度上涨,凝成了 1988 年严重的通货膨胀,使经济环境和经济秩序严重恶化和混乱。因此,应坚持总量平衡的宏观调控原则,把握合理的数量界限,使国民经济持续、稳定、协调发展。④

薛暮桥认为,社会主义市场经济不能没有国家的计划指导和宏观调控,但是,指令性计划管理体制必须根本改变。计划指导的任务,不是用行政指令直接安排企业的生产经营,而是要抓好经济发展的预测、确定国民经济发展方向和重大战略,努力保持社会供求的总量平衡和结构协调,为微观经济的发展提供一个良好的宏观环境。计划指导的方法,不是依靠行政指令,主要是通过财政税收政策、货币政策、信贷政策、投资政策、收入政策等,运用经济杠杆来达到

① 中国社会科学院经济学片形势分析小组.经济形势、理论和政策[J].经济研究,1989(3):11-20.
② 邱晓华,刘秋生.对当前经济形势的判断及治理整顿的基本对策[J].经济研究,1989(12):31-36.
③ 张萍.论计划经济和市场调节的结合与完善宏观调控机制[J].经济研究,1990(2):34-39.
④ 张塞.我国宏观经济运行和调控的几个问题研究[J].经济研究,1990(11):14-20.

计划目的。①

马洪认为,建立社会主义市场经济体制,要建立初步的宏观间接调控体系。对企业和地方扩权并放开价格,并不意味着中央政府对经济放任不管,而是从过去对企业生产和流通的直接控制转化为通过宏观管理来间接调控企业。②

中国社会科学院经济学科片课题组认为,要转换政府职能,削弱经营实体职能,强化社会管理职能。政府职能转换的总方向应是:从直接参与经济活动为主,转向侧重于对总体经济活动实行系统化的调控和监督。具体说,今后政府的职能,主要是制定规则、监督规则的实施和对违反规则者施以处罚,还包括政府运用自己的经济力量(预算和国有企业),去校正"市场缺陷"的内容。同时,在政府部门内部,制定规则的职能和执行规则的职能也应当划分开来。分开两种职能的意义,就是利用制衡机制使政府的行为也受到法律约束。另外,还要处理好政府作为社会管理者和宏观经济调控者同其作为国有企业所有者两重身份的关系。要组建介于政府部门与国有企业之间的国有资产经营机构,并割断政府与国有企业之间在人事上的交流关系。③

项怀诚等认为,建立社会主义市场经济体制,要求切实转变政府职能,改变政府管理经济方式,重新构造政府宏观调控体系。发展社会主义市场经济,决不能怀疑、更不能否定政府宏观调控的必要性。实践证明,没有政府的宏观调控,市场经济不可能平稳运行,更不可能实现经济的腾飞。④

杨坚白认为,由于我国的市场发育很不完善,市场法制、市场规范也未建立健全起来,因而一哄而起、盲目投资、乱上项目、重复生产的现象不断发生。由此可见,我国的宏观调控任务,确是任重道远,而建立健全宏观调控体系,实为

---

① 薛暮桥.关于社会主义市场经济问题[J].经济研究,1992(10):3-7.

② 马洪.建立社会主义市场经济新体制[J].经济研究,1992(11):3-10.

③ 中国社会科学院经济学科片课题组.建立社会主义市场经济体制的理论思考与政策选择[J].经济研究,1993(8):3-24.

④ 项怀诚,吴东胜,王保安,等.中国:市场经济与宏观调控[M].北京:中国财政经济出版社,1993:34-51.

当务之急。①

李兴山认为,社会主义市场经济是有宏观调控的经济,搞好社会主义市场经济条件下的宏观调控,不仅是发展市场经济的要求,而且也是巩固和发展社会主义制度的要求。从这两点出发,对于社会主义市场经济条件下搞好宏观调控的必要性可以归纳为以下几点:第一,为了弥补"市场缺陷",有必要搞好宏观调控;第二,为了维护生产秩序,有必要搞好宏观调控;第三,为了维护公有制的主体地位,有必要搞好宏观调控;第四,为了维护公正分配和国家整体利益,有必要搞好宏观调控。②

刘家义认为,为了避免市场失效,国家必须以实现经济总量平衡和整体结构优化为主要目标,以财政货币等经济政策和经济杠杆为主要手段,对经济运行加以适度的干预、调节和校正,避免因市场失效造成经济无序波动和运行秩序紊乱。实践表明,市场化程度越高,国家对市场的正确指导和调控就越有力、越灵活有效。所以,现代市场经济实质上是国家宏观调控下的市场经济。③

二、政府进行经济调节的主要任务和手段

薛暮桥认为,1985 年以来,我国出现了国民经济的宏观失调,因此,我们必须学会采取经济手段进行宏观控制,主要手段一个是财政,一个是银行。利用财政手段进行宏观控制,我们的经验比较丰富。利用银行手段进行宏观控制,是我们进行宏观控制中的薄弱环节。因此,我们要发挥财政特别是银行的作用。在目前,控制货币发行是宏观控制最重要的关键,用严格控制货币发行的方法来约束银行信贷,特别是约束建设规模,并用工资政策和税收政策来防止消费基金的过快增长,保证社会总供给和总需求的基本平衡。④

---

① 杨坚白.论社会主义市场经济的宏观调控和计划[J].经济研究,1994(3):67-70.

② 李兴山.宏观经济运行与调控[M].北京:中共中央党校出版社,2002:3-21.

③ 刘家义.加强宏观调控与完善财政货币政策的思考[J].财经科学,1997(3):31-35.

④ 薛暮桥.计划经济与商品经济,计划调节与市场调节[J].改革,1988(1):17-25.

高尚全认为,为了适应社会主义商品经济的发展,要建立宏观调控体系,从直接行政控制为主,转为依靠经济手段和法律手段实行间接调控为主的管理方式。要学会运用计划调节和市场调节这两种形式和手段。政府管理经济部门的职能主要是规划、协调、服务和监督。管理的方法从实物指标为主转为价值指标为主,主要通过必要的经济政策、法规和利率、税率、汇率、工资、价格等经济杠杆,合理调控经济。①

廖季立认为,在深化改革中,宏观经济调节总的要求是:既要有活,又要有管,管中有活,活中有管,管而不死,活而不乱,充分发挥社会主义商品经济的优越性。宏观调控的重要任务,是要保证社会总需求和总供给基本平衡,为培育市场机制和进一步搞活企业创造一个较好的经济环境,这是经济稳定发展和深化改革所必需的。②

刘大庆认为,在体制转换过程中,新旧两种体制同时发挥作用,这个时期的市场只能是一种不完全市场。在不完全市场条件下,宏观调控的难度是很大的。调控的总原则应是搞活与稳定经济相统一;在相对较“紧”的经济环境中,推进市场发育;加强短缺物资的集中管理,同时加强对基础产业投资的引导;加强社会利益协调。③

刘国光认为,在治理经济环境的过程中,我国再一次遇到了一个“两难”问题:坚持紧缩,社会加剧资金周转困难,造成流通的梗阻和生产的“滑坡”;放弃紧缩,新一轮的通货膨胀就会如脱缰野马难以收拾。怎么办? 看来唯一的办法就是总量上坚持紧缩,结构上抓紧调整。④

国家计委经济研究中心课题组认为,在市场协调逐步取代行政协调而成为基础机制的模式中,宏观管理势必需要从以直接控制为主要方式逐步转变为以间接控制为主要方式。宏观调控以市场机制为基础,以维护市场的合理性和克

---

① 高尚全.探索有中国特色的社会主义商品经济体制[J].改革,1988(1):48-54.

② 廖季立.谈深化改革中的宏观经济调节[J].改革,1988(5):25-28.

③ 刘大庆.我国现阶段的不完全市场与宏观调控[J].改革,1988(5):107-110.

④ 刘国光.总量上坚持紧缩,结构上抓紧调整[J].改革,1989(2):7-8.

服市场的缺陷和不足为前提。宏观调控的短期目标是维持总量平衡，为此需要运用短期货币政策、财政政策和收入政策，调节总需求与总供给。宏观调控的中期和长期目标是实现国民经济的最优增长，其主要手段是政府制定的发展战略、产业政策和收入分配政策。中长期调控的任务是加快经济结构升级，提高经济增长质量，保持适当的发展速度，维护国民收入的合理分配。宏观调控的短期和中长期目标任务构成新型的计划体系。体制转换时期宏观调控的政策方向选择：第一个政策方向是反通货膨胀；第二个政策方向是尽一切可能调整产业结构；第三个政策方向是为国民经济和社会现代化的长远发展奠定基础；第四个政策方向是促使对外经济进入良性循环；第五个政策方向是在扩大个人收入合理差别的同时，防止分配不公的滋生和发展；第六个政策方向是消除市场分隔、封锁和垄断倾向，使国家取消管制后建立的市场尽早进入统一、开放和竞争状态。①

王珏认为，在全面坚持落实"治理经济环境、整顿经济秩序、全面深化改革"的方针时，必须加强宏观的计划调节，转换宏观调节方式。宏观调节方式转换的中心是政府职能的转变，这种转变就是把政府直接行政管理转换为间接调控管理。具体表现在三个方面：建立产业政策的研究、判定和协商的职能；改变现行的中央与地方财政包干和分灶吃饭的制度；建立具有独立调控权的金融体系。②

张卓元认为，在治理整顿期间，要推进宏观调节和流通环节改革。首先，要推进宏观调节机制的改革，改变传统的直接控制、行政控制的办法，逐步学会主要运用经济手段，同时配合行政手段和立法手段的办法，即主要运用间接控制的办法。其次，在流通环节，加快市场发育，建立市场规划和秩序，整顿流通领域的混乱状态。③

---

① 国家计委经济研究中心课题组.体制转换时期的宏观调控[J].经济研究，1989(5)：11-21.

② 王珏.全面贯彻治理、整顿、深化改革的方针[J].改革，1989(5)：6-8.

③ 张卓元.推进宏观调控和流通环节改革[J].改革，1989(5)：10-14.

邱晓华、刘秋生认为，按照党的十三届五中全会关于进一步治理整顿和深化改革的目标和要求，当前关键是在指导思想上和实际操作中，必须处理好治理整顿、调整提高和改革发展三个环节的关系，做到紧密结合、配套联动、相互促进。①审时度势，坚定不移地控制总量，切实通过紧缩造成一个过几年紧日子的客观环境，把前几年刺激上去的过高社会需求压下来。②有保有压，积极稳妥地推进结构调整，确保国民经济的合理增长。③因势利导，不失时机地掌握目前市场的有利条件，抓企业素质的提高，促进企业经济效益的改善。④谨慎决策，按照计划经济与市场调节相结合的要求，努力实现宏观经济运行机制的合理化。⑤要完善外贸体制改革，积极推进对外开放的进程，适时调整汇率，取消亏损补贴，扩大出口，限制进口，以缓解外债还债高峰形成的越来越大的压力。[①]

顾松年、沈立人认为，加强宏观调控，必须实施宏观经济分层调控。我国分层调控模式的现实选择是：以中央和省区（包括直辖市、自治区）两极为主的纵向管理与发挥中心城市和大型企业集团的横向间接联结作用相结合，形成纵横协调的宏观经济分层调控体系。[②]

荀大志、常清、姚广海认为，我国宏观经济管理总的任务和目标是：保持社会总需求与总供给的基本平衡，实现国民经济持续、稳定、协调发展。具体目标有经济适度增长、总量平衡与物价稳定、结构协调、国际收支平衡、公平分配、充分就业。实现上述目标合理的宏观调控形式是国家按照一定的计划目标，运用经济、法律和行政的手段，对企业实现间接控制为主的宏观调控。宏观经济体制改革包括许多方面，从计划体制改革方面来说，其目标模式应该是把计划经济与市场调节有机结合起来的间接计划体制；从投资体制改革方面来说，其目标模式应是，逐步形成一个国家计划指导下的以企业投资为主，国家、地方、企业、个人、外资相结合的多层次、多种形式的投资体系；从财政体制改革来说，将

---

① 邱晓华，刘秋生．对当前经济形势的判断及治理整顿的基本对策［J］．经济研究，1989（12）：31-36.

② 顾松年，沈立人．宏观经济的分层调控［J］．改革，1990（4）：102-107.

建立起既能保持国家与企业合理分配关系，又具有结构调节功能的完善的税收制度和中央与地方财政收支独立、自求平衡的分级管理的预算管理制度，近期财政体制改革的重点是在大力控制消费需求过快增长的前提下，逐步提高财政收入占国民收入的比重和中央财政收入占整个财政收入的比重，调整不合理的国民收入分配格局；从金融体制改革方面来说，其目标模式是建立能够充分发挥金融系统筹集融通资金、调节社会总需求、引导资金流向、提高资金运用效率作用的金融管理体制，主要包括三个方面：一是完善中央银行宏观金融调控机制和政策手段，二是完善专业银行体制，三是建立健全资金市场，完善利率机制，近期金融体制改革的重点是迅速增强中央银行控制货币供应量、调整信贷结构的能力，限制企业及专业银行的不合理行为，以医治国民经济总量失衡、结构失调的严重创伤。①

孙祁祥认为，“风险约束最佳宏观控制假说”是以内生权力行为主体与理性干预型行为主体的组合为依据，它实际上是有计划商品经济条件下经济有效运行的最优理论模型。而要建立起这一最优理论模型，就必须在进一步引入市场机制、组建起完善的市场体系的同时，将我国目前的被赋权力行为主体改造成为内生权力行为主体，将过分干预型行为主体转变为理性干预型行为主体。②

朱家良、吴敏一认为，要界定政府调控的权限。政府调控权限的大小取决于两个基本前提：一是政府能不能做，假如做了后，降低了效率，这种权力就不应该属于政府；二是政府的权力和责任是否对应，假如行使的这种权力大于责任，或者根本不需要负责，这种权也不应该由政府所拥有。据此来对照现有政府的调控权限，思路就比较清楚了。一是把政府所拥有的一部分调控权还给企业，由企业根据市场规律来实行自我调整。涉及这方面的权限主要有四种：定价权、分配权、投资决策权、劳动人事权。二是把金融组织从政府行政系统中分离出来，行使相对独立的调控职能。通过政企分离和政银分离，使政府调控逐

---

① 荀大志，常清，姚广海.宏观经济管理体制的近期改革思路[J].改革，1990(6)：42-47.

② 孙祁祥.论我国宏观调控模式的选择[J].改革，1992(4)：79-84.

步从直接为主转向间接为主,从控制为主转向调节、协调、指导、预警、监督等为主。①

楼继伟认为,总需求管理是宏观政策的最重要内容,改革总需求管理体制首先应正确划分宏观管理部门的职能分工。在现阶段的中国经济,应采取谨慎的,甚至偏于保守的财政政策,而总需求管理主要依赖于抑制性的货币政策。即便在这样的职能分工情况下,总需求管理失控,导致大的波动和低效率的危险性仍旧很大,改革和改善宏观调控政策,特别是改革货币政策的调控机制,是十分迫切的。②

黄志凌、李今早、焦玉良认为,宏观经济调控的目标是追求总供给与总需求的平衡。在经济运行市场化的条件下,社会经济的总供给是由市场决定的,因而宏观经济管理部门面临的主要任务是如何调节社会需求,使之与潜在的社会供给能力保持协调增长。选择了宏观调控的着力点,还要围绕这一着力点设计相应的可供操作的调控工具,主要依靠间接的财政与货币政策手段来实现。要增强宏观经济调控能力,还要健全宏观经济管理体制,要使宏观调控具有简洁性、透明性、协调性及灵活性,还要加快以财政金融体制为重心的改革。③

郭树清认为,宏观经济管理,是对影响国民经济整体或全局的各种问题采取相应的政策措施,以促进国民经济的稳定、均衡和有效增长。中国的宏观经济管理,应当在重视总量关系的同时,更重视结构调整;在注意短期问题的同时,更注意长期问题;在充分运用各种政策手段的同时,必须把体制改革作为非常重要的变量来把握。从加速市场经济体制建立的角度来看,宏观管理进一步改革的方向是清晰的,这就是按照发展市场经济的需要,在现阶段就是按照要素市场化的需要,改进宏观调控的方法和制度,及时取消那些已经过时的直接

① 朱家良,吴敏一.中国地方政府调控:障碍与选择——兼论中央和地方的调控关系[J].经济研究,1992(8):15-21.

② 楼继伟.管住货币,改善调控——总需求管理体制若干问题[J].改革,1993(1):28-34.

③ 黄志凌,李今早,焦玉良.我国宏观经济调控机制与体制研究[J].改革,1993(2):113-123.

控制手段,加强和完善间接控制手段。[①]

《中国经济体制改革总体设计》课题组认为,根据市场经济的要求和我国经济发展阶段,国家宏观调控的主要目标是,调节总需求,保证经济的稳定和增长以及国际收支的平衡;弥补市场机制的不足,为社会提供公共物品和服务,调节收入分配,保证社会公平,促进地区的平衡发展;采取适当的产业政策,促进结构优化,提高总供给能力。主要宏观政策的职能分工根据是,调控总需求以货币政策为主,适度调节经济结构以财政手段为主,产业政策主要是功能性政策,不采取范围过宽的倾斜性政策,目标是促进经济结构转型升级,税收制度逐步向中性化过渡。[②]

马述林认为,为了避免市场分割和政出多门,宏观管理权应当集中于中央。宏观经济管理权只能集中,不能分散,对于我们这样一个市场发育不完善、经济发展很不平衡的大国来说,这是保证全国经济健康发展的客观需要。[③]

中国社会科学院经济学科片课题组认为,要摆好计划、财政和金融在国家宏观调控体系中的地位。计划、财政和金融在宏观调控体系中,都有着彼此不可替代的特殊作用。计划长于勾勒大势和指示中长期发展方向,因而对于国民经济大的结构调整,特别是中长期供给结构的调整,有着重要的影响力,适于用来进行供给管理。财政和金融的影响力和着眼点都偏重于近期总量平衡,适于用来进行需求管理。另外,这两类手段各自也有所长。财政长于稳定经济和公平收入分配;金融则长于塑造总体经济环境和进行日常调节。财政和金融调控的对象都是资金流动,调控的重点都是保持近期总量平衡,所以,它们之间的协调配合尤为重要。[④]

---

① 郭树清.发展中国的宏观经济管理[J].改革,1993(4):105-111.

② 《中国经济体制改革总体设计》课题组.建立宏观调控和国有资产管理新体制的基本设想[J].改革,1993(5):18-29.

③ 马述林.加快建立适应市场经济的宏观管理体制[J].改革,1993(5):44-48.

④ 中国社会科学院经济学科片课题组.建立社会主义市场经济体制的理论思考与政策选择[J].经济研究,1993(8):3-24.

项怀诚等认为,社会主义市场经济的宏观调控体系是建立在市场经济基础上的,它是政府为弥补市场调节的不足,运用协调、调节、预警、预测、控制、干预等多种手段的综合,对国民经济进行宏观的控制和引导。为了有效地实现宏观调控的目的和任务,必须从我国的国情出发,选择切合实际、行之有效的宏观经济调控体系的结构方式,构建行之有效的宏观调控体系。为了提高宏观经济管理效率,必须实现三个转向,政府管理经济由微观领域转向宏观领域,由直接管理转向间接管理,由指令性的年度计划转向指导性的中长期计划。宏观经济管理手段包括经济手段、行政手段、法律手段等,作为政府进行宏观经济调节的手段则主要是经济手段。经济手段主要是通过宏观经济政策来体现的,包括财政政策、货币政策、产业政策、国民收入分配政策等。宏观经济政策的作用核心是从供给和需求两个方面调节供求关系总量及其结构,以保持供求总量的平衡及其供求结构的协调。①

刘家义认为,宏观经济运行调控不力和多重矛盾交织缠绕的现象依然存在。造成这种状况的原因很多,且是多种因素综合影响的结果。但最直接、最关键的是财政政策与货币政策错位。实际工作中,必须对两大政策准确定位,按照两大政策的不同功能独立发挥其作用。从总体上看,财政政策主要是调节经济结构,其特点是强制性和无偿性;货币政策主要是调节经济总量,其特点是经常性与有偿性。必须在保护两大政策相对独立发挥作用的前提下,紧密协调配合、联合行动、取长补短、相得益彰。②

周绍朋、王健、汪海波认为,由于市场发育水平比较低、企业经营机制不完善、国家宏观调控实力不足等原因,宏观经济政策需要进一步协调和完善。为此,要着力解决以下几方面的问题:第一,理顺宏观调控部门关系,协调宏观经济政策;第二,完善金融调控;第三,改善财政调控。③

---

① 项怀诚,吴东胜,王保安,等.中国:市场经济与宏观调控[M].北京:中国财政经济出版社,1993:172-178.

② 刘家义.加强宏观调控与完善财政货币政策的思考[J].财经科学,1997(3):31-35.

③ 周绍朋,王健,汪海波.宏观调控政策协调在经济“软着陆”中的作用[J].经济研究,1998(2):31-37.

北京大学中国经济研究中心宏观组认为,1998 年中国宏观经济政策有四大目标:第一,继续保持适度经济增长,防止可能的经济萧条;第二,坚决推进国有企业改革、迈出三年解困的重大步伐并解决好职工下岗和再就业问题;第三,提高银行资产质量,有效地加强金融监管、防范金融风险;第四,维护人民币汇率的稳定,防止过高的通货膨胀出现。建议的政策组合如下:第一,扩大财政支出以增加总需求。第二,对投资减税以促进有效供给。第三,财政增支减收之不足部分可考虑以下两种办法,一是出卖以上市公司国有股为抵押的可转换债券;二是特批少数中心城市的地方政府发城市基础设施(如地铁)建设专项债券。第四,适当增加货币供给,优化利率结构。[①]

余永定认为,1998 年中国的宏观经济政策目标主要有两个:8%的经济增长速度和人民币的汇率稳定。为了实现这两个目标,中国的各项宏观经济政策必须加以协调。首先,面对物价普遍下降、总需求不旺的宏观经济形势,政府无疑应采取扩张性的财政政策和扩张性的货币政策。同时,要加强货币政策与汇率政策的协调。[②]

阎滔认为,从当前的经济形势来看,通货紧缩、产出下降、失业增加等现象的出现,当然有结构问题,但本质上属于总量问题。面对当前经济形势,应实现宏观经济政策从抑制通胀到扩大内需的转型,建议在总量上实行适度松动的宏观调控政策,把促进经济增长、实现充分就业作为主要目标,给人以明确的预期,防止经济萧条。[③]

胡鞍钢认为,从 1997 年下半年以来出现的突发性高失业率和通货紧缩直接打击广大生产者的积极性,需要实行旨在扩大内需、降低高失业率的第二次"软着陆",因为通货紧缩与有效需求不足造成大量生产能力闲置和十分严重的社会资源浪费。为此,需要放弃或改变"适度从紧"的宏观经济政策,转而实施

---

① 北京大学中国经济研究中心宏观组.寻求多重经济目标下的有效政策组合——1998 年中国宏观经济形势分析与建议[J].经济研究,1998(4):3-12.

② 余永定.中国宏观经济管理的新阶段[J].改革,1998(5):22-29.

③ 阎滔.论从抑制通胀到扩大内需转型期的宏观经济政策[J].改革,1998(6):11-25.

“适度扩张和积极扩大内需”的宏观经济政策。①

袁东认为,基于对1999年国内外宏观经济形势的预测性分析,1999年的财政、货币政策应保持相对稳定。调控的重点仍将是以刺激国内有效需求为核心,充分发挥政策的引导作用,切忌强行以行政手段将财政和信贷资金过急地盲目投入。鉴于货币政策已经比较放松,因而在1999年适度加大财政政策力度的同时,也应注意货币政策的“适当性”,因为财政、货币政策作为政府行为,其效力毕竟有一定限度,市场的周期性回升也毕竟有一定的时限,家庭和企业基于市场的经济行为是其中的根本与关键,政府政策只能在引导中起到加速回升的作用,而不能取而代之。②

李京文认为,1999年上半年,整个经济形势是好的,但也出现了一些新情况、新问题,主要表现在三个方面:第一,经济增长速度下降;第二,需求增长乏力;第三,通货紧缩加剧。针对当前经济中存在的问题,为了保证我国经济持续快速健康发展,建议从以下几个方面采取积极的措施:第一,调整积累与消费关系,将长期偏高的投资率降到35%以下,增加城乡居民收入,鼓励和引导消费;第二,加快产业结构的调整升级,扶植新的经济增长点;第三,按中央要求搞好国企改革,特别应加大对各种所有制的中小企业发展的扶持力度;第四,大力加强技术创新。③

中国社会科学院经济所宏观课题组认为,一般来说,紧缩时期货币政策的作用比较突出,而扩张时期则主要起着从属和配合的作用。这就更加突显了财政政策的作用。面临通货紧缩,政府将继续实施以财政政策为主导的扩张性宏观政策,在财政支出空间有限的情况下,就要选择能够作大投资乘数、提高市场效率的措施;同时要考虑调整税制结构,改变对投资征高税的税制,逐步变生产型增值税为收入型增值税和消费型增值税,并通过把内资企业税负降至外资企

① 胡鞍钢.从适度从紧到积极扩大内需:怎样看待宏观经济政策[J].改革,1998(6):26-30.

② 袁东.当前国际国内经济形势下的财政货币政策分析[J].改革,1999(2):35-40.

③ 李京文.对当前我国经济形势的分析与建议[J].数量经济技术经济研究,1999(11):5-6.

业的水平，一方面提高企业的利润预期，另一方面消除税负不公，提高社会经济效率和减少资本外流；在运用国债政策时，既要重视国债的发行和使用，更要重视国债的交易和流通，推进我国金融市场的发育和功能的发挥以及促进公用事业的企业化，转换资源配置方式，从政府配置转向市场配置，从集中配置转向分散配置。①

范从来认为，既然我国当前并没有陷入流动性陷阱，货币政策对反通货紧缩应该是可以有所作为的，应该实施积极主动的货币政策。这里的积极主动性是指适度扩张货币的供给，一方面避免经济衰退阶段信用恶化、货币流通量过度紧缩，经济衰退情况进一步恶化；另一方面是为了积极配合其他政策（扩张财政政策）的实施，刺激经济回升。②

张昌彩认为，对 2002 年及今后宏观调控政策的建议，概括起来为"稳中求变"，即在稳定扩大内需这一大政策的基础上，要对相关政策适当作结构性调整，以适应新形势发展的需要和为今后长期经济增长奠定基础：第一，在巩固需求政策的基础上，适时加强供给政策；第二，对积极财政政策的使用方向要作结构性调整，加大货币政策的作用力度；第三，对投资主体的作用进行调整，突出民间投资和外商投资的作用；第四，促进消费增长的空间在于提高中低收入阶层的收入水平，长期政策的基点是铺就一张社会保障网；第五，调整出口产品结构，提高技术含量和出口效率。③

许经勇认为，1996 年，国民经济运行实现"软着陆"后，由于国内市场结构的变化（由卖方市场转变为买方市场），加上亚洲金融危机、世界经济增长明显放慢，通货紧缩的阴影一直驱而不散，迫使政府将宏观调控的主要目标再转移到抑制通货紧缩上来。为使我国国民经济能够保持较快速度的增长，政府先后实施了稳健的货币政策和积极的财政政策，但在市场需求不足的条件下，其效

① 中国社会科学院经济所宏观课题组.寻求更有效的财政政策——中国宏观经济分析[J].经济研究，2000(3)：3-15.

② 范从来.论通货紧缩时期货币政策的有效性[J].经济研究，2000(7)：24-31.

③ 张昌彩.2001 年宏观经济政策效应分析及今后政策建议[J].宏观经济研究，2001(12)：21-25.

果还不尽人意。为此,应在实施稳健的货币政策和积极的财政政策的同时,确定“就业优先”的宏观经济调控目标。①

王顺华认为,20 世纪 90 年代前后期,我国实行了两次政策取向完全不同的宏观调控。以实现经济“软着陆”为主旨的 1993—1996 年的宏观调控,从整顿金融秩序入手,以适度从紧的货币政策为主,配合以相应的财政政策,在保持经济稳定增长的同时,有效地抑制了通货膨胀,实现了高增长、低通胀的“软着陆”目标。经济“软着陆”成功实现后,中国经济开始进入一个新阶段。有效需求不足,通货紧缩趋势加剧,成为新阶段困扰经济运行的新的因素。为应对国内通货紧缩,国外金融危机的冲击,保持国民经济持续快速健康发展,我国政府确立了扩大国内需求的方针,并果断对宏观经济政策进行了方向性的重大调整,即由实行适度从紧的货币财政政策,转向实行积极的财政政策和稳健的货币政策。在 1998—2002 年的宏观调控中,扩大内需的政策内容不断充实,政策体系不断完善,政策实施取得明显成效。这两次成功的宏观调控,使我国既积累了有效抑制通货膨胀,实现“软着陆”的经验,又创造了扩大国内需求,有效治理通货紧缩的经验。②

吴超林认为,1984 年以来,中国的宏观调控在总体上可界定为以抑制总需求和以扩大总需求为特征的两大阶段,它们决定了中国货币政策的研究及其特点。具体来说,以 1997 年作为分界线,之前主要是以反通货膨胀为目标,表现出抑制总需求的特征;之后是以通货紧缩及促进经济增长为目标,表现出扩大需求的特征。与此相联系,我国货币政策工具演变的突出特点是计划性工具逐渐减少,市场经济意义上的工具不断增加。③

---

① 许经勇.我国宏观经济调控政策的回顾与思考[J].财经研究,2003(2):3-7.

② 王顺华.从抑制通货膨胀到治理通货紧缩——20 世纪 90 年代以来的中国宏观经济政策研究[D].武汉:华中科技大学,2003.

③ 吴超林.1984 年以来中国宏观调控中的货币政策演变[J].当代中国史研究,2004(5):35-45.

三、适应经济调节的政府机构改革

杜铁章等认为，在社会主义商品经济阶段，要遵照中央确定的方针原则调整机构，对一些专业部门进行精简合并。削弱专业部门对企业的行政干预，使其职能转到进行行业规划和制定行业政策上来。要加强经济综合管理部门，充实经济调节和经济监督部门。①

朱家良、吴敏一认为，要加快政府机构改革的步伐，提高政府机构调控的时效性。地方政府机构的设置要与它承担的事务和调控职能相对应。为此，一是要改变目前那种按所有制设置管理部门的状况。二是弱化专业经济部门的调控职能，强化综合经济部门对全社会的调控职能。三是要建立一批中介性经营组织和服务机构。②

朱明春认为，政府宏观经济管理机构的正确设置是搞好宏观经济管理、促进社会主义市场经济健康发展的组织保证。因此，必须依照政企分开、精简效能、统分结合、权责结合、科学规范等原则，进一步进行机构改革。社会主义市场经济条件下，我国政府宏观经济管理机构的设置应包括以下五个基本方面：第一，社会经济发展规划指导机构；第二，经济运行的调节控制机构；第三，经济运行的监督检查机构；第四，信息咨询和服务机构；第五，国有资产管理机构。根据以上的论述，我国当前宏观经济管理机构改革包括以下几个方面：第一，改变目前计委“大而空”的现状，保留经济规划和政策制定职能，合并经贸办、外贸部、商业部、物资部等机构，统一成立综合性的宏观经济管理机构——经贸委。第二，取消各专业管理部门，设立并加强行业协会，变直接的行政管理为间接的行业管理。第三，正确处理财政部、税务局、国有资产管理局之间的关系，理顺国家财税管理体制。第四，健全金融管理体制，设立政策性银行，强化中央银行

---

① 杜铁章，李全雷，董沛霖，等.增强宏观经济间接调控能力[J].改革，1988(3)：28-35.

② 朱家良，吴敏一.中国地方政府调控：障碍与选择——兼论中央和地方的调控关系[J].经济研究，1992(8)：15-21.

独立货币金融决策地位,促进专业银行企业化进程。第五,加快政府经济职能的转变,加强政策研究与咨询、审计监督、工商管理、统计信息等服务性政府机构的建设。[①]

胡家勇认为,改革应逐步减少政府机构的工作总量,政府规模随之缩小才是。政府规模过大不仅不会带来"规模经济"的效果,反而会损害政府的应尽职能。历次精简政府机构和人员的行动都没有真正奏效,政府规模一直在经历精简—膨胀—再精简—再膨胀的恶性循环。深层次的原因是,历次精简工作都没有采取治本之策。笔者提出以下带有根本性的措施。第一,由于政府的基本规模是由政府支配的资源量决定的,因此要使政府的规模合理,首先就要使政府支配的资源量处在合理的水平上。第二,调整国有资产结构,使其集中在公共品生产领域,以减少政府有效管理国有资产的工作量。第三,改变政府工作人员目前的成本—收益曲线,使其与其他职业劳动者的成本—收益曲线相近。[②]

包心鉴认为,政府机构改革,既属于经济体制改革范畴,又属于政治体制改革范畴;既直接解决政治体制改革所要解决的最现实问题,又担负着解决经济体制改革必然触及的深层次矛盾。双重的性质,双重的任务,要求政府机构改革必须选择双向的目标:一方面,适应建立社会主义市场经济体制的需要,精简政府机构,转变政府职能,理顺政企关系,提高行政效率,从而加强政府对市场经济发展过程的宏观调控和服务;另一方面,适应建设社会主义民主政治的要求,切实解决权力高度集中和某些权力错位的现象,加强对国家权力的制约和监督,加快社会民主化进程。这种双向目标结构,不是割裂的而是统一的。[③]

于景文认为,积极推进行政管理体制改革,要求我们从政府管理模式、管理职能、管理机构、管理方法以及行政运行机制和人员素质等各方面进行配套改革。我们要从整体入手,完善行政决策体制,推进各级政府行政决策的科学化、

---

① 朱明春.市场经济中的宏观管理组织:论机构改革[J].改革,1993(2):127-133.

② 胡家勇.我国政府规模的系统分析[J].经济研究,1996(2):31-36.

③ 包心鉴.国家与社会:市场经济条件下的政府职能定位——兼论政府机构改革的原则与实质[J].济南市社会主义学院学报,1999(1):57-62.

民主化；要完善行政执行体制，强化行政指挥的权威性，搞好政府的宏观调控；完善行政监督体制，保证行政机关廉洁奉公、勤政为民。行政管理体制和政府机构的设置，是以政府职能为前提而建立起来的，同时，又是政府执行职能的保证。为适应建立社会主义市场经济体制的需要，政府的职能转变必须到位，在转变职能过程中，必须进行并深化行政管理体制和机构改革。①

陈国权认为，在社会主义市场经济条件下对政府职能进行适度界定是进行政府机构改革的关键。政府机构与政府职能是不可分割的有机整体，要转变政府职能就必须调整政府机构。反之亦然，要精简政府机构也同样必须转变政府职能。②

王凡斌、付钦太、杨宪萍认为，要走出精简—膨胀—再精简—再膨胀的怪圈，使我国机构改革走上良性循环的轨道，就必须认真汲取机构改革陷入怪圈的教训，并采取相应的对策。第一，机构改革应同行政管理体制改革同时并进，致力于体制创新。第二，确立建设廉价政府的指导思想，并将这一指导思想贯穿始终。第三，科学界定政府职能，切实转变政府职能。第四，努力实现机构改革的法定化，把机构改革纳入法治轨道。第五，机构改革同就业制度、人事制度尤其是国家公务员制度改革相配套。③

张雅林认为，我国的行政管理体制和机构改革应该从以下几个方面入手：第一，适应市场经济体制建立和完善的要求，重新确定我国政府职能，并据此设置政府机构和核定人员编制。第二，合理调整政府层级和幅度，逐步调整中央政府与地方政府的规模比例。第三，在转变政府职能的基础上，理顺政府与社会的关系，调整公务人员内部结构。第四，规范行政机构、事业单位、国有企业分类管理的方式。④

王东京认为，以往政府改革之所以收效不大，是因为政府当事人对改革既

---

① 于景文.略论市场经济中的政府职能转变[J].天津社会科学，1999(3)：60-62.

② 陈国权.论政府能力的有限性与政府机构改革[J].求索，1999(4)：41-44.

③ 王凡斌，付钦太，杨宪萍.机构改革如何走出精简——膨胀的怪圈[J].学习论坛，1999(7)：41-43.

④ 张雅林.适度政府规模与我国行政机构改革选择[J].经济社会体制比较，2001(3)：100-105.

无动力，又无压力。要进一步深化政府改革，必须调整现行的改革思路：在突破口的选择方面，要先定位政府角色再改机构；在完善政府治理方面，部门升格不如放权分权；在革新选人机制方面，要先改委任制再破论资排辈；在以薪养廉方面，要先改职务消费再加薪。①

四、经济调节中的中央与地方政府间关系改革

中国社会科学院经济研究所宏观经济管理课题组认为，进一步的改革应当建立一种“国家职能分开，税利分渠分流”的宏观管理格局。根据这种改革思路，中央政府和地方政府的事权、财权应包括以下几个方面：第一，中央政府的事权：行政管理权（包括国防、外交、民政、治安、科学、教育、海关、环保等），非营利性生产和非生产事业的投资和建设权（经营管理权应交给企业，实行成本原则，政府可有一定控制），宏观经济调节权。这样，政府的经济管理机构，除计划、财政、审计、工商行政管理、劳动管理、农业、交通、邮电通信等外，都可大大精简。第二，地方政府的事权：地方行政管理权（除国防、外交、海关外，内容同中央政府），地方非营利性生产和非生产事业的投资和建设权，地方宏观经济调节权。第三，中央政府和地方政府的财权应以事权为依据，划分中央税和地方税。第四，据此，目前中央政府和地方政府的财政收入、预算内和预算外的资金分配，保持在大约两个六四开或各占50%的状况基本上是适宜的。②

吴敏一认为，中央宏观调控权限与地方调控权限之间的关系模糊：第一，中央在向地方扩权的过程中，并没有把权责利对应起来考虑。第二，中央向地方不规范地扩权，削弱了中央的宏观调控能力。因此，消除地方主义的基本思路，应该通过抑制地方主义产生的条件来达到消除地方主义的目的。第一，地方政府应形成一种责权利相对应的自我约束和调节机制。第二，建立一套行之有效

---

① 王东京.政府改革的经济学逻辑[J].中南大学学报（社会科学版），2006（6）：269-273.

② 中国社会科学院经济研究所宏观经济管理课题组.坚持适度分权方向，重塑国家管理格局——几年来财政体制和宏观管理改革的回顾与思考[J].经济研究，1987（6）：16-25.

的中央对地方政府的制衡机制。①

朱家良、吴敏一认为,要在划分中央和地方事权的基础上,确立中央和地方各自的调控职能。地方的事权主要有以下三个方面:一是经济性事务;二是公益性和社会性事务;三是行政性事务。与此对应的地方调控主要体现在:财政税收、基金运筹、计划、经济政策。同时,要完善市场调节机制和手段,使地方调控有健全、合理的微观基础。具体来说,一是理顺价格体系。二是建立公平合理的竞争机制。三是培育和健全要素市场,消除行政壁垒和地区封锁,形成统一的全国市场,促进资源的合理流动和配置。②

邓子基认为,应实行分税制改革,规范中央与地方之间的财政关系。分税制的精髓,在于按照商品经济原则来处理中央与地方之间的财政关系,把这种关系引上法制化轨道。实行分税制,一方面要求各级政府把事权范围加以科学地界定和划分;另一方面,必须优化税制体系,分设中央、地方两套税制,使各级财政都有各自的收入来源,做到"一级政权,一级事权,一级财政,一级预算,相对独立,自求平衡"。③

中国社会科学院经济学科片课题组认为,要划清中央与地方的事权,消除摩擦和对立。要保持中国的繁荣昌盛和稳定发展,某种程度的中央集权统治是绝对必要的。但同时应当承认和充分尊重地方利益,一切集中于中央,既不利于经济的发展,在实践上也难以做到。④

韦伟认为,社会主义市场经济条件下,中央与地方权责关系的重建必须遵循以下几项原则:第一,单一制的原则;第二,加强中央宏观调控的原则;第三,讲求效率的原则;第四,事权与财权相对应的原则。根据上述基本原则,中央政

---

① 吴敏一.关于地方政府行为的若干思考——兼与部分同志商榷[J].经济研究,1990(7):56-60.

② 朱家良,吴敏一.中国地方政府调控:障碍与选择——兼论中央和地方的调控关系[J].经济研究,1992(8):15-21.

③ 邓子基.深化财政改革,理顺分配关系[J].经济研究,1992(11):38-43.

④ 中国社会科学院经济学科片课题组.建立社会主义市场经济体制的理论思考与政策选择[J].经济研究,1993(8):3-24.

府与地方政府事权划分的结构大致如下:中央政府的主要职责是保证和维护国家的独立和安全,保障农民的基本权利,促进国家政治、经济、社会的整体协调和稳定发展。在经济管理方面,主要负责涉及全国的资源、基础设施的开发建设、管理和保护,掌握对经济的宏观调控权,对国有资产的管理权等。地方政府的主要职责是保证中央政令畅通,贯彻执行中央政府的一系列宏观调控政策,执行一定时期内本地区经济、科技、社会事业的重点,制定适合本地区实际的地区政策并予监以督,将本地区执行中央政策的情况和问题及时反馈中央,负责协调区域内基层地方政府之间的行政、经济、社会关系,兴办由单个基层地方政府难以独立承办的公用事业。财权的划分应以事权的划分为依据。通过分税制,解决中央与地方的财政收入分配问题。我国的分税制宜采用按税种分税和按税制分税相结合的分税制形式。并在分税制的基础上,辅之以中央政府对下级政府的财政补助。①

项怀诚等认为,为了使行之有效的宏观调控体系的运行科学化、规范化,首先应该合理界定中央政府和省级政府的调控权限。中央政府调控层所进行的是整个国民经济的全局性、战略性和关键性调节,凡是关系国民经济全局的重大问题都必须由中央政府作出决策,并尽可能制定法律、法规以保证施行,实现宏观调控的统一性。中央政府调控要着重解决的问题是,实现总供给与总需求的总量平衡和结构平衡,协调地区之间的利益平衡,促进国民经济持续稳定地发展。省级政府调控层是中介调控层,它在服从中央政府宏观调控的指导下,必须与中央政府的宏观调节保持统一性和协调性,并按中央的有关规定,对自己管辖的区域实行宏观经济的局部性调节。②

王玉明认为,构建科学合理的中央与地方关系体制,目标是建立中央集权与地方分权相结合的关系体制。适应市场经济和现代化要求的新型中央与地

---

① 韦伟.中央与地方权责关系的重建[J].经济研究,1993(9):32-37.

② 项怀诚,吴东胜,王保安,等.中国:市场经济与宏观调控[M].北京:中国财政经济出版社,1993:97-101.

方关系体制,应具有如下基本特征:第一,中央与地方两个积极性得到同时发挥;第二,中央与地方的权利和责任对称统一;第三,中央集权与地方分权协调制衡;第四,中央与地方关系的规范化、法制化。[①]

上述研究文献,为我国经济调节型政府的实践提供了理论上的认识和思考,对我国经济调节型政府的实践发挥了重要的影响和指导作用。

第四节　经济调节型政府的实践及其成就

面对 1987 年前后通货膨胀加剧、市场秩序混乱和经济结构失调的问题,我国政府在加强经济建设的同时,开始重视政府的经济调节职能,以保证国民经济的健康发展,从此政府走上了经济调节型政府的道路,并取得了巨大的成就。

一、以经济调节为重点的政府职能转变

1987 年前后,在取得经济建设重大成就的同时,也出现了通货膨胀加剧、市场秩序混乱和经济结构失调的问题。这促使我国政府认识到,必须针对市场经济发展的现实需要切实转变政府职能,大力加强政府以宏观调控为主的经济调节职能,把政府对经济的管理从微观领域转到宏观领域,从以直接管理为主转到以间接管理为主,对国民经济的发展进行科学调节,以弥补市场经济发展中市场机制调节的不足,保证国民经济的健康协调发展。我国政府对国民经济的调节可以划分为两个大的阶段。1987—1997 年,以压缩社会总需求为主的经济调节时期;1998—2002 年,以扩大社会总需求为主的经济调节时期。[②③④]

---

① 王玉明.中央与地方关系:演变与定位[J].岭南学刊,1998(3):18-21.

② 王顺华.从抑制通货膨胀到治理通货紧缩——20 世纪 90 年代以来的中国宏观经济政策研究[D].武汉:华中科技大学,2003.

③ 孙建.中国经济通史:下卷(1949 年—2000 年)[M].北京:中国人民大学出版社,2000:2140-2150.

④ 陈雪薇.十一届三中全会以来重大事件和决策调查[M].北京:中共中央党校出版社,1998:576-580.

（一）压缩社会总需求的经济调节

压缩社会总需求的经济调节时期，又可以分为两个阶段：治理整顿阶段和“软着陆”阶段。

1.治理整顿阶段的经济调节

针对经济过热、通货膨胀急剧发展的情况，1988 年 9 月 26—30 日，党的十三届三中全会提出了治理经济环境、整顿经济秩序、全面深化改革的指导方针和政策、措施。所谓治理经济环境，主要是压缩社会总需求，抑制通货膨胀；所谓整顿经济秩序，就是要整顿目前经济生活中特别是流通领域中出现的各种混乱现象；所谓全面深化改革，就是把治理整顿同加强和改善新旧体制转轨时期的宏观调控结合起来，进一步深化和完善各项改革措施。这就意味着政府要针对市场经济发展的状况，切实把政府职能转变到以宏观调控为主的经济调节上来，压缩社会总需求，使社会总需求与社会总供给平衡，以此来抑制通货膨胀，促进国民经济健康发展。

按照十三届三中全会的指导方针，政府对经济过热现象进行了治理整顿，主要是采取紧缩的财政和货币政策，包括紧缩投资、紧缩货币、紧缩信贷、紧缩财政、紧缩进口和控制消费、整顿市场等措施，收到了明显成效。

第一，压缩固定资产投资。1989 年全社会固定资产投资计划比 1988 年压缩 920 亿元，约 21%，实际执行结果减少了 358.8 亿元，如果考虑物价因素，下降幅度为 24%。

第二，控制消费需求。1989 年职工工资总额增长 14%，比上年下降 9 个百分点，其中奖金增长 23%，比上年下降 18 个百分点。社会集团购买力比上年增长 4.2%。考虑当年物价上升 17.8%的因素，消费需求实际有较大压缩。

第三，控制货币投放。1989 年、1988 年和 1987 年货币流通量分别为 2 344.02亿元、2 134.03 亿元和 1 454.48 亿元。从这 3 年货币流通量可以看出，1989 年比 1988 年增长 9.84%，大大低于 1988 年比 1987 年增长 46.8%的幅度，这也是 1979 年以来增幅最低的一年。

第四,遏制物价上涨。1989 年零售物价总水平比上年上涨 17.8%,虽只比 1988 年的增幅下降 0.7 个百分点,但涨势逐月减弱。2 月份上涨 27.9%,比 1988 年 12 月的 26.7%还高 1.2 个百分点,但到 12 月份,只上涨了 6.4%。

第五,改善进出口,出口继续保持旺盛势头,进口得到抑制。据海关统计,1989 年出口 525 亿美元,比上年增长 10.5%,进口 591 亿美元,增长 7%,扣除有关因素后,进口大于出口 28.5 亿美元,逆差比上年减少 4.3 亿美元。由于非贸易现汇收大于支,加上利用外资,国家现汇结存比年初有一定回升。

第六,增加有效供给,尤其是增加了重要农副产品、人民生活必需的日用工业品、能源和短缺原材料的供应。工业生产速度明显回落,1989 年工业总产值比上年增长 8.5%,增幅比上年回落 12.3 个百分点。农业取得好收成,粮食产量达到 1984 年的历史最高水平。全年国内生产总值比上年增长 4.1%,经济过热的势头得到遏制。

第七,整顿市场秩序。通过清理整顿公司,对重要工农业产品实行专营,对重要生产资料实行最高限价,严肃整治各种违法经营等措施,使市场秩序有所好转。

经过一年左右的治理整顿,我国的经济形势发生了较大的变化,过旺的社会总需求得到了有效的控制,过高的工业生产速度明显回落,市场开始降温。但以压缩社会总需求为重点的治理整顿,由于刹车过猛,同时也带来了一些负效应,主要就是市场疲软、企业效益下滑。根据这种情况,中央对治理整顿的侧重点和压缩力度及时做了调整,由此治理整顿进入了新的阶段。

1989 年 11 月 6 日至 9 日,党的十三届五中全会作出了《关于进一步治理整顿和深化改革的决定》。文件提出,用三年或者更长一点的时间,努力缓解社会总需求超过社会总供给的矛盾,逐步减少通货膨胀,使国民经济基本转上持续稳定协调发展的轨道,为到 20 世纪末实现国民生产总值翻两番的战略目标打下良好的基础。

这就表明,要想进一步搞好治理整顿,就要在控制总量的前提下,适当调整紧缩力度，争取经济适度发展，并逐步把重点放在调整产业结构，提高经济效益方面，由速度型逐步向效益型过渡。为了完成进一步治理整顿的任务，党中央和国务院把进一步的治理整顿分为两步，第一步是在调整结构的同时，以启动市场，争取经济适度发展为侧重点；第二步是在调整结构的同时，提高效益，争取由速度型逐步向效益型过渡。

在进一步治理整顿的第一步，在继续坚持紧缩的财政和货币政策的前提下，“微调”宏观紧缩的力度，“缓解”制约生产、流通正常发展的矛盾，“启动”经济复苏。第一，加大对基础产业的投入，以改善经济结构。加大对农业的投入，在中央掌握的基本建设投资中，用于农业的投资比 1989 年增长了 30%；采取措施改善工业结构，确定 234 户重点骨干企业为“双保”企业。第二，在坚持控制总量的前提下，适当调整紧缩力度，以启动市场。适当增加银行贷款规模；从 1990 年 3 月 21 日起，贷款利率下调 1.26 个百分点；从 4 月 1 日起，恢复托收承付结算方式；从 4 月 15 日起，降低部分存款利率。第三，继续整顿经济秩序，为生产的正常运转和经济的持续、稳定发展创造良好环境。进一步清理整顿公司；开始清理“三角债”；在市场疲软、价格回落的情况下，抓住时机出台一系列价格改革措施，以逐渐缩小生产资料“双轨制”造成的价差，整顿市场价格混乱现象。

经过一年的进一步治理整顿，全年国内生产总值比上年增长 3.8%，农业生产全面丰收，工业生产走出低谷，外贸进出口扭转逆差，国内市场逐步复苏。这些都表明，通过这阶段的治理整顿，适当调整紧缩力度、启动市场、争取经济适度发展的任务取得了明显的成效。但是，我国的经济并未完全转入正常发展的轨道，经济生活中仍然存在较大困难，如市场销售疲软的问题仍然存在，企业产品积压、效益下降的问题仍然比较突出，国家财政困难、赤字增加的问题仍然未能得到解决，社会再产生循环中的梗阻现象仍然尚未清除。

在进一步治理整顿的第二步，针对经济生活中的问题，党中央和国务院决定，在解决总量问题的基础上，将治理整顿、深化改革的重点逐步转移到调整结构、提高效益方面来。在全国范围内开展“质量、品种、效益年”活动，要求各地区、各部门、各企业都必须切实把全面提高经济质量和效益放在各项工作的首位；采取一系列措施增强企业活力，有重点地搞活国有大中型企业。

经过三年的治理整顿，取得了重大进展。第一，经济基本恢复了正常的发展速度，1991 年国内生产总值比 1990 年增长 9.3%。第二，投资需求和消费需求双膨胀的局面明显缓解，严重的通货膨胀得到了有效的控制，社会总需求超过总供给的平均供需差率由 1985—1988 年的 11.8%缩小到 8%左右，商品零售物价指数由 1988 年的 118.5 逐步降至 1991 年的 102.9。第三，流通领域的混乱现象得到整顿，经济秩序明显好转。第四，对外开放取得较大进展，由 1988 年的逆差 77.6 亿美元转变为 1991 年的顺差 80.5 亿美元。第五，产业结构调整取得一定的成绩，国民经济的重大比例关系，包括积累与消费、农轻重的比例关系保持基本协调，工业内部结构，包括产业结构、组织结构、产品结构都有改进，投资结构继续改善，基础工业投资比例上升，更新改造资金增加。第六，一些领域的改革得到新的进展，物价、外贸等领域的改革继续推进，农村和企业改革的措施逐步落实，住房、劳动工资、社会保障制度、医疗和证券市场试点以及建立宏观调控体系的改革也在制订方案，进行探索。

但是由于经济体制、运行机制中的深层次问题并未解决，结构调整进展较慢、改革开放步伐减缓、经济效益不高、财政困难加大等问题仍然困扰着经济生活。

2.“软着陆”阶段的经济调节①②

1992 年，邓小平的南方谈话，突破了传统观念的束缚和“左”的思想禁锢，促使人们在新的历史条件下的思想解放，对于推进体制改革，加速经济发展，产生了巨大的推动作用。同年 10 月召开了中国共产党第十四次全国代表大会，

---

① 中共中央文献研究室本书编写组.三中全会以来重大决策的形成和发展[M].北京：中央文献出版社，1998：506-527.

② 沈立人.中国经济・重大决策始末[M].南京：江苏人民出版社，1999：836-849.

确立了建立社会主义市场经济体制的总体目标。1993 年 11 月中共十四届三中全会通过了《中共中央关于建立社会主义市场经济体制若干问题的决定》。上述事件,使治理整顿以来的经济低迷、改革迟缓的局面为之一扫,使我国的经济发展和改革开放步入了一个崭新的阶段,改革开放浪潮再度高涨,国民经济再次出现快速增长。

但在经济快速增长中,再次出现了过热势头。到 1993 年上半年,经济过热越来越明显,集中反映为"四高、四热、四紧、一乱"。"四高"是指高投资规模、高货币信贷投放、高工业增长、高物价上涨;"四热"是指股票热、房地产热、开发区热、集资热;"四紧"是指交通运输紧张、能源紧张、重要原材料紧张、资金紧张;"一乱"是指经济秩序混乱,特别是金融秩序严重混乱。

为防止经济的过度扩张而引起大的经济波动,1993 年 6 月 24 日,中共中央、国务院发布了《关于当前经济情况和加强宏观调控的意见》,决定从当年下半年开始,采取果断措施,着手进行以抑制通货膨胀、消除经济过热、促进经济稳定增长为主要目标的新一轮宏观调控,这次调控首先从整顿金融秩序入手,政策选择是以适度从紧的货币政策为主,同时以适度从紧的财政政策相配合,并辅之以必要的行政法律手段和组织措施。其要旨在于通过宏观调控,实现国民经济运行的"软着陆"。

适度从紧的货币、财政政策主要内容包括十六个方面:第一,控制货币发行,稳定金融形势;第二,纠正违章拆借资金;第三,运用利率杠杆,增加储蓄存款;第四,制止各种乱集资;第五,严格控制信贷总规模;第六,专业银行采取措施保证对储蓄存款的支付;第七,深化金融改革,强化中央银行的金融宏观调控能力;第八,投资体制改革与金融体制改革相结合;第九,限期完成国库券发行任务;第十,进一步完善有价证券发行和规范市场管理;第十一,改进外汇管理办法,稳定外汇市场价格;第十二,加强房地产市场的管理,促进房地产业的健康发展;第十三,强化税收征管,堵住减免税漏洞;第十四,对在建项目进行审核排队,严格控制新开工项目;第十五,积极稳妥地推进物价改革,控制物价总水平过快上涨;第十六,严格控制社会集团购买力过快增长。

由于政府采取了上述正确的以宏观调控为主的经济调节政策,我国经济的“软着陆”得以实现,其主要标志是:

第一,国民经济保持了稳定、快速增长。1993—1996 年,GDP 年均增长率为 11.6%,年度波动幅度为 1~2 个百分点,没有出现大起大落。

第二,通货膨胀得到有效抑制。1993 年通货膨胀率为 13.2%,1994 年通货膨胀率为 21.7%,1995 年通货膨胀率降为 14.8%,1996 年通货膨胀率降为 6.1%。

第三,失业率控制在正常范围之内。在 1993—1996 年,我国城镇登记的失业率变化并不显著,分别为 2.6%、2.8%、2.9%和 3.0%,年均增长仅在 0.1 个百分点左右。根据国际上通常容忍的失业 4%~5%的水平衡量,还处于正常的失业水平范围。

第四,国际收支状况良好。1993 年外贸进出口出现逆差 122.2 亿美元,1994 年实现顺差 54 亿美元,1995 年实现顺差 166.9 亿美元,1996 年实现顺差 122.2 亿美元。与此同时,利用外资逐年增长,1993 年为 389.68 亿美元,1994 年为 432.13 亿美元,1995 年为 481.33 亿美元,1996 年为 548.04 亿美元。外汇储备 1996 年年末达到 1 050 亿美元,比 1993 年增加 790 多亿美元,仅次于日本,居世界第二位。

“软着陆”的实现,使我国经济走上了持续健康快速发展的轨道,也为社会主义市场经济条件下实行宏观调控积累了宝贵经验。但也应当看到,由于连续几年的紧缩,其政策的影响力延续到 1997 年的国民经济运行,再加上此次调控中一些深层次问题尚未得到根本解决,导致了社会总需求与社会总供给的关系开始由需求过剩型向需求不足型转化。

(二)扩大社会总需求的经济调节

1998 年,我国国民经济在国内出现买方市场、内需严重不足的情况下,又遇到了来自两个方面的严峻挑战:一是亚洲金融危机使外贸需求对经济增长的拉动力近乎为零;二是特大洪涝灾害对全年 GDP 造成 0.4 个百分点的负面影响。面对这前所未有的困难和挑战,我国政府果断扭转经济调节政策,实现以扩大社会总需求为主的经济调节政策,由原来实行的适度从紧的财政、货币政策,转到以实行积极的财政政策为主,并配套以稳健的货币政策。

扩大内需,首先是作为克服当时经济生活中的实际困难、实现当年经济增长目标的紧迫需要提出来的。1998 年 12 月提出,1999 年要把扩大国内需求作为促进经济增长的主要措施,并作为经济发展的基本立足点和长期战略方针。1999 年 11 月提出,2000 年要把扩大内需作为突出抓好的内容之一,继续实施促进经济发展的一系列政策措施,扩大国内需求。2000 年 11 月提出,2001 年要坚持扩大内需的方针,继续实行积极的财政政策和稳健的货币政策,加强和改善宏观调控。2001 年 11 月提出,2002 年要坚持实施扩大国内需求的方针,继续实施积极的财政政策和稳健的货币政策。由此可见,以扩大内需从短期的应急措施发展为长期的战略方针为标志,完成了宏观经济政策调整的重大转折。

在财政政策方面,实施积极财政政策,注重投资、消费、出口三项需求同时拉动,并注意总量与结构、改革与发展、短期与中长期的目标和政策的协调,丰富了宏观调控政策的内容,提高政策实施的效果。1998 年,增发 1 000 亿元长期国债,所筹资金定向用于国家确定的基础设施建设项目;向国有独资商业银行发行 2 700 亿元的特别国债,专项用于补充国有独资商业银行的资本金,逐步使其资本金充足率达到了“巴塞尔协议”和国家商业银行法规定的 8%的水平,增强了银行防范金融风险的能力;为支持外贸出口,分批提高了纺织原料及制品、纺织机械、煤炭、水泥、钢材、船舶和部分机电、轻工产品的出口退税率,简化了出口退税手续;为扩大吸引外资,调整了进出口设备税收政策,降低了关税,对国家鼓励发展的外商投资项目和国内投资项目,实行了规定的范围内免征关税和进口环节增值税政策,进一步改善了投资环境;为减轻企业负担,清理了涉及企业的政府性基金和收费。1999 年,在投资方面,共安排国债投资规模 1 100

亿元;在启动消费方面,主要是调整收入分配政策,提高城镇低收入居民收入,直接扩大消费。在支持外贸出口和利用外资方面,1999 年两次提高出口退税率。2000 年,在投资方面,国债投资规模为 1 500 亿元;在扩大消费方面,继续落实 1999 年已出台的调整收入分配政策,大幅增加了社会保障支出。在支持外贸出口方面,继续完善了出口退税办法。此外,从 1999 年下半年起减半征收、2000 年暂停征收固定资产投资方向调节税,以鼓励投资。2001 年,在增加投资方面,当年发行 1 500 亿元的建设国债;在促进消费方面,2001 年再次适当提高机关事业单位职工基本工资,并相应增加机关事业单位离退休人员的离退休费,实施了艰苦边远地区津贴制度,落实了 1993 年机关事业单位工资制度改革时确定的年终发放一次性奖金(相当于一个月工资)的制度。2002 年,在增加投资方面,发行长期国债规模为 1 500 亿元;在促进消费上,由于外需明显减弱,首次提出培育和保护内需,并把努力增加城乡居民特别是低收入者的收入作为培育和保护国内消费需求的根本措施,加大了力度。

在货币政策方面,经历了"适度微调"和"重大调整"的过程,在提法上也有变化。所谓"适度微调",就是根据经济形势的变化,注意掌握力度,不断进行微调,1998 年上半年,适时、适度的微调更为频繁。所谓"重大调整",就是从 1998 年下半年开始,为配合积极财政政策的实施,实行了适当的货币政策,1999 年正式宣布实行稳健的货币政策,此后一直坚持实行这一政策,并强调进一步发挥货币政策的作用。"适当的""稳健的"货币政策实质是放松性的政策。实行稳健的货币政策,就是以币值稳定为目标,正确处理防范金融风险与支持经济增长的关系,在确保贷款质量的前提下,保持货币供应量和贷款的适度增长,以扩大内需,促进经济增长。主要包括:①直接配合国债投资,扩大货币供应量。1998—2002 年,财政共发行国债 6 600 亿元,全部由商业银行购买,同时,五年来国有商业银行发放与国债使用项目配套贷款近 20 000 亿元。②灵活应用多种货币政策工具,保持货币供应量的适度增长。这些政策工具主要包括:第一,从 1996 年 5 月到 2002 年 2 月,央行先后八次下调存贷款利率,并相应调低有关基础利率水平，降息减少了企业利息支出，支持了资本市场发展，降低了国债发行成本，对启动投资、促进消费、抑制通货紧缩发挥了应有的作用。第二，1998年3月21日起，央行改革法定准备金制度，将金融机构在央行的法定准备金账户和备付金账户合并，将法定准备金率由13%下调至8%，1999年又下降至6%，这就为商业银行增加贷款、购买国债和政策性金融债券，支持积极的财政政策创造了条件。第三，1998年5月恢复公开市场业务操作，通过公开市场业务吞吐国债，扩大了基础货币投放，并通过货币乘数作用，带动了货币供应量的增加。第四，运用再贷款和再贴现手段，调控货币供应量。由于采取了上述措施，1998年以来在货币供应量增幅下降、货币流通速度降低的情况下，货币供应量的绝对数保持适度增长，基本满足了经济增长的需要。③合理引导信贷投向，促进经济结构调整。1998年以来，根据扩大内需的需要，及时对信贷政策进行了调整，包括：调整基础设施贷款政策，鼓励和督促商业银行发放国债资金项目配套贷款；调整个人消费信贷政策，鼓励商业银行发展消费信贷业务；调整农村信贷政策，推行适合我国农村实际的小额农户信用贷款制度；调整出口信贷政策，支持出口企业扩大出口；调整对中小企业，特别是高新技术企业的贷款政策，扩大对中小企业贷款利率浮动幅度，以提高商业银行对中小企业增加贷款的积极性；调整对证券公司的信贷政策，支持资本市场发展；调整对非生产部门的信贷政策，开办助学贷款、学生公寓、医院等贷款新项目。这些政策调整起到了重要导向作用，使货币政策在促进经济结构调整中发挥了重要作用。④减少风险隐患，保持金融稳定。金融要配合积极的财政政策，促进经济增长，首先必须消除自身的隐患，保持金融稳定，这是稳健货币政策的内在要求。1998年以来采取的措施包括：调整国有独资商业银行资本金，提高其资本充足率；组建信达、长城、东方、华融等四家金融资产管理公司，为国有商业银行剥离不良资产1.4万亿元；花费2 000多亿元解决农村合作基金会、供销社股金会、城乡信用社、信托投资公司和城市商业银行等的挤兑危机。上述措施在一定程度上缓解了危机的出现。总之，在此次经济调节中，货币政策既发挥了先行作用，也发挥了积极的配合作用。

在实行积极财政政策和稳健货币政策的协调配合下，我国经济持续快速健康发展，在亚洲金融危机冲击和随之世界经济低迷的情况下，1998—2002 年，我国保持了国内生产总值年均 7.7%的较快增长，同时，通过这次以扩大社会总需求为主的经济调节，我国政府增强了对经济调节的能力，为我国经济的持续快速健康发展提供了条件。

二、以职能转变为重点的政府机构改革

从 1987 年到 2002 年，我国共进行了 3 次政府机构改革，分别是 1988 年、1993 年和 1998 年政府机构改革。纵观这三次政府机构改革，其改革重点发生了重大变化，从以往单纯的以精简为主转变为以政府职能转变为重点。[①][②][③][④]

（一）1988 年政府机构改革

1987 年 10 月，中共十三大明确提出了政府机构改革的任务。同年 12 月，李鹏总理在国务院全体会议上公布了国务院机构改革的实施方案。1988 年 4 月，七届人大一次会议原则上批准了国务院机构改革方案。

这次改革着重于大力推进政府职能的转变，政府的经济管理部门要从直接管理为主转变为间接管理为主，强化宏观管理职能，淡化微观管理职能。其内容主要是合理配置职能，科学划分职责分工，调整机构设置，转变职能，改变工作方式，提高行政效率，完善运行机制，加速行政立法。改革的重点是那些与经济体制改革关系密切的经济管理部门。根据上诉要求，进行了机构调整，主要有：

撤销国家计委和国家经委，组建新的国家计委，新计委不再承担微观管理

① 张继政.对我国政府机构改革的回顾与反思[D].武汉：华中科技大学，2005.

② 王以忠.改革开放以来我国中央政府机构改革的述评[D].北京：中共中央党校，2001.

③ 刘智峰.第七次革命——1998—2003 中国政府机构改革问题报告[M].北京：中国社会科学出版社，2003：237-259.

④ 夏海.政府的自我革命——中国政府机构改革研究[M].北京：中国法制出版社，2004：30-50.

和行业管理的职能，而成为一个高层次的宏观管理机构。

建立人事部，以适应党政分开和干部人事制度改革的要求，推进国家公务员制度，强化政府的人事管理职能。

撤销劳动人事部，组建劳动部。

撤销国家物资局，组建物资部以适应物资体制改革的要求。

撤销煤炭工业部、石油工业部、核工业部，组建能源部。原水利电力部中电力部分亦划归该部。同时，分别成立中国石油天然气总公司、中国统配煤矿总公司、中国核工业总公司。

撤销城乡建设环境保护部，组建建设部。

撤销国家机械工业委员会和电子工业部，组建机械电子工业部。

撤销航空工业部、航天工业部，组建航空航天工业部。

撤销水利水电部，组建水利部，作为国务院的水行政主管部门，并负责全国水利行业管理。

将新华社改为国务院直属事业单位，不再列入国务院行政机构序列。

由于农牧渔业部的职能需要扩大，并照顾到国内外的习惯叫法，更名为农业部。

在国务院直属机构改革方面，撤销隶属于原国家经委的国家计量局和国家标准局，与原国家经委质量局，设立国家技术监督局。国家环保局改为国务院直属机构。国务院直属机构海关总署不再由对外经济贸易部代管，国家地震局不再由中国科学院代管等。

在国务院办事机构方面，撤销了国务院经济调节办公室，国务院法制局由直属机构改为办事机构，新组建国务院外事办公室、台湾事务办公室和国务院研究室。

部委归口管理的国家局由 12 个调整为 15 个。

这次机构改革的成效主要体现在以下几个方面：

首先，这次机构改革是以转变职能为核心。这种转变体现在由微观管理转向宏观管理，由直接管理转向间接管理，由部门管理转向行业管理，由“管”字当头转向服务监督，由机关办社会转向机关后勤服务工作社会化。对每一个转变的认识水平，都是以往改革无法相比的。

其次，精简了专业部门，从职能、机构和编制上加强了宏观调控部门、经济管理部门、社会管理部门以及资产、资源和环境管理部门，实现了政企分开，而且这次机构改革跳出了单纯地以撤并机构、裁减人员为目标的框框，不再以单纯撤销多少机构和减少多少人员来衡量改革的成果，这无疑是一种进步。

再次，解决和理顺了一批部门之间职能交叉的问题。国务院各部门之间职能交叉、重叠严重，有些问题是多年没有解决的老大难问题，通过这次改革，大部分在“三定”方案中得到了明确，减少了部门之间的扯皮现象。

最后，精简了机构和人员。经过上述改革，国务院工作部门由 72 个减为 68 个。其中，国务院部委由原来的 45 个减为 41 个，直属机构由 22 个减为 19 个，办事机构由 4 个增至 7 个，部委归口管理机构由 12 个增至 15 个，非常设机构由 75 个减到 44 个。这次改革总体上按 20% 比例进行人员精简，国务院 66 个部、委、局中，有 32 个部门共减少 1.5 万人，有 30 个部门增加 5 300 人，增减相抵，机构改革后国务院人员编制比原来减少了 9 700 多人。

但由于种种原因，这次改革未达到预期的效果，机构庞大、人员臃肿现象再度发生。

（二）1993 年政府机构改革

1993 年 3 月，中共十四届二中全会审议通过了《关于党政机构改革的方案》。同月，八届人大一次会议批准了国务院机构改革的方案。

依据改革的方案，这次机构改革总的指导思想是把适应建立社会主义市场经济体制的需要和加快市场经济发展作为机构改革的目标，按照政企职责分开和精简统一效能的原则，切实做到转变职能、理顺关系、精兵简政、提高效率。

改革的重点是转变政府职能，根本途径是实现政企分开。

具体安排如下：

改革综合经济部门。保留国家计划委员会、财政部、中国人民银行等现有综合经济部门，使综合经济部门把工作重点真正转到宏观调控上来。同时，为加强对国民经济运行中重大问题的协调，在原有的国家经济贸易办公室的基础上，组建国家经济贸易委员会。

改革专业经济部门。专业经济部门的改革分为三类：一类由政府部门改为经济实体，不再承担政府行政管理职能，撤销航空航天工业部，组建航空工业总公司、航天工业总公司。另一类改为行业总会，作为国务院的直属事业单位，保留行业管理职能，撤销纺织工业部、轻工业部门，组建中国纺织总会和中国轻工总会。再一类是保留或新设的专业部门，多数是关系国计民生的基础行业部门，共计 16 个，具体变动包括：撤销能源部，设立电力部、煤炭部；撤销机械电子部，设立机械部、电子部；撤销商业部、物资部，设立国内贸易部；对外经济贸易部更名为对外贸易合作部。同时保留地质矿产部、建设部、冶金部、化学工业部、铁道部、交通部、邮电部、水利部、农业部、林业部等 10 个机构。

国务院直属部门、办事机构的改革。这部分机构改革分为三种情况：一种是保留的，包括国家统计局、国家环境保护局等 18 个。另一种是并入部委，成为部委内设的职能局。如国家物价局并入国家计委，国家矿产储量局并入地质矿产局，国家黄金局并入冶金部，均不再保留原机构名称。国家核安全局并入国家科委，但保留国家核安全局的牌子。还有一种是并入部委，作为部委管理的国家局，包括部分原国务院直属机构和原部委归口的 15 个国家局。另外将台办、新闻办列在党中央直属机构序列，国家档案局、国家保密局列为党中央的直属事业单位；国家气象局、专利局改为事业单位，国家建材局改为建材工业协会联合会。

这次机构改革的成效主要体现在以下几个方面：

一是机构改革积极适应经济体制改革，从职能配置、机构设置和人员配备等方面为逐步建立社会主义市场经济体制提供了重要的组织保障。

二是职能转变工作取得一定成效。国务院各部门按照建立社会主义市场经济体制的要求,坚持政企分开的原则,在“三定”过程中,对本部门的现有效能进行认真的分解和分析,强化了宏观规划协调,制定政策法规的职能;加强监督、调控和为基层企业服务的职能。

三是在理顺关系方面,协调解决了一些部门之间职能交叉重复的问题。在中直部门和国务院部门之间,实行了中纪委机关和监察部合署办公,理顺了纪律检查与行政监察的关系;在国务院各部门之间,为适应投资体制、财税体制、金融体制改革的要求,初步理顺了国家计委、财政部和人民银行的关系。

四是这次改革是与推行国家公务员制度紧密衔接的改革。此次改革,在“三定”后推行了国家公务员制度,明确了各职位的职责任务和任职资格条件,按照职位的任职要求选配人员,确定了公务员的级别。此外还进行了工资制度改革,所有这些都与机构改革相配套,有力地推动了政府机构改革。

五是精简了机构和人员。经过上述改革,国务院组成部门设置 41 个;国务院直属机构和办事机构进行了较大幅度的精简,精简后为 18 个。国务院部委和直属机构、办事机构共 59 个,比现有的 86 个减少 27 个,非常设机构由 85 个减为 26 个。各级国家机关工作人员总数减少幅度在 25%左右。

总的来说,这次机构改革取得了一些成效,但由于环境和条件的制约,还存在着一些令人不满意之处,如:“三定”方案无法落实,职能转变很难做到;机构精简的力度不大,动作过小,适应市场经济体制需要而构筑的行政管理体制的思想体现不明显。

(三)1998 年政府机构改革

1998 年 2 月,中共十五届二中全会审议通过了《国务院机构改革方案》,1998 年 3 月,九届人大一次会议审议通过了国务院机构改革的方案。

这次机构改革的目标是:建立办事高效、运转协调、行为规范的行政管理体系,完善国家公务员制度,建设高素质、专业化国家行政管理干部队伍,逐步建立适应社会主义市场经济体制的有中国特色的行政管理体制。

机构改革的原则是：

第一，按照社会主义市场经济的要求，转变政府职能，实现政企分开。要把政府职能切实转变到宏观调控、社会管理和公共服务上来，把生产经营的权力真正交给企业。

第二，按照精简、统一、效能的原则，调整政府组织机构，实行精简。加强宏观经济调控部门，调整和减少专业经济部门，适当调整社会服务部门，加强执法监管部门，发展社会中介组织。

第三，按照权责一致的原则，调整政府部门的职责权限，明确划分部门之间的职责分工，完善行政运行机制相同或相近的职能交由同一部门承担，克服多头管理，政出多门的弊端。

第四，按照依法治国、依法行政的要求，加强行政体系的法制建设。

这次改革的重点是国务院组成部门：除国务院办公厅外，现有 40 个组成部门减少为 29 个，这些部门分为宏观调控部门，专业经济管理部门，教育科技文化、社会保障和资源管理部门，国家政务部门四类，并明确了各自主要的职责，具体调整如下：

第一，宏观调控部门。

宏观调控部门的主要职责是：保持经济总量平衡，抑制通货膨胀，优化经济结构，实现经济持续快速健康发展；健全宏观调控体系，完善经济、法律手段，改善宏观调控机制。

国家计划委员会更名为国家发展计划委员会。保留国家经济贸易委员会、财政部、中国人民银行。

为了加强国务院对经济体制改革工作的领导，国家经济体制改革委员会改为国务院高层次的议事机构，总理兼任主任，有关部长任成员，不再列入国务院组成部门序列。

第二，专业经济管理部门。

专业经济管理部门的主要职责是：制定行业规划和行业政策，进行行业管理;引导本行业产品结构的调整;维护行业平等竞争秩序。专业经济管理部门都要实行政企分开,切实转变职能,不再直接管理企业。

保留铁道部、交通部、建设部、农业部、水利部、对外贸易经济合作部。

在邮电部和电子工业部的基础上组建信息产业部。成立国家邮政局,由信息产业部管理。

组建新的国防科学技术工业委员会。将原国防科工委管理国防工业的职能、国家计委国防司的职能以及各军工总公司承担的政府职能统归新组建的国防科学技术工业委员会管理。逐步将各军工总公司改组为若干企业集团。保留国家航天局和国家原子能机构,对外代表国家,对内作为国防科工委的机构。

将煤炭工业部、机械工业部、冶金工业部、国内贸易部、轻工总会和纺织总会,分别改组为国家煤炭工业局、国家机械工业局、国家冶金工业局、国家国内贸易局、国家轻工业局和国家纺织工业局,由国家经贸委管理。组建国家电力公司,不再保留电力工业部,电力工业的政府管理职能并入国家经贸委。国家粮食储备局改为国家发展计划委员会管理的国家局。

将化学工业部、石油天然气总公司、石油化工总公司的政府职能合并,组建国家石油和化学工业局,由国家经贸委管理。化工部和两个总公司下属的油气田、炼油、石油化工、化肥、化纤等石油与化工企业以及石油公司和加油站,按照上下游结合的原则,分别组建两个特大型石油石化企业集团公司和若干大型化肥、化工产品公司。

将林业部改组为国家林业局,列入国务院直属机构序列。

第三,教育科技文化、社会保障和资源管理部门。

国家科学技术委员会更名为科学技术部。国家教育委员会更名为教育部。在劳动部基础上组建劳动和社会保障部。

人事部职能调整为:综合管理专业技术人员和国家公务员,承办国务院监管的大型企业领导人员的任免事宜,承办国务院向重点大型企业派出稽查特派员的管理工作。

国家体育运动委员会改组为国家体育总局，与中华全国体育总会一个机构两块牌子。

由地质矿产部、国家土地管理局、国家海洋局和国家测绘局共同组建国土资源部。保留国家海洋局和国家测绘局，作为国土资源部的部管国家局。

广播电影电视部的电视网络政府管理职能划出后，改组为国家广播电影电视总局，列入国务院直属机构序列。

第四，国家政务部门。

保留外交部、国防部、文化部、卫生部、国家计划生育委员会、国家民族事务委员会、司法部、公安部、国家安全部、民政部、监察部和审计署。

为适应改革的要求，对国务院直属机构和办事机构也进行了调整。分为四种情况：一是保留的直属机构、办事机构；二是将国务院部、委调整为直属机构、办事机构；三是新组建的直属机构、办事机构；四是并入有关部门，作为部、委管理的国家局。经过调整，国务院直属机构设 15 个，办事机构设 6 个。

这次机构改革的成效主要体现在以下几个方面：

第一，加强了职能转变，调整了职能配置。在转变职能上，遵循加强宏观调控、放开微观管理的思路，对原有的机构职能重新作出了界定和调整。

第二，机构和人员得到了精简。经过改革，国务院组成部门由 40 个减少为 29 个，国务院直属机构设 15 个，办事机构设 6 个，国务院 3.3 万名行政人员减少一半。同时，通过这次改革，公务员队伍结构趋于精干、效能、合理，在干部年轻化、知识化、革命化、专业化等方面都有了较大提高。

第三，按照依法治国、依法行政的要求，加强了执法监督部门和行政体系的法制建设。把运动员和裁判员的角色分开，市场执法监管部门不再既管市场又办市场，加强了执法监督。使原来“人治”色彩较重、“依人行政”为主转向法治、依法行政为主。

第四，多方开发分流渠道，妥善处理分流人员。各部委贯彻“带职分流，定向培训，加强企业，优化结构”的原则，结合本部门的实际，在不违反政策的前提下，制定了对分流人员的优惠和照顾措施，较为妥善地实现了分流的任务。

第五，严明岗位责任，机关工作有了新气象。本次改革对许多岗位制定了新的工作规范，也调整了一些人的工作岗位，人员与岗位的配置合理化。总体上讲，工作节奏明显加快，工作效率有所提高，机关显现新的景象。

但是，由于中国社会主义市场经济体制仍在建立过程中，按完善的市场经济要求改革政府机构，实现一步到位难以做到，同时还必须要考虑到社会的承受能力。因而，这次改革具有不完善性和过渡性。

三、以建立合理分权体制为主线的中央与地方关系改革①②③④

自改革开放以来，我国政府在处理中央与地方关系问题上，为了克服中央高度集权体制的弊端，开始了放权让利的改革。但是，在"放权让利"的改革中，财政体制改革导致中央财政收入占国民生产总值比例不断下降，中央政府财力不断下降，地方财力不断扩大。中央政府的财政收入在国家财政收入总量中的比例从 20 世纪 80 年代初的 60%以上下降到 80 年代末的 30%~40%（1992 年为 40%），形成"弱中央、强地方"的局面。同时，随着地方财权的扩大，也产生了地方主义和地区贫富差距等问题。为此，我国政府在继续推进中央与地方关系改革时，其重点从单纯地分权向建立合理分权体制转变。

第一，充分发挥中央与地方两个积极性，用两个积极性来建设社会主义。充分发挥中央和地方两个积极性，是国家政治生活和经济生活中的一个重要原则问题，直接关系到国家的统一、民族的团结和全国经济的协调发展。我们国家大、人口多，情况复杂，各地经济发展不平衡，赋予地方必要的权力，让地方有更多的因地制宜的灵活性，发挥地方发展经济的积极性和创造性，有利于增强

① 邓正兵.论三代领导人关于中央与地方关系的思想与实践[J].长江论坛，2002(3)：14-16.
② 张德信，薄贵利，李军鹏.中国政府改革的方向[M].北京：人民出版社，2003：195-224.
③ 杨小云.论新中国建立以来中国共产党处理中央与地方关系的历史经验[J].政治学研究，2001(2)：12-21.
④ 刘东汶.正确划分中央与地方的权力范围[J].江西行政学院学报，2003(6)：30-32.

整个经济的生机和活力。同时,全国经济是一个有机的整体,中央必须制定和实施全国性的法律法规和方针政策,才能保证总量平衡和结构优化,维护全国市场的统一,促进国民经济有序运行和协调发展。

第二,强调分工合作、集权与分权有机结合,以集(权)分(权)制原则处理中央与地方经济关系。我国政府一再强调合理划分中央与地方的职责和权限。中央集权一是要集中全国的整体优势发展经济,二是要把地方的积极性引导到正确的轨道上;地方分权一是要运用地方优势发展经济,二是要自觉服从中央领导,在全局中获得更大的发展机会。

第三,加强中央的经济权,维护中央的政治权威,保证改革开放的顺利发展。在经济上,必须完善和加强国家对经济的宏观调控。在政治上,必须维护中央的权威,即保证中央的政令畅通。1993 年,中共中央、国务院下发《关于当前经济形势和加强宏观调控的意见》,开始实施宏观调控政策,以加强中央政府在经济方面的权力。1998 年 11 月,党中央、国务院决定对中国人民银行管理体制实行改革,撤销省级分行,设立跨省区 9 家分行。这一改革,使我国货币政策的决策和实施进一步统一,从而增强金融宏观调控的有效性,确立中央在货币金融领域的权威。同时,有利于摆脱各地方各方面的干预,使地方失去驾驭企业的一大法宝。

第四,在中央统一指导下,给予地方创造性开展工作的经济调控权。加强中央的宏观调控能力不仅仅是中央政府一个主体的事情,它离不开地方的积极性和地方对自身经济发展的适当调控。因此,要赋予地方必要的权利,特别是与其权力、职能、责任相一致的地方经济调控权,包括地方经济发展计划的制定权、地方投资管理权、分税制下的地方财政收支自主权、地方经济结构的调整权、地方国有企业的资产管理权等。

第五,依法处理中央与地方关系,实现中央与地方关系的规范化、法制化。要合理划分中央和地方经济管理权限,明确各自的事权、财权和决策权,做到权利和责任相统一,并力求规范化、法制化。1994 年,实施分税制,其具体内容是:

按照中央与地方政府的事权,划分各级财政的支出范围;根据财权与事权相统一的原则,合理划分中央与地方收入;实行中央财政对地方的税收返还和转移支付制度。分税制的实施把中央与地方分工合作的关系开始导入制度化的轨道。1998 年,实行粮食改革,把中央和地方对粮食生产和流通的责权分开。1998 年,改革工商行政管理制度,省以下机关垂直管理。1999 年,改革质量技术监督管理体制,省以下质量技术监督管理系统实行垂直管理。1999 年,建立统一的由海关总署和公安部双重领导的缉私警察队伍。2001 年 3 月,九届全国人大三次会议审议通过了《中华人民共和国立法法》。在《宪法》对中央和地方各级权力机关和行政机关的立法权限作出基本规定的基础上,《立法法》赋予了全国人大及其常委会专属立法权,并具体地列举了专属立法事项。对于地方性法规的权限问题,《立法法》也进一步予以明确的规定,把地方性法规可以规定的事项加以具体化。《立法法》的制定与实施,使中央和地方的立法权限得到了明确、具体的划分,为中央和地方关系的规范化、制度化提供了有力的法律保证。

第三章

3 公共服务型政府

2003—2012 年为公共服务型政府阶段。随着经济体制改革的稳步推进和社会主义市场经济的快速发展,社会管理和公共服务的需求越来越强烈,给政府扩大社会管理和公共服务职能提出了严峻而迫切的重大课题。尤其是 2003 年的 SARS 危机,凸显了政府社会管理和公共服务职能的滞后。这种局面使我国政府认识到,除了加强经济建设和搞好经济调节之外,还必须加强社会管理和公共服务职能,努力建设公共服务型政府。

第一节　公共服务供求失衡推动政府转向"公共服务型"

伴随着经济的持续快速增长,我国的改革发展面临着许多新的矛盾和问题,其突出矛盾主要表现为公共服务需求的增加与政府公共服务职能的滞后。面对不断增长的公共服务压力,必须切实推进政府由经济调节型向公共服务型转变。

一、公共服务需求增加

公共需求是公民个体需求中的共性要求,是公民个体需求的最大公约数。经济水平低时,人们的公共需求主要集中在衣、食、住、行等基本需求上;而社会经济发展水平提高后,就进一步产生了健康舒适的生活环境、便利完善的基础设施、丰富多彩的文化教育,以及个性发展等许多新的需求。2003 年,我国人均 GDP 达到了 1 090 美元,从国际经验来看,当人均 GDP 超过 1 000 美元时,社会开始从一般温饱型向发展型转变,社会的消费结构向着发展型、享受型升级,社会的公共服务需求快速扩张,其特点表现为:①

一是公共服务需求的主体正在不断扩大。首先,随着我国居民收入水平不

① 迟福林.门槛——政府转型与改革攻坚[M].北京:中国经济出版社,2005:3-22.

断提高,广大人民群众对公共服务的需求不断增强。高收入群体更多地要求政府提供公共安全等服务,中低收入群体对公共医疗、义务教育、就业和社会保障的公共需求日益强烈。其次,广大农民开始成为公共需求的重要主体之一。由于历史原因,我国的广大农民基本被排除在享受公共服务的主体之外。在义务教育、公共医疗、社会保障等公共服务方面,农民与城镇居民事实上是严重不平等的。现实的情况是,随着农村改革的不断深化和农村经济的发展,广大农民潜在的公共需求已开始转化为现实需求,广大农民将逐步成为公共需求的主体之一。

二是公共需求的结构正在发生深刻变化。改革开放 26 年来,我国社会成员从追求温饱到追求小康、从追求初步小康到追求全面小康。随着这个目标的变化,社会成员的需求结构也发生了重大变化。一方面,社会成员的个人总需求中,公共需求的比重越来越高;另一方面,社会成员从基本生存的公共需求到全面发展的公共需求,整个需求结构在不断变化。这个变化可以从我国居民的消费结构变迁中反映出来。例如,26 年来,我国的恩格尔系数变化很大:农村从 1978 年的 0.677 下降到 2003 年的 0.456;城市从 1978 年的 0.575 下降到 2003 年的 0.371。从恩格尔系数的明显变化中可以看出,社会成员在教育、卫生、住房等方面的支出已经远远大于基本的生存支出(如基本食品支出等)。社会成员对公共安全、公共医疗、义务教育、社会保险等方面的公共需求已经成为需求结构的主体。广大社会成员的个人总需求中,公共需求的比重越来越高,广大社会成员的基本公共需求已开始成为社会需求结构的主体部分。

三是公共需求的数量正在不断增长。在广大社会成员的需求结构中,吃、穿、用等私人产品需求经过 26 年经济的快速增长后,其增速开始趋于稳定,但公共需求的年均增长速度越来越快,城镇居民在教育、医疗、社会保障等方面公共需求年均提高的速度越来越快,对公共服务的质量要求也越来越高。

缩小收入差距、就业、公共医疗、义务教育、社会保障、公共安全和环境保护等方面的公共需求日益突出:

一是收入差距过大,社会阶层利益关系协调难度大。中国近年收入的基尼系数大幅度上升,全国居民基尼系数从 1978 年的 0.298 上升到 2003 年的0.46,城镇居民基尼系数从 1978 年的 0.180 6 上升到 2003 年的 0.373 2,农村居民基尼系数从 1978 年的 0.212 4 上升到 2003 年的 0.376 3。基尼系数以 0.4 为警戒线,当一国或一个地区的基尼系数大于 0.4 时,便认为收入分配差距过大,出现了社会不公平,而我国的全国居民基尼系数 2003 年已达到 0.46,超过了国际警戒线。2003—2009 年,贫富差距不仅没有缩小,还有逐步扩大的趋势,一定程度的贫富两极分化正在形成。收入差距的长期积累形成了财产的差距,在全国的财产分布中,财产最多的 10% 人口和财产最少的 10% 人口中拥有的财产比为 61∶1。 2003 年,我国城镇居民家庭人均可支配收入为 8 472.20 元,而农村居民家庭人均纯收入只有 2 622.20 元,如果把社会保障、公共医疗、义务教育等因素计算在内,我国城乡收入实际差距可能高达6∶1。收入差距过大,引起社会分配不公和社会矛盾的加剧。合理缩小收入差距不仅是弱势群体的个体要求,也是广大社会成员的公共需求。

二是就业压力与现存就业障碍之间的紧张。对个体而言,就业是最大的保障。对社会来说,就业是最大的压力。中国的劳动力总量高达 7 亿,我国总体上对工作岗位的需求远远大于社会对工作岗位的提供。2005 年的调查表明:我国城镇居民每年新增需要就业人员为 1 000 万人左右,每年农村需要转移剩余劳动力人口为 1 200 万人左右,国有企业改革下岗再就业的人口为 500 万人左右。综合起来,我国每年需要安排就业的人口数量在 2 500 万人左右。而国家每年最大安排就业数量为 1 000 万人,就业压力巨大。① 因此,适应中国城市化发展阶段要求,破除不利于人口流动与就业的体制障碍,千方百计扩大就业成为社会的公共需求。

三是公共医疗在短缺中失衡。国民健康状况良好,是实现构建和谐社会、

① 丁元竹.2005 年社会发展回顾与 2006 年社会发展重点[J].新华文摘,2006(5):28-30.

全面建设奔小康目标的一个重要保证。我国城镇居民的健康状况堪忧。传染病感染人群数量巨大,慢性非传染性疾病增多。在慢性非传染性疾病方面,恶性肿瘤、脑血管病、心脏病、呼吸系统疾病、损伤与中毒等五类主要疾病的死亡人数已占我国城乡居民因病死亡人数的80%以上。在一些地区,血吸虫病、碘缺乏病、地方性氟中毒等寄生虫病和地方病仍严重危害着人民健康。在传染性疾病方面,以肝病为例,我国肝病的感染人数巨大。据统计,全球约有20亿人感染乙型肝炎病毒,其中6.9亿人在中国;全球有乙肝病毒表面抗原携带者3.5亿人,其中1.3亿人在中国,流行率为9.75%,平均每10个人就有一个乙型肝炎病毒携带者;全世界每年有75万人死于乙型肝炎病毒感染引起的疾病,其中28万人来自中国。肝炎已经成为我国最大的传染性疾病,极大地危害着国民的健康。同时,肝病引起的经济损失数额巨大,由肝病转化为肝硬化、由肝硬化转变为肝癌的发病率极高,每年因肝病给国家和社会造成的直接经济损失达500亿元人民币,间接经济损失高达5 000亿~9 000亿元人民币之多。我国每年约有3 000万乙肝患者需要住院治疗,所需费用2 000亿人民币左右。HIV感染和AIDS发病呈明显上升趋势。新传染病如SARS、致病性禽流感等还存在很大威胁。面对上述问题,我国现行公共卫生体系尚存在一定差距,集中表现在突发公共卫生事件应急机制不够健全,疫情信息监测报告网络不十分完善,应急救治能力仍不足,执法监督队伍薄弱和执法能力不强,难以应对复杂的疾病流行局面和多重的疾病负担压力。①

在疾病发病率居高不下的同时,我国还面临着医疗资源严重分配不均的困境。36%的城镇人口拥有全国公共卫生资源的60%。2003年城市医疗保险覆盖率比农村高出34.3%,44.8%的城镇人口和79.1%的农村人口没有任何医疗保障,基本上靠自费看病,一部分农民“小病硬扛、大病等死”的情况并不少见。2003年,我国农村居民家庭人均纯收入2 622.2元,而农民一次性住院费用平均

① 丁元竹.2005年社会发展回顾与2006年社会发展重点[J].新华文摘,2006(5):28-30.

为2 236元,辛苦劳动一年的收入仅够支付一次的住院费用。据统计,农村贫困人口中有70%是由疾病造成的。这就是所谓的"因病致贫""因病返贫"。

可见,改革城镇基本医疗体制,加快建立新型农村医疗合作体系,已经成为广大社会成员的公共需求。

四是义务教育在失衡中短缺。义务教育在所有教育类型中属于纯粹公共物品,属于全体国民典型的公共需求。同时,义务教育资源在城乡之间、地区之间的分配严重失衡。我国5亿多农村从业人员,平均受教育的年限还不到7年。一般而言,人力资本投入的回报是各项投资中最大的回报,而教育是人力资本投资中最重要的投资方式。缺乏足够的公共教育,特别是没有公平的义务教育,就无法将中国巨大的人口资源转换为人力资源,也无法缩小收入差距。可见,下定决心实行免费义务教育的时代已经到来。大力发展教育,尽快全面落实义务教育的各项要求,不仅成为各级政府的重大任务,而且也成为社会再分配的重要条件。

五是基本的社会保障已经成为中低收入群体的公共需求。我国的社会保障面临三大问题:一是城镇社会保障的覆盖面不广;二是农村的社会保障严重缺失;三是人口老龄化的挑战。以基本养老保险为例,我国基本养老保险始建于20世纪90年代,截至2003年,主要覆盖了城镇企业职工,其中主要是国有和集体企业职工,其他经济成分的职工尚处于逐步加入的过程中。虽然近年来基本养老保险参保人数逐年增加,但参保人数占城镇人口的比例仍处于30%左右的低水平,基本养老保险在城镇地区的覆盖面还相当有限。此外,全国农民尚无基本养老保险。改革开放以来,农村面貌发生了较大变化,但城乡差距却并没缩小,在养老方面表现得尤为突出。当前,只有部分发达地区在探索农村的社会养老模式,规模较小,保障水平很低。从全国来看,绝大多数农民尚无一个可以依靠的社会养老体系,老年人的生活主要依靠土地上的劳作和子女的供养,这种传统的养老模式很难持续下去。覆盖面窄只是困境的一部分,基本养老保险的另一个问题就是标准低,2003年人均养老金只有每月621元,标准不高。经验证明,社会保障制度的完善有利于再分配的顺利进行,有利于满足弱势群体的基本需求。加快建立统一、完善的社会保障体系,已成为全社会成员,尤其是中、低收入群体对政府转型的基本要求。可见,建立基本社会保障制度已成为迫在眉睫的公共需求。

六是生产、交通、卫生和食品等公共安全越来越成为广大社会成员的基本公共需求。数据表明,2003 年我国煤炭产量约占全球的 35%,事故死亡人数则占近 80%。2003 年,全国交通事故 40 383 起,死亡人数 6 640 人,受伤人数 21 555人,损失折款 24 302 万元。2003 年爆发的 SARS 是全球众多国家和地区面临的一场疫病危机,其中中国内地是重灾区。根据世界卫生组织的统计,日内瓦时间 2002 年 11 月 1 日至 2003 年 6 月 9 日下午 2 时,席卷 30 余个国家和地区的 SARS 疫情,已经导致全球累计临床报告病例 8 421 例,其中中国内地 5 328 例,占 63%;全球死亡病例 784 例,其中中国内地 340 例,占 44%。此外,近些年来公共卫生秩序混乱,公共医疗机构行为严重扭曲,假冒伪劣药品充斥市场,医疗事故时有发生。据统计,近几年全国每年因用药不当而住院治疗的高达 250 万人。食品安全方面,各种伪劣商品充斥市场,广大百姓对劣质肉、毒米、毒面、变质牛奶和奶粉等问题深恶痛绝。如 2003 年,休闲小食品质量抽查合格率为 96.7%,肉食品合格率为 70.7%,而电烤炉产品质量抽查合格率仅为 62.2%。

七是环境保护成为人们生存和健康的直接需求。改革开放以来,政府实际充当了经济建设主体与投资主体的角色,环境保护方面的欠账不少,影响了公民的日常生活。加大环境保护力度并增加其投入,已成为政府转型需要高度重视的大问题。

二、政府公共服务职能滞后

面对全社会公共服务需求的增加,政府的公共服务职能却没有及时到位,凸显了政府公共服务职能的滞后。

第一,投入不足。在教育方面,2003 年中央财政性教育经费占国民生产总值的比重仅为3.28%，比2002年还减少了0.4个百分点。在高等教育方面，由于实行教育产业化，高校收费逐年增长。按照国际上通行的高校收费标准，学费占人均GDP的比例一般在20%左右，而我国的高校学费（含住宿费）已接近人均GDP的80%左右，教育支出成为人民群众的沉重负担。

在公共医疗方面，由于财政困难，我国实行以药养医政策，近些年医药费用快速增长，人均门诊和住院费用的增长幅度都在两位数以上，医疗费用的过快增长，远远超出居民家庭可支配收入的增长速度，并已成为多数家庭的沉重负担，造成群众的"看病难、看病贵"问题。

在公共风险方面，公共风险性的财政支出比例过小。2003年中央财政用于各类风险性储备金仅有100亿元，占中央本级财政支出的1.4%，显然这个比例是比较低的。SARS危机说明，要有效地预防各类突发性事件，必须加大公共风险性的财政支出比例。

在民政事业方面，财政支出比例偏低。1995年至2005年我国民政事业经费年均支出只占国家年均财政支出的1.59%，比例偏低，年际波动较大，社会福利、特困户救济等基本没有中央财政投入，部分优抚、社会救济对象生活相对困难。1995年至2005年民政事业经费年均支出只占国家年均基础设施建设经费投入的0.17%，造成福利院、敬老院、社会精神病院、光荣院、优抚医院等民政基础设施建设数量不足，条件简陋，不能适应人民群众多层次、多样化的需求。

第二，国家公共资源分配严重失衡。在教育资源方面，义务教育人口的60%在农村，却只有不到25%的资源用在农村。医疗卫生资源分配不公，一方面表现为城乡之间差距大，占总人口30%的城市人口享有80%的卫生资源配置，占总人口70%的农村人口只享有20%的卫生资源配置，87%的农民是完全靠自费医疗的。据卫生部基层卫生组织的有关资料显示，农村36%的患病农民应就诊而未去就诊，65%的患病农民应住院而未去住院。在农民陷于贫困的几种原因中，疾病是很重要的一条。另一方面，医疗资源的分配在不同社会阶层之间也存在巨大差距。中国劳动和社会保障部提供的数据显示，对各类职工医疗卫生保障拨款标准不一，差异巨大，没有医疗卫生保障的人，主要是处于社会贫困阶层的人。

第三，政府监管不到位。在公共安全方面，其问题的根源在于，在市场秩序尚未真正建立起来，信用普遍缺失的特定背景下，政府的市场监管严重不到位，工作职能和工作重点并没有随着全社会公共需求的变化而变化，导致公共安全问题在社会泛滥。

在灾情预防与控制方面，由于我国脆弱的生态环境不断恶化，自然致灾因子更加活跃，自然灾害的出现频率、影响范围和造成的损失将进一步加大。同时，伴随我国城市化的发展，灾害系统将变得更加复杂，灾害种类更加多样，灾害损失更加严重，防灾抗灾和救灾的难度更大。但是，现行的救灾工作要求与救助标准与灾民救助需求差距却越来越大。另外，由于全国灾情监测、分析和评估系统没有完全建立，全国灾情信息系统技术落后，还不能覆盖全国各县（市、区），缺乏对全国总体灾情进行准确把握。重大灾害发生后，灾情信息的核查、统计、汇总和上报任务繁重，但基层救灾人员缺乏、通信和交通手段落后等因素经常导致灾情不能及时上报，严重影响到救灾决策的及时、准确、有效。

第四，就业和社会保障体制滞后。在就业方面，经济发展必然会引起经济结构的调整，国企改革的深入以及农村剩余劳动力的大量存在，使我国当前和今后若干年内的就业形势相当严峻。但现行体制中还存在着的一些不利于就业的制度，如城乡分割的户籍制度、不够完善的职业教育制度等，使得一些迫切需要工作机会的公民没有机会或能力就业。

在社会保障方面，我国社会保障的矛盾和问题越来越突出。一是我国社会保障的欠账过大，并逐年增加。2002 年仅国有企业的社会保障欠账就达到 1.9 万亿元。有专家估计，我国社会保障的欠账总量已达到 3 万亿元左右。二是社会保障主要靠现收现付。我国已经开始进入人口老龄化阶段，未来几年，社会保障方面的问题将会更加突出。三是我国社会保障的制度还不健全，社会覆盖面不高，社会管理水平还很低。

第五，合理的、正当的利益表达和利益诉求渠道缺乏。随着经济的快速增长和改革的深化，我国已进入全面调整利益关系的关键时期。特别是由于收入分配差距的不断扩大，利益关系问题不仅具有普遍性，而且具有复杂性。能否妥善、全面、合理地解决利益关系，既取决于政府实行社会再分配的力度，也取决于能否尽快建立利益表达和利益诉求的有效机制。

我国经过 26 年多的改革开放，经济结构、社会结构快速变化，经济社会转型进入关键时期。在这一时期，全社会的公共需求也处在深刻变化和快速增长的阶段。从现实的情况看，我国的公共服务和公共产品的供给面临严峻挑战，由于体制转轨和经济社会转型的双重压力，我国的公共服务和公共产品的供给严重短缺。公共需求的全面增长与公共产品的严重短缺，成为改革发展新阶段的突出矛盾。适应公共需求深刻变化和全面增长的客观要求，强化政府的公共服务职能，满足广大百姓对公共产品的基本需求已成为各级政府的主要任务。

第二节　党和政府的文献对公共服务型政府的表述

自 2003 年以来，党和政府的文献对深化行政管理体制和机构改革、转变政府职能、构建公共服务型政府，都进行了详细而明确的表述，下面，分别就党代会、党的中央全会和政府工作报告中的内容摘录如下。

一、党代会、党的中央全会关于公共服务型政府的表述

（一）中国共产党第十六届中央委员会第二次全体会议

中国共产党第十六届中央委员会第二次全体会议，于 2003 年 2 月 24 日至 26 日在北京举行。全会审议通过了《关于深化行政管理体制和机构改革的意见》。

《意见》要求,要充分认识行政管理体制和机构改革的重要性和必要性,按照十六大提出的要求深化改革,进一步转变政府职能,改进管理方式,改进工作作风,提高行政效率,努力形成行为规范、运转协调、公正透明、廉洁高效的行政管理体制,更好地为改革开放和社会主义现代化建设服务。

(二)中国共产党第十六届中央委员会第三次全体会议

中国共产党第十六届中央委员会第三次全体会议,于2003年10月11日至14日在北京举行。会议讨论并审议通过了《中共中央关于完善社会主义市场经济体制若干问题的决定》。

《决定》对完善社会主义市场经济体制的目标和任务进行了明确的表述:

按照统筹城乡发展、统筹区域发展、统筹经济社会发展、统筹人与自然和谐发展、统筹国内发展和对外开放的要求,更大程度地发挥市场在资源配置中的基础性作用,增强企业活力和竞争力,健全国家宏观调控,完善政府社会管理和公共服务职能,为全面建设小康社会提供强有力的体制保障。主要任务是:完善公有制为主体、多种所有制经济共同发展的基本经济制度;建立有利于逐步改变城乡二元经济结构的体制;形成促进区域经济协调发展的机制;建设统一开放竞争有序的现代市场体系;完善宏观调控体系、行政管理体制和经济法律制度;健全就业、收入分配和社会保障制度;建立促进经济社会可持续发展的机制。

《决定》要求,继续改善宏观调控,加快转变政府职能:

完善国家宏观调控体系。进一步健全国家计划和财政政策、货币政策等相互配合的宏观调控体系。转变政府经济管理职能。深化行政审批制度改革,切实把政府经济管理职能转到主要为市场主体服务和创造良好发展环境上来。

《决定》要求,推进就业和分配体制改革,完善社会保障体系:

深化劳动就业体制改革。把扩大就业放在经济社会发展更加突出的位置,实施积极的就业政策,努力改善创业和就业环境。推进收入分配制度改革。完善按劳分配为主体、多种分配方式并存的分配制度,坚持效率优先、兼顾公平,各种生产要素按贡献参与分配。加快建设与经济发展水平相适应的社会保障体系。完善企业职工基本养老保险制度,健全失业保险制度,健全社会医疗救助和多层次的医疗保障体系,继续推行职工工伤和生育保险,积极探索机关和事业单位社会保障制度改革,完善城市居民最低生活保障制度,有条件的地方探索建立农村最低生活保障制度。

《决定》要求,深化科技教育文化卫生体制改革:

深化教育体制改革。构建现代国民教育体系和终身教育体系,建设学习型社会,全面推进素质教育,增强国民的就业能力、创新能力、创业能力,努力把人口压力转变为人力资源优势。深化文化体制改革。按照社会主义精神文明建设的特点和规律,适应社会主义市场经济发展的要求,逐步建立党委领导、政府管理、行业自律、企事业单位依法运营的文化管理体制。深化公共卫生体制改革。强化政府公共卫生管理职能,建立与社会主义市场经济体制相适应的卫生医疗体系。

《决定》要求,深化行政管理体制改革:

继续改革行政管理体制。加快形成行为规范、运转协调、公正透明、廉洁高效的行政管理体制。建立健全各种预警和应急机制,提高政府应对突发事件和风险的能力。完善安全生产监管体系。深化地方行政管理体制改革,大力精简机构和人员。继续推进事业单位改革。完善基层群众性自治组织,发挥城乡社区自我管理、自我服务的功能。合理划分中央和地方经济社会事务的管理责权。按照中央统一领导、充分发挥地方主动性积极性的原则,明确中央和地方对经济调节、市场监管、社会管理、公共服务方面的管理责权。根据经济社会事务管理责权的划分,逐步理顺中央和地方在财税、金融、投资和社会保障等领域的分工和职责。

(三)中国共产党第十六届中央委员会第五次全体会议

中国共产党第十六届中央委员会第五次全体会议,于 2005 年 10 月 8 日至 11 日在北京举行。全会审议通过了《中共中央关于制定国民经济和社会发展第十一个五年规划的建议》。

《建议》指出,“十一五”时期经济社会发展的主要目标是:

在优化结构、提高效益和降低消耗的基础上,实现2010年人均国内生产总值比2000年翻一番;资源利用效率显著提高,单位国内生产总值能源消耗比“十五”期末降低20%左右,生态环境恶化趋势基本遏制,耕地减少过多状况得到有效控制;形成一批拥有自主知识产权和知名品牌、国际竞争力较强的优势企业;社会主义市场经济体制比较完善,开放型经济达到新水平,国际收支基本平衡;普及和巩固九年义务教育,城镇就业岗位持续增加,社会保障体系比较健全,贫困人口继续减少;城乡居民收入水平和生活质量普遍提高,价格总水平基本稳定,居住、交通、教育、文化、卫生和环境等方面的条件有较大改善;民主法制建设和精神文明建设取得新进展,社会治安和安全生产状况进一步好转,构建和谐社会取得新进步。

《建议》要求,着力推进行政管理体制改革:

继续推进政企分开、政资分开、政事分开、政府与市场中介组织分开,减少和规范行政审批。各级政府要加强社会管理和公共服务职能,不得直接干预企业经营活动。深化政府机构改革,优化组织结构,减少行政层级,理顺职责分工,推进电子政务,提高行政效率,降低行政成本。分类推进事业单位改革。深化投资体制改革,完善投资核准和备案制度,规范政府投资行为,健全政府投资决策责任制度。加快建设法治政府,全面推进依法行政,健全科学民主决策机制和行政监督机制。

《建议》要求,推进社会主义和谐社会建设:

建设社会主义和谐社会,必须加强社会建设和完善社会管理体系,健全党委领导、政府负责、社会协同、公众参与的社会管理格局。要以扩大就业、完善社会保障体系、理顺分配关系、发展社会事业为着力点,妥善处理不同利益群体关系,认真解决人民群众最关心、最直接、最现实的利益问题。加强和谐社区、和谐村镇建设,倡导人与人和睦相处,增强社会和谐基础。正确处理新形势下的人民内部矛盾，畅通诉求渠道，完善社会利益协调和社会纠纷调处机制。建立健全社会预警体系和应急救援、社会动员机制，提高处置突发性事件能力。加强社会治安综合治理，继续推进社会治安防控体系建设，深入开展平安创建活动，依法严厉打击各种犯罪活动，维护国家安全和社会稳定，保障人民群众安居乐业。

（四）中国共产党第十六届中央委员会第六次全体会议

中国共产党第十六届中央委员会第六次全体会议，于 2006 年 10 月 8 日至 11 日在北京举行。全会审议通过了《中共中央关于构建社会主义和谐社会若干重大问题的决定》。

《决定》指出，到 2020 年，构建社会主义和谐社会的目标和主要任务是：

社会主义民主法制更加完善，依法治国基本方略得到全面落实，人民的权益得到切实尊重和保障；城乡、区域发展差距扩大的趋势逐步扭转，合理有序的收入分配格局基本形成，家庭财产普遍增加，人民过上更加富足的生活；社会就业比较充分，覆盖城乡居民的社会保障体系基本建立；基本公共服务体系更加完备，政府管理和服务水平有较大提高；全民族的思想道德素质、科学文化素质和健康素质明显提高，良好道德风尚、和谐人际关系进一步形成；全社会创造活力显著增强，创新型国家基本建成；社会管理体系更加完善，社会秩序良好；资源利用效率显著提高，生态环境明显好转；实现全面建设惠及十几亿人口的更高水平的小康社会的目标，努力形成全体人民各尽其能、各得其所而又和谐相处的局面。

《决定》要求，坚持协调发展，加强社会事业建设：

更加注重解决发展不平衡问题，更加注重发展社会事业，推动经济社会协调发展。扎实推进社会主义新农村建设，促进城乡协调发展。落实区域发展总体战略，促进区域协调发展。实施积极的就业政策，发展和谐劳动关系。坚持教育优先发展，促进教育公平。加强医疗卫生服务，提高人民健康水平。加快发展文化事业和文化产业，满足人民群众文化需求。加强环境治理保护，促进人与自然相和谐。

《决定》要求，加强制度建设，保障社会公平正义：

社会公平正义是社会和谐的基本条件，制度是社会公平正义的根本保证。必须加紧建设对保障社会公平正义具有重大作用的制度，保障人民在政治、经济、文化、社会等方面的权利和利益，引导公民依法行使权利、履行义务。完善民主权利保障制度，巩固人民当家作主的政治地位。完善法律制度，夯实社会和谐的法治基础。完善司法体制机制，加强社会和谐的司法保障。完善公共财政制度，逐步实现基本公共服务均等化。完善收入分配制度，规范收入分配秩序。完善社会保障制度，保障群众基本生活。

《决定》要求，完善社会管理，保持社会安定有序：

必须创新社会管理体制，整合社会管理资源，提高社会管理水平，健全党委领导、政府负责、社会协同、公众参与的社会管理格局，在服务中实施管理，在管理中体现服务。建设服务型政府，强化社会管理和公共服务职能。推进社区建设，完善基层服务和管理网络。健全社会组织，增强服务社会功能。统筹协调各方面利益关系，妥善处理社会矛盾。完善应急管理体制机制，有效应对各种风险。加强社会治安综合治理，增强人民群众安全感。加强国家安全工作和国防建设，保障国家稳定安全。

（五）中国共产党第十七次全国代表大会

中国共产党第十七次全国代表大会，于 2007 年 10 月 15 日至 21 日在北京召开。胡锦涛代表第十六届中央委员会向大会作了题为《高举中国特色社会主义伟大旗帜，为夺取全面建设小康社会新胜利而奋斗》的报告。

《报告》指出，必须坚持以人为本。要始终把实现好、维护好、发展好最广大人民的根本利益作为党和国家一切工作的出发点和落脚点，尊重人民主体地位，发挥人民首创精神，保障人民各项权益，走共同富裕道路，促进人的全面发展，做到发展为了人民、发展依靠人民、发展成果由人民共享。

《报告》指出，加快行政管理体制改革，建设服务型政府。行政管理体制改革是深化改革的重要环节。要抓紧制定行政管理体制改革总体方案，着力转变职能、理顺关系、优化结构、提高效能，形成权责一致、分工合理、决策科学、执行顺畅、监督有力的行政管理体制。健全政府职责体系，完善公共服务体系，推行电子政务，强化社会管理和公共服务。加快推进政企分开、政资分开、政事分开、政府与市场中介组织分开，规范行政行为，加强行政执法部门建设，减少和规范行政审批，减少政府对微观经济运行的干预。规范垂直管理部门和地方政府的关系。加大机构整合力度，探索实行职能有机统一的大部门体制，健全部门间协调配合机制。精简和规范各类议事协调机构及其办事机构，减少行政层次，降低行政成本，着力解决机构重叠、职责交叉、政出多门问题。统筹党委、政府和人大、政协机构设置，减少领导职数，严格控制编制。加快推进事业单位分类改革。

《报告》指出，加快推进以改善民生为重点的社会建设。必须在经济发展的基础上，更加注重社会建设，着力保障和改善民生，推进社会体制改革，扩大公共服务，完善社会管理，促进社会公平正义，努力使全体人民学有所教、劳有所得、病有所医、老有所养、住有所居，推动建设和谐社会。优先发展教育，建设人力资源强国。实施扩大就业的发展战略，促进以创业带动就业。深化收入分配制度改革，增加城乡居民收入。加快建立覆盖城乡居民的社会保障体系，保障人民基本生活。建立基本医疗卫生制度，提高全民健康水平。完善社会管理，维护社会安定团结。完善国家安全战略，健全国家安全体制，高度警惕和坚决防范各种分裂、渗透、颠覆活动，切实维护国家安全。

（六）中国共产党第十七届中央委员会第三次全体会议

中国共产党第十七届中央委员会第三次全体会议，于 2008 年 10 月 9 日至 12 日在北京举行，审议通过了《中共中央关于推进农村改革发展若干重大问题的决定》。

全会提出，建设社会主义新农村，形成城乡经济社会发展一体化新格局，必须扩大公共财政覆盖农村范围，发展农村公共事业，使广大农民学有所教、劳有所得、病有所医、老有所养、住有所居。要繁荣发展农村文化,大力办好农村教育事业,促进农村医疗卫生事业发展,健全农村社会保障体系,加强农村基础设施和环境建设,推进农村扶贫开发,加强农村防灾减灾能力建设,强化农村社会管理。

(七)中国共产党第十七届中央委员会第五次全体会议

中国共产党第十七届中央委员会第五次全体会议,于2010年10月15日至18日在北京举行,审议通过了《中共中央关于制定国民经济和社会发展第十二个五年规划的建议》。

《建议》强调,加强社会建设,建立健全基本公共服务体系。促进就业和构建和谐劳动关系。合理调整收入分配关系。健全覆盖城乡居民的社会保障体系。加快医疗卫生事业改革发展。全面做好人口工作。加强和创新社会管理。

从上述内容可以看出,为了适应我国经济社会转型和当前人民群众对公共服务需求变化的趋势,党代会报告和党的中央全会决定、意见和建议对政府的公共服务职能和公共服务的工作重点都进行了详细的论述,为构建公共服务型政府指明了方向,明确了工作职责和工作重点,是指导政府建设公共服务型政府的指导性文件。

二、《政府工作报告》关于公共服务型政府的表述

(一)2003年政府工作报告

2003年3月5日,在第十届全国人民代表大会第一次会议上,国务院总理朱镕基做了《政府工作报告》。

《报告》提出,在社会主义市场经济条件下,政府职能主要是经济调节、市场监管、社会管理和公共服务。政府该管的事一定要管好,不该管的事坚决不管。

《报告》提出,要进一步做好扩大就业和社会保障工作:

各级政府要把改善就业环境、增加就业岗位作为重要职责。继续加强“两

个确保”和城市“低保”工作，搞好“三条保障线”的衔接。

《报告》还提出，要切实加强政府自身建设：

深化行政管理体制改革。坚持政企分开，按照精简、统一、效能的原则，进一步转变政府职能，调整政府机构设置，理顺部门职能分工，减少行政审批，提高政府管理水平，努力形成行为规范、运转协调、公正透明、廉洁高效的行政管理体制。国务院根据党的十六届二中全会审议通过的《关于深化行政管理体制和机构改革的意见》形成了《国务院机构改革方案》。

（二）2004 年政府工作报告

2004 年 3 月 5 日，在第十届全国人民代表大会第二次会议上，国务院总理温家宝做了《政府工作报告》。

《报告》对 2004 年主要任务进行了明确表述：

第一，加强和改善宏观调控，保持经济平稳较快发展。要坚持扩大内需的方针，继续实施积极的财政政策和稳健的货币政策。适当控制固定资产投资规模，坚决遏制部分行业和地区盲目投资、低水平重复建设。缓解当前能源、重要原材料和运输的供求矛盾。逐步改变投资率偏高、消费率偏低的状况。

第二，巩固和加强农业基础地位，实现农民增收和农业增产。一是保护和提高粮食综合生产能力。二是推进农业和农村经济结构战略性调整。三是继续推进农村税费改革。四是深化粮食流通体制改革。五是加大对农业和农村投入力度。六是加快农业科技进步。

第三，统筹区域协调发展，推进西部大开发和东北地区等老工业基地振兴。要坚持推进西部大开发，振兴东北地区等老工业基地，促进中部地区崛起，鼓励东部地区加快发展，形成东中西互动、优势互补、相互促进、共同发展的新格局。

第四，继续实施科教兴国战略，坚持走可持续发展之路。切实把教育放在优先发展的地位，用更大的精力、更多的财力加快教育事业发展。要继续集中力量完成国家中长期科学和技术发展规划的编制。认真实施人才强国战略。按照统筹人与自然和谐发展的要求，做好人口、资源、环境工作。

第五，加快卫生文化体育事业发展，加强精神文明建设。发展卫生事业，重点抓好三件事。一是加强公共卫生体系建设。二是改善农村医疗卫生条件，做好新型农村合作医疗制度试点工作。三是积极推进城镇医疗卫生体制改革试点。要大力发展社会主义先进文化。

第六，抓住有利时机，深化经济体制改革。深化国有资产管理体制和国有企业改革，大力发展和积极引导非公有制经济，推进金融体制改革，推进财税体制改革，推进投资体制改革，加快社会信用体系建设。

第七，适应新的形势，提高对外开放水平。我们必须统筹国内发展与对外开放，充分利用国内国外两个市场、两种资源，拓展发展空间，积极主动地做好对外开放各项工作，增强参与国际合作和竞争的能力。

第八，加大就业和社会保障工作力度，进一步改善人民生活。继续实施积极的就业政策，特别要把财政、信贷支持和税费减免等政策真正落到实处。建立与我国国情相适应、与经济发展水平相适应的社会保障体系，继续完善社会救助制度。抓紧解决城镇房屋拆迁和农村土地征用中存在的问题。切实保障农民工工资按时足额支付。

第九，加强民主法制建设，维护国家安全和社会稳定。积极稳妥地推进政治体制改革，发展社会主义民主，健全社会主义法制。进一步扩大基层民主，完善村民自治和城市居民自治，尊重基层和群众的民主权利。坚持和完善职工代表大会和其他形式的企事业单位民主管理制度，保障职工的合法权益。继续做好民族、宗教、侨务工作。加强政府立法工作。要重视社会管理和公共服务方面的立法。重点做好应对各种突发事件、保障农民权益、劳动就业和社会保障，以及社会事业发展方面的立法。保障人民群众安居乐业，是政府应尽的责任。要进一步落实社会治安综合治理各项措施，推进社会治安防控体系建设。要以对国家和人民高度负责的精神，切实加强安全工作。加强国防和军队现代化建设，是维护国家安全和全面建设小康社会的重要保障。要按照“政治合格、军事过硬、作风优良、纪律严明、保障有力”的总要求，全面加强部队建设。

《报告》对加强政府自身建设也进行了明确表述：

第一，推进政府职能转变。各级政府要全面履行职能，在继续搞好经济调节、加强市场监管的同时，更加注重履行社会管理和公共服务职能。特别要加快建立健全各种突发事件应急机制，提高政府应对公共危机的能力。

第二，坚持科学民主决策。要进一步完善公众参与、专家论证和政府决策相结合的决策机制，保证决策的科学性和正确性。

第三，全面推行依法行政。各级政府都要按照法定权限和程序行使权力、履行职责。要改革行政执法体制，要加强行政执法监督，实行执法责任制和执法过错追究制。

第四，自觉接受人民监督。各级政府要自觉接受同级人民代表大会及其常委会的监督，接受人民政协的民主监督，认真听取民主党派、工商联、无党派人士和各人民团体的意见。同时，要接受新闻舆论和社会公众监督；重视人民群众通过行政复议、行政诉讼等法定渠道，对政府机关及其工作人员的监督；加强政府系统内部监督，支持监察、审计部门依法独立履行监督职责。为便于人民群众知情和监督，要建立政务信息公开制度，增强政府工作的透明度。

第五，加强政风建设和公务员队伍建设。弘扬求真务实精神，树立科学发展观和正确的政绩观，是加强政风建设的一项重要内容。要建设一支政治坚定、业务精通、清正廉洁、作风优良的公务员队伍。加强廉政建设和反腐败斗争。

（三）2005 年政府工作报告

2005 年 3 月 5 日，在第十届全国人民代表大会第三次会议上，国务院总理温家宝做了《政府工作报告》。

《报告》对 2005 年工作进行了明确部署：

第一，继续保持经济平稳较快发展。一是坚持加强和改善宏观调控。二是进一步加强“三农”工作。三是加快推进经济结构调整和增长方式转变。四是积极推动区域协调发展。

第二,大力推进经济体制改革和对外开放。一是继续推进农村改革。二是深化国有企业改革。三是鼓励、支持和引导非公有制经济发展。四是加快金融体制改革。五是推进财税体制和投资体制改革。六是加强市场体系建设。

第三,积极发展社会事业和建设和谐社会。一是大力发展科技、教育、文化、卫生、体育事业,加强精神文明建设。二是进一步做好就业和社会保障工作,提高人民生活水平。三是加强民主法制建设,切实维护社会稳定。

第四,加强行政能力建设和政风建设。深化政府机构改革,加快转变政府职能,改进经济管理方式方法,努力建设服务型政府,提高依法行政能力,大力加强政风建设。

(四)2006 年政府工作报告

2006 年 3 月 5 日,在第十届全国人民代表大会第四次会议上,国务院总理温家宝做了《政府工作报告》。

《报告》对 2006 年的主要工作任务进行了明确部署:

第一,继续保持经济平稳较快发展。稳定宏观经济政策,主要是继续实施稳健的财政政策和稳健的货币政策。坚持扩大内需的战略方针,重点是扩大消费需求,增强消费对经济发展的拉动作用。保持固定资产投资适当规模,坚持有保有压,优化投资结构,防止投资过快增长。

第二,扎实推进社会主义新农村建设。要贯彻工业反哺农业、城市支持农村的方针,加大对“三农”的支持力度,推进农村体制改革和制度创新,尽快使广大农村面貌有比较明显的变化。

第三,加大产业结构调整、资源节约和环境保护力度。推进产业结构调整和优化升级,一要着力提升产业层次和技术水平;二要推进部分产能过剩行业调整。抓好资源节约工作,一要综合运用各种手段,促进资源合理开发和节约使用;二要抓紧制定和完善各行业节能、节水、节地、节材标准,推进节能降耗重点项目建设;三要大力推动以节能降耗为重点的设备更新和技术改造;四要大力发展循环经济;五要全面加强管理,把节能降耗纳入经济社会发展的统计、评价考核体系，建立信息发布制度；六要在全社会广泛持久地开展资源节约活动，使建设资源节约型社会深入人心，蔚成风气。加快建设环境友好型社会。加强对水源、土地、森林、草原、海洋等自然资源的生态保护。大力推行清洁生产，加强工业废水治理工程建设。抓好大气污染防治和重点城市污水处理、生活垃圾无害化处理。综合防治农业面源污染和畜禽养殖污染。继续实施自然生态保护工程。抓紧建立生态补偿机制。强化环境和生态保护执法检查，健全环境保护的监测体系、评价考核和责任追究制度。

第四，继续推动区域协调发展。进一步推进西部大开发。继续实施东北地区等老工业基地振兴战略。积极促进中部地区崛起。鼓励东部地区率先发展。进一步支持革命老区、少数民族地区、边疆地区和贫困地区加快经济社会发展。

第五，实施科教兴国战略和人才强国战略，加强文化建设。要把加快科技发展放在更加突出的战略地位。要以建设创新型国家为目标，全面实施《国家中长期科学和技术发展规划纲要》。要大力普及和巩固九年义务教育。实施人才强国战略，加强人才队伍建设。加强社会主义文化建设。

第六，进一步推进改革开放。要认真贯彻《中华人民共和国公司法》，加快国有大型企业股份制改革。认真落实鼓励、支持和引导非公有制经济发展的政策措施，进一步为各类所有制企业创造公平竞争的法治环境、政策环境和市场环境。要加快金融体制改革，坚定不移地推进国有商业银行股份制改革，大力发展资本市场，深化农村金融改革。要深化财税、投资、价格改革。财政体制改革的重点，是健全公共财政体系，完善转移支付制度，实施政府收支分类改革，完善预算管理制度。投资体制改革的重点，是落实投资主体的自主权和风险承担机制，改进项目核准和备案制度，加强产业投资信息发布，完善并认真执行市场准入制度，健全投资宏观调控体系。价格改革的重点，是逐步理顺和完善资源性产品和要素价格形成机制，改革要兼顾各方面的利益，尤其要考虑低收入群众的基本生活。继续深入整顿和规范市场秩序。要强化市场法治，加快社会信用体系建设。坚决打击传销和变相传销活动。集中力量开展食品安全专项整治，严把市场准入关，加强生产和流通全过程的监管，让人民群众吃上安全、放心的食品。进一步扩大对外开放，更好地利用国内国外两个市场、两种资源。要转变贸易增长方式，注重优化进出口结构，努力改善进出口不平衡状况。

第七，高度重视解决涉及群众切身利益的问题。继续实施积极的就业政策，千方百计扩大就业。加快推进社会保障体系建设。突出抓好医疗卫生工作，着眼于逐步解决群众看病难、看病贵问题。稳定现行生育政策和低生育水平，提高出生人口质量，有效治理出生人口性别比偏高的问题。切实加强安全生产工作。

第八，加强民主政治建设和维护社会稳定。我们要巩固和发展民主团结、生动活泼、安定和谐的政治局面。高度重视社会稳定工作，广泛深入推进平安建设。加强民族团结、维护祖国统一和社会稳定。

（五）2007 年政府工作报告

2007 年 3 月 5 日，在第十届全国人民代表大会第五次会议上，国务院总理温家宝做了《政府工作报告》。

《报告》对 2007 年的主要工作任务进行了明确部署：

第一，促进经济又好又快发展。坚持加强和改善宏观调控，发展现代农业和推进社会主义新农村建设，大力抓好节能降耗、保护环境和节约集约用地，加快推进产业结构升级和自主创新，进一步推动区域协调发展。

第二，推进社会主义和谐社会建设。一是加快教育、卫生、文化、体育等社会事业发展。二是加强就业和社会保障工作。三是强化安全生产工作和整顿规范市场秩序。四是推进社会主义民主法制建设。五是维护社会安定和谐。

第三，深化改革和扩大开放。深化国有企业改革，加快推进垄断行业改革，鼓励、支持和引导个体私营等非公有制经济发展，推进财税体制改革，加快金融体制改革，发展对外贸易，做好利用外资工作，引导和规范企业对外投资合作。

第四，加强政府自身改革和建设。今年要集中力量抓好三项工作：一是完善宏观调控体制，坚持政企分开，深入推进行政审批制度改革，减少审批事项，提高办事效率。二是加强社会管理和公共服务,增强基本公共服务能力,着力解决人民群众反映强烈的问题。三是依法规范行政行为,深入开展廉政建设和反腐败斗争,完善教育、制度、监督并重的惩治和预防腐败体系。

(六)2008 年政府工作报告

2008 年 3 月 5 日,在第十一届全国人民代表大会第一次会议上,国务院总理温家宝做了《政府工作报告》。

《报告》对 2008 年的主要工作任务进行了明确部署:

第一,搞好宏观调控,保持经济平稳较快发展。继续实行稳健的财政政策,充分发挥财政促进结构调整和协调发展的重要作用。实行从紧的货币政策,控制货币供应量和信贷过快增长。

第二,加强农业基础建设,促进农业发展和农民增收。大力发展粮食生产,保障农产品供给,加强农业基础设施建设,拓宽农民增收渠道。

第三,推进经济结构调整,转变发展方式。坚持扩大内需方针,调整投资和消费关系,促进经济增长由主要依靠投资、出口拉动向依靠消费、投资、出口协调拉动转变,坚持把推进自主创新作为转变发展方式的中心环节,推进产业结构优化升级,促进区域协调发展。

第四,加大节能减排和环境保护力度,做好产品质量安全工作。

第五,深化经济体制改革,提高对外开放水平。推进国有企业改革,完善所有制结构;深化财税体制改革,加快公共财政体系建设;加快金融体制改革,加强金融监管;拓展对外开放广度和深度,提高开放型经济水平。

第六,更加注重社会建设,着力保障和改善民生。坚持优先发展教育。推进卫生事业改革和发展。加强人口和计划生育工作。努力扩大就业。增加城乡居民收入。抓紧建立住房保障体系。

第七,深化文化体制改革,推动文化大发展大繁荣。进一步落实和完善文化体制改革政策措施,推动文化创新,加强文化建设,保障人民基本文化权益,繁荣文化市场,满足人民日益增长的、多样的文化需求。

第八，加强社会主义民主法制建设，促进社会公平正义。深化政治体制改革，全面落实依法治国基本方略，完善社会管理，强化安全生产工作。

第九，加快行政管理体制改革，加强政府自身建设。加快转变政府职能，在加强和改善经济调节、市场监管的同时，更加注重社会管理和公共服务，维护社会公正和社会秩序，促进基本公共服务均等化。深化政府机构改革，围绕转变职能，合理配置宏观调控部门职能，调整和完善行业管理机构，加强社会管理和公共服务部门，探索实行职能有机统一的大部门体制。完善行政监督制度，坚持用制度管权、管事、管人，推行行政问责制度和政府绩效管理制度，严肃法纪政纪，大力推行政务公开。加强廉政建设，坚持标本兼治、综合治理、惩防并举、注重预防的方针，扎实推进惩治和预防腐败体系建设。

（七）2009 年政府工作报告

2009 年 3 月 5 日，在第十一届全国人民代表大会第二次会议上，国务院总理温家宝做了《政府工作报告》。

《报告》对 2009 年的主要工作任务进行了明确部署：

第一，加强和改善宏观调控，保持经济平稳较快发展。实施积极的财政政策，实施适度宽松的货币政策，要加强产业、贸易、土地、投资、就业政策与财政、货币政策的一致性和协调性，形成调控合力。

第二，积极扩大国内需求特别是消费需求，增强内需对经济增长的拉动作用。一是扩大消费尤其是居民消费，二是保持投资较快增长和优化投资结构，三是促进房地产市场稳定健康发展，四是加快推进地震灾区恢复重建。

第三，巩固和加强农业基础地位，促进农业稳定发展和农民持续增收。一是稳定发展粮食生产，二是以市场需求为导向调整农业结构，三是加强农业基础设施和农村民生工程建设，四是多渠道促进农民增收，五是加大扶贫开发力度。

第四，加快转变发展方式，大力推进经济结构战略性调整。要围绕保增长、促升级，重点抓好产业结构调整，大力推进科技创新，毫不松懈地加强节能减排和生态环保工作,全面提高产品质量和安全生产水平,继续实施西部大开发、东北地区等老工业基地振兴、中部地区崛起、东部地区率先发展的区域发展总体战略,促进区域协调发展。

第五,继续深化改革开放,进一步完善有利于科学发展的体制机制。推进资源性产品价格改革,推进财税体制改革,推进金融体制改革,推进国有企业改革和支持非公有制经济发展,加快地方政府机构改革,努力保持对外贸易稳定增长,推动利用外资和对外投资协调发展。

第六,大力发展社会事业,着力保障和改善民生。千方百计促进就业。加快完善社会保障体系。坚持优先发展教育事业。推进医药卫生事业改革发展。做好人口和计划生育工作,稳定低生育水平。大力发展文化体育事业。加强民主法制建设。加强社会管理,维护社会和谐安定。

第七,推进政府自身建设,提高驾驭经济社会发展全局的能力。坚持依法行政,实行科学民主决策,切实转变工作作风,加强廉政建设和反腐败工作。

(八)2010 年政府工作报告

2010 年 3 月 5 日,在第十一届全国人民代表大会第三次会议上,国务院总理温家宝做了《政府工作报告》。

《报告》对 2010 年的主要工作任务进行了明确部署:

第一,提高宏观调控水平,保持经济平稳较快发展。继续实施积极的财政政策,继续实施适度宽松的货币政策,积极扩大居民消费需求,着力优化投资结构。

第二,加快转变经济发展方式,调整优化经济结构。继续推进重点产业调整振兴,大力培育战略性新兴产业,进一步促进中小企业发展,加快发展服务业,打好节能减排攻坚战和持久战,推进区域经济协调发展。

第三,加大统筹城乡发展力度,强化农业农村发展基础。促进农业稳定发展和农民持续增收,加强农业基础设施建设,深化农村改革,统筹推进城镇化和新农村建设。

第四,全面实施科教兴国战略和人才强国战略。优先发展教育事业。着重抓好五个方面:一是推进教育改革,二是促进义务教育均衡发展,三是继续加强职业教育,四是推进高等学校管理体制和招生制度改革,五是加强教师队伍建设。大力发展科学技术。加快实施科技重大专项,前瞻部署基础研究和前沿技术研究,深化科技体制改革。加快人才资源开发。要统筹推进各类人才队伍建设,建立健全政府、社会、用人单位和个人等多元化的人才培养投入机制。

第五,大力加强文化建设。政府要更好地履行发展公益性文化事业的责任,保障人民群众的基本需求和权益。要继续推进文化体制改革,满足人民群众多样化的文化需求。积极开展对外文化交流,增强中华文化国际影响力。大力发展公共体育事业,广泛开展全民健身运动,提高人民的身体素质。

第六,着力保障和改善民生,促进社会和谐进步。千方百计扩大就业。加快完善覆盖城乡居民的社会保障体系。改革收入分配制度。促进房地产市场平稳健康发展。加快推进医药卫生事业改革发展。做好人口和计划生育工作。

第七,坚定不移推进改革,进一步扩大开放。要继续推进国有经济布局和结构战略性调整,深化资源性产品价格和环保收费改革,要继续推进财税体制改革,健全金融体系,积极稳妥推进事业单位改革,拓展对外开放的广度和深度。

第八,努力建设人民满意的服务型政府。要以转变职能为核心,深化行政管理体制改革,大力推进服务型政府建设,努力为各类市场主体创造公平的发展环境,为人民群众提供良好的公共服务,维护社会公平正义。

(九)2011 年政府工作报告

2011 年 3 月 5 日,在第十一届全国人民代表大会第四次会议上,国务院总理温家宝做了《政府工作报告》。

《报告》对 2011 年的主要工作任务进行了明确部署:

第一,保持物价总水平基本稳定。一是有效管理市场流动性,二是大力发展生产,三是加强农产品流通体系建设,四是加强价格监管,五是完善补贴制度。

第二,进一步扩大内需特别是居民消费需求。积极扩大消费需求,大力优化投资结构。

第三,巩固和加强农业基础地位。确保农产品供给,多渠道增加农民收入;大兴水利,全面加强农业农村基础设施建设;加大“三农”投入,完善强农惠农政策;深化农村改革,增强农村发展活力。

第四,加快推进经济结构战略性调整。调整优化产业结构,促进区域协调发展,积极稳妥推进城镇化,加强节能环保和生态建设。

第五,大力实施科教兴国战略和人才强国战略。坚持优先发展教育,全面加强人才工作,大力推进科技创新。

第六,加强社会建设和保障改善民生。千方百计扩大就业。合理调整收入分配关系。加快健全覆盖城乡居民的社会保障体系。坚定不移地搞好房地产市场调控。推进医药卫生事业改革发展。全面做好人口和计划生育工作。加强和创新社会管理。

第七,大力加强文化建设。加强公民道德建设,加强诚信体系建设,增强公共文化产品供给和服务能力,扶持公益性文化事业,深化文化体制改革,大力发展文化产业,大力开展全民健身活动,加强对外文化体育交流与合作。

第八,深入推进重点领域改革。继续推进国有经济战略性调整,继续鼓励、支持和引导非公有制经济发展,健全财力与事权相匹配的财税体制,在一些生产性服务业领域推行增值税改革试点,推进资源税改革,深化预算管理制度改革,继续深化金融企业改革,加快培育农村新型金融机构,继续大力发展金融市场,推进利率市场化改革,加强和改善金融监管,价格改革要充分考虑人民群众特别是低收入群众的承受能力,积极稳妥地分类推进事业单位改革。

第九,进一步提高对外开放水平。切实转变外贸发展方式,推动对外投资和利用外资协调发展。

第十,加强廉政建设和反腐败工作。一是认真治理政府工作人员以权谋私和渎职侵权问题,二是切实加强廉洁自律,三是坚决反对铺张浪费和形式主义。

（十）2012 年政府工作报告

2012 年 3 月 5 日，在第十一届全国人民代表大会第五次会议上，国务院总理温家宝做了《政府工作报告》。

《报告》对 2012 年的主要工作任务进行了明确部署：

第一，促进经济平稳较快发展。着力扩大消费需求，不断优化投资结构。

第二，保持物价总水平基本稳定。增加生产、保障供给，搞活流通、降低成本，加强监管、规范秩序。

第三，促进农业稳定发展和农民持续增收。稳定发展农业生产，多渠道增加农民收入，加快农业科技进步，加强农业农村基础设施建设，深化农村改革。

第四，加快转变经济发展方式。促进产业结构优化升级，推进节能减排和生态环境保护，促进区域经济协调发展，积极稳妥推进城镇化。

第五，深入实施科教兴国战略和人才强国战略。坚持优先发展教育。大力推进科技创新。全面加强人才工作。

第六，切实保障和改善民生。千方百计扩大就业。加快完善社会保障体系。大力推进医药卫生事业改革发展。全面做好人口和计划生育工作。继续搞好房地产市场调控和保障性安居工程建设。加强和创新社会管理。

第七，促进文化大发展大繁荣。深入推进社会主义核心价值体系建设，大力发展公益性文化事业，深化文化体制改革，推动文化产业成为国民经济支柱性产业，深入开展对外人文交流。

第八，深入推进重点领域改革。深化财税金融体制改革，推动多种所有制经济共同发展，深化价格改革，深化收入分配制度改革，积极稳妥推进事业单位分类改革，加快推进政府改革。

第九，努力提高对外开放的质量和水平。保持对外贸易稳定发展，提高利用外资质量，实施“走出去”战略，参与全球经济治理和区域合作。

从上述政府工作报告的内容可以看出，为了适应我国经济社会转型和当前人民群众对公共服务需求变化的趋势，我国政府明确提出了要建设公共服务型政府,并对公共服务型政府的职责进行了明确的表述,对公共服务型政府的工作任务和工作重点进行了明确的部署,为构建公共服务型政府奠定了基础。

第三节　专家学者对公共服务型政府的研究

面对人民群众公共服务需求的深刻变化和政府公共服务职能的滞后,专家学者提出我国政府要转向公共服务型政府,并对如何构建公共服务型政府进行了大量的论述,本节对主要文献进行评述。

一、构建公共服务型政府的背景

众多专家学者对我国构建公共服务型政府的背景进行了大量的论述,其观点主要如下。

（一）构建公共服务型政府是满足公共需求深刻变化的需要

迟福林认为,由经济建设型向公共服务型政府转变,已是各方面的一个共识,并逐步成为各级政府的实践。第一,我国正处在全社会公共需求深刻变化的关键时期。第二,公共需求的深刻变化与公共服务的严重不适应成为现阶段我国经济社会发展中的突出矛盾和主要问题。第三,公共需求的现实压力是政府转型的基本动力。①

中国(海南)改革发展研究院认为,伴随着经济的持续快速增长,广大社会成员的公共需求全面、快速增长:一是公共需求以超常的速度增长;二是公共需求主体快速扩大;三是公共需求的结构变化迅速。由于政府转型的滞后,各级政府对强化公共服务职能缺乏深刻的理解和紧迫感,公共产品供给的体制机制尚没有建立起来,这使得政府的公共服务功能相对薄弱。在这个特定背景下,加快社会主义公共服务体制建设和推进政府转型的实际进程,就显得尤为重要

---

①　迟福林.公共需求的深刻变化与政府转型的压力[EB/OL].人民网,2005-11-04.

和迫切。[1]

黄挺认为,全社会公共需求的深刻变化和快速增长与公共服务不到位、公共产品严重短缺已成为当前社会的突出矛盾。随着社会主要矛盾的变化,我们的政府必须与时俱进,进一步深化改革、转变职能,从行政理念、行政内容和行政方式方法上实现彻底转型。[2]

仇章建、李伟认为,社会公共服务不能适应和满足广大人民群众的需要是当前突出的社会矛盾。我国公共服务体系建设没有能够与经济增长同步,在诸多领域不同程度地滞后于经济发展,社会保障覆盖率低,公共卫生的覆盖率低,教育经费投入不足。而我国步入小康生活水平后,广大群众对社会公共服务的需求全面增长,社会公共服务不能适应和满足广大人民群众的需求成为当前比较突出的社会矛盾。为此,必须加快我国公共服务体系的建设,使政府逐渐成为公共服务型的政府。[3]

方栓喜认为,在新的阶段,我国面临公共需求的全面快速增长与公共服务不到位、基本公共产品短缺的突出矛盾。从 1995 年之后,老百姓的公共需求,比如教育、医疗、社会保障等增长出现了拐点,增长率首次超过私人需求增长率。从恩格尔系数来看,1995—2005 年的 10 年间,我国城镇居民的恩格尔系数降低了 11.2 个百分点,而农村居民恩格尔系数降低 22.2 个百分点。这说明,我国城乡居民将会有更多的支出用于自身发展相关的公共服务上,我国的公共需求将进入一个全面快速增长期。但是现实的主要问题是,政府的公共服务职能相当薄弱,主要精力和大部分财力还没有用到社会事业发展和公共产品供给方面,并且对扩大和强化公共服务职能缺乏深刻的了解和紧迫感。从我国现实矛

---

① 中国(海南)改革发展研究院.加快建立社会主义公共服务体制(18 条建议)[M]//中国(海南)改革发展研究院.聚焦中国公共服务体制.北京:中国经济出版社,2006:3-9.

② 黄挺.加快社会领域改革,推动政府转型[M]//中国(海南)改革发展研究院.聚焦中国公共服务体制.北京:中国经济出版社,2006:90-94.

③ 仇章建,李伟.以加强公共服务体系建设为中心推进政府职能转变[M]//中国(海南)改革发展研究院.聚焦中国公共服务体制.北京:中国经济出版社,2006:95-101.

盾出发，在完善社会主义市场经济体制的同时，应当按照以人为本的要求，把建立和完善社会主义公共服务体制作为改革攻坚的基本目标之一。[①]

高尚全认为，我国在经济社会发展中面临的一个主要矛盾是：公共需求的全面、快速增长与公共产品供应严重不足的矛盾。为了适应公共需求的全面、快速增长，政府必须扩大和强化公共服务职能，把主要精力和财力集中到发展社会事业和扩大公共产品供给上来，切实解决好民生问题。[②]

（二）构建公共服务型政府是实现社会公平的需要

迟福林认为，实现以公共服务为中心的政府转型，既是经济社会协调发展的客观需求，又是解决收入分配不公和贫富两极分化，并使多数人不断分享改革成果，逐步实现公平、公正和共同富裕的改革目标的重要保证。[③]

中国（海南）改革发展研究院认为，当前我国已经成为世界上收入分配差距比较严重的国家之一，广大社会成员对缓解收入差距、实施再分配的公共需求比以往任何时期都强烈。客观地分析，要有效地缓解不断扩大的收入分配差距，一方面要靠进一步的市场化改革来规范初次分配；另一方面，必须高度重视政府的再分配功能。因此，各级政府要在控制并缓解收入分配差距方面有所作为，现实的途径在于加快建立社会主义公共服务体制，以为全体社会成员提供基本的公共产品和实现公共服务的均等化。[④]

（三）构建公共服务型政府是我国市场经济发展的现实需要

中国（海南）改革发展研究院认为，我国市场化改革走到今天，不仅为政府转型奠定了重要的基础，而且对政府转型提出客观要求。第一，随着以公有制

---

① 方栓喜.以建立和完善公共服务体制为重点的政府转型[M]//中国(海南)改革发展研究院.聚焦中国公共服务体制.北京：中国经济出版社，2006：107-123.

② 高尚全.改革共识与建设服务型政府[J].经济社会体制比较，2005(6)：1-4.

③ 迟福林.政府转型与社会公平[M]//中国(海南)改革发展研究院.政府转型——中国改革下一步.北京：中国经济出版社，2005：101-102.

④ 中国(海南)改革发展研究院.加快建立社会主义公共服务体制(18条建议)[M]//中国(海南)改革发展研究院.聚焦中国公共服务体制.北京：中国经济出版社，2006：3-9.

为主体、多种所有制经济共同发展的基本经济制度的形成，市场经济的主体应当是企业，而且主要是民营企业，政府不应当也不可能再充当市场经济的主体力量。第二，在深化国企改革的大背景下，国有资产市场化是一个大趋势，也是国有资产保值增值的正确途径，彻底的政企分开是国企改革的迫切要求。第三，在市场经济的条件下，政府的主要职责是为经济发展创造良好的市场环境和实施有效的宏观调控。为此，从审批型政府向服务型政府转变，是一个需要彻底解决的重大问题。第四，按照市场经济的要求，政府应当把自己在经济领域的主要资源转移到为全社会提供基本的公共产品和公共服务方面来。因此，改革投资型财政体制，建立公共服务型财政体制是政府转型的内在要求。第五，我国加入WTO，实行开放型经济，对建立统一、有序、守信用的市场环境提出全面要求。执行规则，遵守规则，更好地为市场主体服务和实行有效的公共服务，是全面开放对政府转型提出的基本要求。①

高尚全认为，政府转型是进一步深化经济体制改革的中心环节。总的来说，当前经济体制改革的各项任务都与政府转型密切相关，离开了政府改革的渐进展开和深化，市场经济体制的形成和完善是不可能的。在这种情况下，"十一五"期间应把政府治理改革作为经济体制改革的中心环节来抓。要从政府治理改革入手，转变政府职能，依法行政，使政府转变为公共服务型政府。②

迟福林认为，建设公共服务型政府，是我国下一步经济平稳较快增长的客观要求。当前经济生活和经济运行中的突出矛盾和问题，大都与政府主导的经济增长方式和运行机制相联系。政府主导的经济增长方式弊多利少，已经到了难以为继的程度。进一步搞好宏观调控，解决经济体制和运行机制的深层次矛盾和问题，需要深化改革，尤其是加快政府改革。实行经济增长方式从政府主导向市场主导的转变，需要政府为全社会提供经济性公共服务。同时，我国正

---

① 中国（海南）改革发展研究院.加快建设公共服务型政府的若干建议（24条）[M]//中国（海南）改革发展研究院.建设公共服务型政府.北京：中国经济出版社，2004：3-10.

② 高尚全.政府转型是中国下一步改革的中心和重点[M]//中国（海南）改革发展研究院.政府转型——中国改革下一步.北京：中国经济出版社，2005：19-22.

处于经济转轨的关键时期,制度环境对经济发展相当重要,因此,政府工作要从以 GDP 为中心向以提供制度性公共产品为中心转变。①

方栓喜认为,要改变政府主导的经济增长方式,根本的出路是实行政府转型,就是要适应市场经济的一般规律,建设公共服务型政府。从政府主导向市场主导的经济增长方式转变,就是让政府把市场能够做好的事情交给市场,政府集中精力为市场运行提供良好的公共产品和公共服务。②

吴玉宗认为,建设服务型政府是我国市场经济发展的必然要求。市场经济要求政府从经济发展的控制者、审批者成为服务者。我国政府在新的形势下的功能就是创造市场经济发展的大环境,维护市场经济秩序,为经济发展提供有效的宏观调控。也就是政府必须通过良好的制度供给、公共政策供给,加大公共产品和公共服务的充分供给,为企业提供有效的服务,它通过这些服务为经济发展提供新的动力。市场经济给政府的定位就是服务型政府,只有努力地服好务,政府才能赢得人民的支持和拥护。③

李军鹏认为,全面完善社会主义市场经济体制,要求建立公共服务型政府。当前政府管理方式、管理体制、管理方法不适应社会主义市场经济体制的矛盾日益突出。政府应该把不该管且管不好的事情交给市场、企业、非政府组织,更大程度地发挥市场在资源配置中的基础性作用;同时,政府要管好应该管而没有管好的事情,对经济和社会生活进行公平和公正的公共管理,为公民和法人提供充足优质的公共产品和公共服务。总之,政府要由生产投资型政府向公共服务型政府转变。④

(四)构建公共服务型政府是实现经济与社会协调发展的需要

李军鹏认为,实现经济与社会协调发展,要求建立公共服务型政府。我国

---

① 迟福林.建设公共服务型政府与经济的平稳较快增长[M]//中国(海南)改革发展研究院.政府转型——中国改革下一步.北京:中国经济出版社,2005:23-27.

② 方栓喜.经济增长方式转型与建设公共服务型政府[M]//中国(海南)改革发展研究院.政府转型——中国改革下一步.北京:中国经济出版社,2005:73-81.

③ 吴玉宗.服务型政府:缘起和前景[J].社会科学研究,2004(3):10-13.

④ 李军鹏.公共服务型政府[M].北京:北京大学出版社,2004:197-204.

社会结构的调整落后于经济结构的调整,社会公共事业的发展严重滞后于经济的发展,造成了社会发展与经济发展的严重失衡。要解决当前中国存在的突出的发展失衡问题,最根本的途径是实现由生产投资型政府向公共服务型政府的转型,切实把政府工作重点转变到提供公共产品和公共服务上来。①

(五)构建公共服务型政府是加强党的执政能力建设的需要

中国(海南)改革发展研究院认为,政府转型对于执政党建设具有决定性的影响。在我国基本政治制度的约束下,执政党的建设与政府的转型是直接联系在一起的。政府的公共服务能力反映执政党的执政能力。从经济建设型政府转向公共服务型政府,是执政党与时俱进、主动稳妥地实现政府转型和推进政治改革的重要举措。②

全毅认为,以公共服务为目标,加快政府职能转变,是提高党的执政能力的关键所在。因为在当前市场经济日益发展的条件下,党的执政能力集中体现在政府驾驭市场经济的能力和管理公共事物上,实现政府转型是提高党的执政能力最具有实质性的步骤。政府转型的目标是建设公共服务型政府,以为全社会提供基本而有保障的公共产品和有效的公共服务,以不断满足广大群众日益增长的公共利益诉求,在此基础上形成政府治理的制度安排。③

(六)构建公共服务型政府是全面落实科学发展观、构建社会主义和谐社会的需要

高尚全认为,政府转型是全面落实科学发展观的关键。在 GDP 政绩观的推动下,政府主导了市场经济中最重要的两种生产要素的配置,扭曲了市场价格,间接手段的宏观调控很难发挥作用,在不得已的情况下我国采取了行政手段来遏止过快的投资增长。在这种情况下,重经济增长、轻社会发展的问题很

---

① 李军鹏.公共服务型政府[M].北京:北京大学出版社,2004:197-204.

② 中国(海南)改革发展研究院.加快建设公共服务型政府的若干建议(24 条)[M]//中国(海南)改革发展研究院.建设公共服务型政府.北京:中国经济出版社,2004:3-10.

③ 全毅.地方政府职能转变与公共服务体制创新[M]//中国(海南)改革发展研究院.聚焦中国公共服务体制.北京:中国经济出版社,2006:152-160.

难得到有效解决。从这个意义上来说,要切实地落实科学发展观,最迫切、最现实的前提和基础是实现政府转型。①

于吉认为,加强政府公共服务职能是构建和谐社会的要求。构建和谐社会就要按照以人为本的要求,按照民主法治、公平正义、诚信友爱、充满活力、安定有序、人与自然和谐相处的要求,加强政府的公共服务职能,从解决关系人民群众切身利益的现实问题入手,突出解决好人民群众最关心的就业、社会保障、扶贫、教育、医疗、环保和安全等问题。政府要更加注重社会协调发展,加快发展社会事业,促进人的全面发展;更加注重社会公平,使全体人民共享改革发展成果;更加注重民主法制建设,正确处理改革发展稳定的关系,保持社会安定团结。②

迟福林认为,建设和谐社会,是新时期我国改革发展的总体目标。从根本上说,改革是为了调整好各方面利益关系,使多数人在改革中不断获益。当前,由于社会矛盾和社会问题逐渐增多,社会利益关系快速变化,对政府社会性公共服务的需求日益增长。这种现实的情况要求政府大大强化公共服务职能,理顺收入分配关系,协调好重大利益关系,努力实现社会公平。③

(七)构建公共服务型政府是解决政府职能定位的需要

高尚全认为,在我国政府职能中一直存在越位、缺位和错位的问题。越位是指政府在社会经济事务中不仅是裁判员,也是运动员;缺位是指政府的公共服务功能没有很好地发挥,把有权有利的部分抓得很紧,而服务职能却注意得不够;错位是指政府的职能主要是宏观调控,而不应去管企业的下岗分流问题,下岗分流是企业自身的问题,解决的主体不应是政府。解决这“三位”问题的根

---

① 高尚全.政府转型是中国下一步改革的中心和重点[M]//中国(海南)改革发展研究院.政府转型——中国改革下一步.北京:中国经济出版社,2005:19-22.

② 于吉.关于加强政府公共服务职能的几点认识[M]//中国(海南)改革发展研究院.聚焦中国公共服务体制.北京:中国经济出版社,2006:67-71.

③ 迟福林.中国改革攻坚阶段的政府转型[M]//迟福林.门槛——政府转型与改革攻坚.北京:中国经济出版社,2005:314-222.

本途径就是归位,按照“三个代表”的要求建设服务型政府。[①]

刘国光认为,在我们的工作中,片面追求经济增长的习惯依然存在,GDP 增长事实上依然作为政绩考评的主要指标。政府职能从经济目标优先向社会目标优先的转变,日益成为时代的课题。无论从道义上还是从经济上讲,政府应当是公共产品和社会服务的提供主体。但是目前各级政府,尤其是多数地方政府仍然把自己当作经济建设的主体,看轻自己作为公共产品和公共服务天然提供者的角色,仍然把发展经济当作政府的第一职责,把公共服务当作第二职责。经济建设费用过多和公共支出虚耗,挤占了稀缺的公共资源,侵蚀了政府的财力,使得社会急需的公共产品和服务,公共设施、社会保障、基础教育、公共卫生等方面供给不足或无力供应。我国公共产品与社会服务的供给不足,是多部门现象,许多领域都存在这个问题,需要大力加强这方面的政府职能和财政支持。[②]

(八)构建公共服务型政府是政府自身建设的需要

迟福林认为,从政府自身建设的角度看,如果政府直接掌握了重要生产要素的审批权、投资权等,并又缺少严格的制度制约,政府自身建设中暴露出的问题将会越来越多。可见,政府自身建设也对政府转型提出了相当现实的需求。[③]

汪玉凯认为,从政府自身来看,由于政府实质性改革进展迟缓,政府转型落后于社会转型和体制转轨,政府的强势依然如故,“市场化”与“行政化”的内在冲突加剧,从而使公共治理面临新的挑战。这迫切需要我们加大政府自身改革

① 高尚全.以民为本,建设公共服务型政府[M]//中国(海南)改革发展研究院.建设公共服务型政府.北京:中国经济出版社,2004:11-23.

② 刘国光.谈政府职能与财政职能的转变[M]//中国(海南)改革发展研究院.建设公共服务型政府.北京:中国经济出版社,2004:25-30.

③ 迟福林.总论:政府转型的现实基础及目标选择[M]//迟福林.门槛——政府转型与改革攻坚.北京:中国经济出版社,2005:3-19.

的力度，进而推动政府转型，建设服务型政府。①

（九）构建公共服务型政府是加入 WTO 和参与全球竞争的需要

吴玉宗认为，加入 WTO 推动我国政府转向服务型政府。中国加入 WTO，表面看来是企业直接面对国外竞争，实际上是政府去适应世界贸易组织的规则，因为世界贸易组织的规则本身是限制政府行为的。入世的最大挑战是对政府管理的挑战。因为长期以来我国的政府都是管制型政府，实行对公民、企业、社会组织和政治、经济、文化领域的全面控制。而世界贸易组织要求政府放弃对经济的严格控制，让企业自由参与全球竞争。它要求我们的政府必须是公开透明的政府，是必须为企业服好务的政府。加入世界贸易组织对我国政府的管理理念、决策和政府管理的方式、方法都产生了全面的冲击。在这种冲击下，我们没有回旋的余地。因为我们加入世界贸易组织时的承诺有比较严格的时间表，必须到时兑现。正因为这个时间表给我们很大的压力，我国政府才开始大规模清理我们的法律、法规，大规模削减我们的行政审批。我们的政府改革和政府建设才加快了前进的步伐。也正是在这样的背景下，服务型政府的建设才提上了议事日程。②

王树华认为，建设服务型政府是参与全球经济竞争的客观需要。当前，经济全球化进程加快，国际经济联系更加密切，竞争更加激烈。哪里政府管理规范，投资成本低，办事效率高，服务环境好，哪里就能吸引更多的资金、技术和人才，实现大的发展。这就要求政府部门精简机构，转变管理方式，实现由微观管理向宏观管理、由直接管理向间接管理的转变，加快从“越位”的地方“退位”，在“缺位”的地方“补位”，严格按照规则办事。我们必须搞好职能分离和转变，把政府职能集中到宏观调控、市场监管、社会管理和公共服务上来。③

---

① 汪玉凯.以行政为中心的改革战略与建设服务型政府[M]//中国(海南)改革发展研究院.聚焦中国公共服务体制.北京:中国经济出版社,2006:31-40.

② 吴玉宗.服务型政府:缘起和前景[J].社会科学研究,2004(3):10-13.

③ 王树华.建设服务型政府[N].人民日报,2004-02-12.

（十）构建公共服务型政府是应对国际金融危机的需要

盛来运、王冉、阎芳认为，随着全球金融危机负面影响的不断扩散，以出口为导向的中国劳动密集型企业受到了前所未有的冲击，大批农民工于2008年第三季度开始提前返乡，成为国际金融危机引起的直接就业冲击的首批受害者。从2009年第一季度的情况看，国际金融危机的影响还在蔓延，在一定程度上影响了农民工的流动就业行为。从长期看，农民工进城就业依然是解决农村劳动力就业问题的主要方向；今后农民工政策的着力点应放在加快推进农民工的城市化、提升农民工人力资本水平和建立一体化的农民工社会保障体系上。①

魏礼群指出，这场国际金融经济危机对我国经济造成的冲击是巨大的。突出表现为：经济增速一度陡然下滑，2008年经济增长速度由2007年的13%降至9%，其中第四季度猛降至6.8%，2009年一季度进一步降至6.1%；出口大幅下降，由2008年增长17.2%转为2009年下降16%；许多企业生产经营困难，不少企业停产倒闭，失业人员大量增加，大批农民工返乡。在积极应对国际金融危机冲击过程中，我国政府高度重视推进自身改革和建设，大力建设服务型政府，构建公共服务体系，强化市场监管，促进公平竞争，改进金融监管，防范金融风险，强化突发公共事件应急管理。发展电子政务，提高办事效率。推行政务公开，提高行政决策和行政执法透明度，完善社会听证和社会公示制度。加强行政法制建设，推进依法行政。这些做法和经验，不仅使中国经济化危为机，取得显著成绩，而且进一步丰富了中国发展模式的科学内涵。②

张富强认为，国际金融危机缘起于政府的失灵。而政府实际上也与市场一样是个有缺陷的实体，对金融市场规制及监管不力，导致并加剧了市场的失灵。因此，只有从宪政的高度构建政府责任的法治机制，才能有效地完善其自身的运行机制，避免政府失灵，进而有效地预防和弥补市场的失灵。因

---

① 盛来运，王冉，阎芳.国际金融危机对农民工流动就业的影响[J].中国农村经济，2009(9)：4-14.

② 魏礼群.国际金融危机与中国政府管理[J].行政管理改革，2011(2)：14-17.

此，我国政府要推进责任政府建设，政府职能应当定位在提供公共福利，对经济进行宏观调控，引导经济发展维护市场秩序等方面，推进行政执法责任制，推行政务公开。①

（十一）SARS 危机凸显了建设公共服务型政府的迫切性

高尚全认为，SARS 危机要求政府转变职能，加强服务型政府建设。从抗击 SARS 当中，我们得出一条重要的经验就是经济和社会必须协调发展。光注意经济、光注意 GDP 是不够的，要注意社会的全面发展，注意公共医疗卫生和人类的健康。要把人民的生命放在第一位，以民为本，要把人民的健康、社会的进步放在重要的位置上，建立以民为本的服务型政府。②

迟福林认为，面对突如其来的 SARS 危机，现行体制开始表现出许多不适应性，尤其表明以提供公共服务为目标的政府职能转变的不到位，凸显了建设公共服务型政府的迫切性。③④

吴玉宗认为，SARS 危机加深了我们党和政府对建立公共服务型政府的认识。SARS 的袭击，说明我们的政府在履行提供公共产品服务方面的职能上有严重的缺位。我们在公共服务方面提供的财政支出的比重非常小。如果中国政府不把建设服务型政府的问题摆到当前的议事日程上，不把工作的重点放到提供公共服务上，不把投资型财政转变到公共财政上，中国政府在面临社会公共危机时就会面临合法化的危机。因此，必须赶快加紧建设服务型政府才是上上之策。⑤

---

① 张富强.国际金融危机下现代责任政府的构建[J].广东社会科学，2012(5)：244-250.

② 高尚全.以民为本，建设公共服务型政府//中国(海南)改革发展研究院.建设公共服务型政府[M].北京：中国经济出版社，2004：11-23.

③ 迟福林.公共危机与政府转型——从 SARS 危机看政府转型的紧迫性//迟福林.门槛——政府转型与改革攻坚[M].北京：中国经济出版社，2005：30-39.

④ 迟福林.加快向公共服务型政府转变——从 SARS 突袭谈起[J].港口经济，2003(4)：8-10.

⑤ 吴玉宗.服务型政府：缘起和前景[J].社会科学研究，2004(3)：10-13.

（十二）汶川特大地震等严重自然灾害凸显加快公共服务型政府建设的紧迫性

郭俊华、程琼认为，从2003年的SARS、2008年初的雪灾、每年夏天的洪水灾害，再到汶川大地震，暴露出我国财政应急体制存在的问题。一是相关的法律制度不健全；二是缺乏完善的财政应急机制，财政投入重救助轻预防；三是财政应急手段缺乏系统性和稳定性；四是财政应急资金的管理使用不尽规范；五是地方政府财力不足，难以支持灾后重建。因此，灾害管理体制作为一项重要的公共物品，必须纳入公共财政支出的范畴，并且随着经济的发展、国家财力的增长而不断地健全和完善。①

二、公共服务型政府的内涵

余晖认为，公共服务型政府就是提供私人或者社会不愿意提供，或者没有能力提供的公共产品的组织。一个服务型政府需要具备以下三个条件：第一，公共服务型政府必须是一个无私的政府，是一个没有私人利益的政府；第二，公共服务型政府必须是一个最小化的政府；第三，公共服务型政府必须是一个民主的政府。②

方栓喜认为，所谓“公共服务型政府”，刻画的是与市场经济相适应的政府的质的规定性，从政府职能的角度上来说，政府要有所为而有所不为，将自己的行为严格地限定在制订规则和实行监督、为经济社会发展创造良好的制度环境、为社会提供稳定而有保障的公共产品和服务中。③

迟福林认为，在我国经济转轨中建设“公共服务型政府”，就是要为全社会

① 郭俊华，程琼.我国重大自然灾害的公共财政应急措施研究——以5·12汶川大地震为例[J].上海交通大学学报，2009(3)：45-52.

② 余晖.建立无私、民主、最小化的公共服务型政府[M]//中国(海南)改革发展研究院.建设公共服务型政府.北京：中国经济出版社，2004：11-23.

③ 方栓喜.以建设“公共服务型政府”为重点的下一步改革[M]//中国(海南)改革发展研究院.建设公共服务型政府.北京：中国经济出版社，2004：41-45.

提供基本而有保障的公共产品和有效的公共服务，以不断满足广大群众日益增长的公共利益和公共需求，在此基础上形成政府治理的制度安排。所谓"公共服务型政府"，第一，从经济层面上说，政府存在是为了纠正"市场失灵"，主要为社会提供市场不能够有效提供的公共产品和公共服务，制定公平的规则，加强监管，确保市场竞争的有序性，确保市场在资源配置中的基础性作用；第二，从政治层面上说，政府的权力是人民赋予的，政府要确保为社会各阶层，包括弱势群体提供一个安全；第三，从社会层面上说，政府要从社会长远发展出发，调节贫富差距，协调社会利益关系。①②

赵黎青认为，一个政府要成为公共服务型政府，是由四个方面的基本关系决定的。首先，在普遍的公民主权基础上的民主，将决定国家权力的公共性质和政府为公民服务的地位。其次，市场经济本质上是公民经济而不是政府的经济，在政府与市场经济的关系上，市场经济是主体，政府是为市场经济服务的。第三，社会是公民们的社会而不是政府的社会，在政府与社会的关系上，政府是为公民社会服务的。最后，以政府为依托的直接公共服务满足的是公民的直接需求，而间接公共服务即经济调控、市场监管、社会管理则是满足市场经济和公民社会发展的需要。③

李琪、董幼鸿认为，公共服务型政府强调以社会公众为服务对象，以多元参与为服务形式，以合作协调为服务基础，以满足公共需求为服务导向。公共服务的内容包括经济性公共服务和社会性公共服务两部分。经济性公共服务是政府为促进经济发展而直接进行的各种经济投资服务，如投资经营国有企业与公共事业、投资公共基础设施建设等。社会性公共服务是指政府通过转移支付和财政支持对教育科技、社会保障、公共安全、公共医疗卫生、环境保护等社会

① 迟福林.以公共服务为中心的政府转型[M]//中国(海南)改革发展研究院.政府转型——中国改革下一步.北京:中国经济出版社,2005:29-36.

② 迟福林.政府主导的经济增长方式面临挑战[M]//迟福林.门槛——政府转型与改革攻坚.北京:中国经济出版社,2005:55-64.

③ 赵黎青.关于公共服务与公共服务型政府的几个基本问题[M]//中国(海南)改革发展研究院.政府转型——中国改革下一步.北京:中国经济出版社,2005:48-58.

发展项目提供的公共服务。①

吴敬琏认为,建设服务型政府,就是要把"全能型政府"体制颠倒了的政府和人民之间的主仆关系校正过来,建设一个公开、透明、可问责的服务型政府。②

李晓西认为,公共服务型政府,简单地说就是提供公共产品为人民服务的政府。③

贾博认为,服务型政府并不是一个孤立的概念和单一目标的政府模式,而是一个具有多目标综合作用的全新的政府治理模式。具体来说,主要应当包含有限政府、法治政府、责任政府以及透明政府等四个方面的结构要素。这四个结构要素之间也是紧密相连、相互作用的,在此基础上,共同支撑服务型政府的大厦。有限政府是服务型政府的重要前提和基石,法治政府是其制度性保障,责任政府是其道德基础,透明政府是其重要实现途径。④

刘熙瑞认为,服务型政府是指一种在公民本位、社会本位理念指导下,在整个社会民主秩序的框架下,通过法定程序,按照公民意志组建起来,以为公民服务为宗旨,实现着服务职能并承担着服务责任的政府。⑤

彭向刚、王郅强认为,建设服务型政府的本质,就是要实现由政府本位、官本位和计划本位体制向社会本位、民本位和市场本位体制转变;由"无所不为的政府"向"有限政府"转变;由传统的行政方法为主向现代的以法律、经济方法为主、行政方法为辅转变;由传统的审批管制型管理模式向公共服务型管理模式转变。⑥

---

① 李琪,董幼鸿.论公共服务型政府的建设与创新[J].中国行政管理,2004(11):31-33.

② 吴敬琏.建设一个公开、透明和可问责的服务型政府[J].领导决策信息,2003(25):20-21.

③ 中国(海南)改革发展研究院.建设公共服务型政府[M]//中国(海南)改革发展研究院.建设公共服务型政府.北京:中国经济出版社,2004:11-23.

④ 贾博."服务型政府"探究[J].学习论坛,2005(2):25-28.

⑤ 刘熙瑞.服务型政府——经济全球化背景下中国政府改革的目标选择[J].中国行政管理,2002(7):5-7.

⑥ 彭向刚,王郅强.服务型政府:当代中国政府改革的目标模式[J].吉林大学社会科学学报,2004(4):122-128.

刘智勇、张志泽认为,"服务型政府"的内涵必须反映和概括我国政府行政改革的目标和价值取向以及近年来我国行政改革实践和成果。这就决定了我国"服务型政府"的基本内涵范畴:"服务型政府"应当是民主的政府;"服务型政府"应当是法治的政府;"服务型政府"应当是互动的政府;"服务型政府"应当是权威的政府;"服务型政府"应当是高效的政府。[①]

吴玉宗认为,所谓服务型政府就是指政府遵从民意的要求,在政府工作目的、工作内容、工作程序和工作方法上用公开的方式给公民、社会组织和社会提供方便、周到和有效的帮助,为民兴利,促进社会的稳定发展。[②]

李军鹏认为,所谓公共服务型政府,就是满足社会公共需求,提供充足优质公共产品与公共服务的现代政府。公共服务型政府的含义主要有三个方面:一是从政府职能的角度来讲,当代政府是公共政府、有限政府和服务型政府;二是从政府管理方式的角度来讲,当代政府是法治政府和责任政府;三是从政府运作方式的角度来讲,当代政府是企业家政府和电子政府。公共服务型政府有五个基本特征:第一,政府的作用集中于公共领域;第二,政府管理的基本哲学是实现社会正义;第三,政府是公共利益的鲜明代表;第四,政府权力是有限权力;第五,政府是法治政府。[③]

国家教育行政学院认为,我国要建设的中国特色公共服务型政府,应该具备如下特征:中国特色的公共服务型政府以发展的中国化的马克思主义——毛泽东思想、邓小平理论和"三个代表"重要思想为指导原则、理论基础;中国特色的公共服务型政府以人为本、以全心全意为人民服务为根本宗旨、行为准则;中国特色的公共服务型政府以满足社会公共需求、依法向全社会提供公共产品和公共服务为主要职能;中国特色的公共服务型政府以服务行政、责任行政、有效行政和依法行政为履行职能、提供公共产品和公共服务的主要方式。[④]

---

① 刘智勇,张志泽.我国服务型政府的内涵定位与实现路径选择[J].理论与改革,2005(2):46-48.

② 吴玉宗.服务型政府:概念、内涵与特点[J].西南民族大学学报:人文社科版,2004(2):406-410.

③ 李军鹏.公共服务型政府[M].北京:北京大学出版社,2004:24-46.

④ 国家教育行政学院.建设中国特色公共服务型政府[M].北京:中央文献出版社,2005:4-21.

三、构建公共服务型政府的任务

(一)转变政府管理理念

仇章建、李伟认为,体制转轨阶段,政府管理理念应有如下转变,实现“管制型政府”向“服务型政府”的转变;实现由“无限责任”向“有限责任”的转变;实现“集权行政”向“分权行政”的转变;实现“行政管理”向“公共管理”的转变。①

宋维强认为,就政府方面来讲,观念转变主要有以下几方面的内容:首先,政府要树立新的发展观。新的发展观意味着不能再仅以经济建设为中心,要关注人类社会的全面、健康发展。其次,政府要改变对经济发展中政府角色的认识。政府的作用要从经济发展的主要杠杆转变成为经济发展创造条件。再次,政府要改变对官员的绩效考核机制,改变政绩观。政府不能把经济增长作为考核的唯一标准,应更多地从公共服务的角度考核官员的绩效,从而从根本上避免地方政府以 GDP 增长为最高使命的做法。②

(二)转变政府职能

王树华认为,切实转变政府职能,这是建设服务型政府的核心问题。在社会主义市场经济条件下,政府的主要职责是宏观调控、市场监管、社会管理和公共服务,这就要求通过转变政府职能,解决好“越位”“错位”“缺位”问题。解决政府管理“越位”问题,应改变过去包揽一切的管理体制,缩小、分解政府的管理权限和范围,把不该由政府承担或政府管不了的职能转移出去,实现政府与企业、社会、市场之间的合理分工。解决政府管理“错位”问题,主要是理顺中央和地方之间、政府内部各部门之间的职能关系,合理界定各级政府、政府各部门的职能边界,明确各级政府、政府各部门的职责范围,避免因分工不当、责任不明

---

① 仇章建,李伟.从经济建设型政府向公共服务型政府转变[M]//中国(海南)改革发展研究院.政府转型——中国改革下一步.北京:中国经济出版社,2005:59-64.

② 宋维强.论从发展型政府到服务型政府的转型[J].甘肃理论学刊,2005(5):36-39.

导致政出多门、交叉错位。解决政府管理“缺位”问题,就是把应当由政府办的事情真正抓起来,负起责任,避免管理出现“断档”,公共服务出现“真空”。①

李军鹏认为,建设公共服务型政府,必须推进政府职能转变,实施政府职能公共化战略。当前,政府提供的公共服务不能满足社会公共需求的矛盾较为突出,政府提供社会公共产品的能力有限,也同样要求政府的作用集中于核心公共领域。因而,我国要推进政府职能公共化,使政府集中于公共教育、社会保障、公共保健、公共科技等核心公共职能。②

(三)深化行政管理体制改革

高尚全、全毅认为,在转变政府职能过程中,要精简机构,改革政府行政管理体制。第一,简政放权,清理和取消政府审批制的同时,加强政府规制;第二,创新政府管理方式,提高政府管理效率;第三,按照市场经济要求加快政府机构改革;第四,中央与地方政府经济关系制度化;第五,加强政务公开,推进政治民主化。③

黄挺认为,要进一步深化政府机构改革。要破除传统观念,按“大社会、小政府”,精简、统一、效能的原则和减少行政层级、降低行政成本、提高工作效率的要求,再次进行机构改革。通过改革,要大力裁减“吃皇粮人员”,压缩行政、公务开支,真正解决机构臃肿、人浮于事、效率低下的状况。④

迟福林认为,建设公共服务型政府,必须从封闭型的行政体制向公开、透明的行政体制转变,从行政控制型体制向依法行政型体制转变,从条、块分割的行

① 王树华.建设服务型政府[N].人民日报,2004-02-12.

② 李军鹏.公共服务型政府[M].北京:北京大学出版社,2004:192-217.

③ 高尚全,全毅.以公共职能为目标,加快政府改革进程[M]//中国(海南)改革发展研究院.政府转型——中国改革下一步.北京:中国经济出版社,2005:141-151.

④ 黄挺.加快社会领域改革,推动政府转型[M]//中国(海南)改革发展研究院.聚焦中国公共服务体制.北京:中国经济出版社,2006:90-94.

政体制向统一、协调的行政体制转变[①]。要推进以提高行政效率为目标的中央机构改革,包括:从有利于科学决策出发,推进中央机构行政体制改革;在减少部委的同时,建立决策的执行机构;以审计部门改革为试点,建立有效的监督机制。目前,部门利益凸显已成为政府自身建设的突出问题,由此导致了许多消极腐败现象,社会各方面对此反应强烈。因此,应该加快以限制和规范政府部门利益为重点的政府自身建设与改革,包括:加快投资体制改革与行政审批体制改革;加快垄断行业改革;严格限制各级政府的直接招商引资活动;政府消费的市场化。由于我国各地的情况差别很大,为了充分发挥地方政府的积极性,要推进以合理划分各级地方政府权责为目标的地方行政体制改革,包括:扩大地方政府在提供公共服务方面的职能;加快实行行政扁平化;地方行政体制改革应该考虑某些职能部门的垂直管理。[②]

王树华认为,建设服务型政府,必须按照精简、统一、效能的原则和决策、执行、监督相协调的要求,深化机构改革,使政府组织机构更加合理、科学、高效。推进政府机构改革,应科学规范部门职能,按综合职能设置机构,将相同或者相近的职能交由一个部门承担。只有这样,才能解决好职能交叉、权责脱节、多重管理、多头执法的问题。建设服务型政府,要大力加强公务员队伍建设,当前应在控制数量、优化结构、提高素质上狠下功夫。建设服务型政府,要积极创新运行机制和管理方式。完善决策机制,完善执行机制,完善监督考核机制,积极推行电子政务。[③]

李军鹏认为,为促进政府提高公共服务的质量与水平,必须改革行政管理体制,建立公共行政体制,完善以大部制和执行局制为基础的政府公共服务机

① 迟福林.加快由经济建设型政府向公共服务型政府的转变——SARS 危机后我国政府改革[M]//迟福林.门槛——政府转型与改革攻坚.北京:中国经济出版社,2005:94-104.

② 迟福林."十一五"时期以政府转型为重点的行政体制改革[M]//迟福林.门槛——政府转型与改革攻坚.北京:中国经济出版社,2005:345-353.

③ 王树华.建设服务型政府[N].人民日报,2004-02-12.

构体系，为建设公共服务型政府提供组织基础。①

（四）推进基本公共服务均等化

马海涛、程岚、秦强认为，为居民提供“一视同仁”的公共服务是政府义不容辞的责任，然而，我国在城乡之间长期分割运行“二元”化的公共产品供给机制，农村居民受到不公平的对待。为此，由政府出面实行城乡统筹的公共服务供给制度已迫在眉睫。这就要求国家要建立完备的、普遍覆盖城乡居民的安全网，尤其是对公民的基本生存、基础健康和养老保险等，必须通过税收筹资，按照收益基准制进行分配，保证每个社会成员都能以其社会成员的身份而不是以其他名义或条件而平等地获得。②

项继权认为，平等享受基本公共服务是人们基本的权利。当前，我国基本公共服务存在明显的非均等化，最突出地表现在公共服务的资源占有不均、消费水平不均及二元化体制及权益不均。基本公共服务的均等化不仅是人人享有基本公共服务，更重要的是确保人们平等地享有基本公共服务。为此，必须进一步加大公共服务的财政投入，合理分摊基本公共服务的责任，建立服务均衡导向的财政投入机制，深化公共服务部门及事业单位改革，构建覆盖全民、城乡一体的基本公共服务体制，实现基本公共服务的均等化。③

倪红日、张亮认为，为推进基本公共服务均等化，坚持深化财政体制改革，建立收入相对集权、支出相对分权，合理划分中央政府和地方政府职责，中央政府集中做好规划、指导和宏观调控，将公共服务项目和具体实施的决策权下放给地方政府，建立适应中国国情的、兼顾激励与均等的财政管理体制。④

刘尚希认为，基本公共服务均等化的目标就是促进居民消费的平等化，减

---

① 李军鹏.论中国政府公共服务职能[J].国家行政学院学报，2003(4)：29-31.

② 马海涛，程岚，秦强.论我国城乡基本公共服务均等化[J].财经科学，2008(12)：96-104.

③ 项继权.基本公共服务均等化：政策目标与制度保障[J].华中师范大学学报，2008(1)：2-9.

④ 倪红日，张亮.基本公共服务均等化与财政管理体制改革研究[J].管理世界，2012(9)：7-18.

少因财富、收入的不确定性而导致的消费差距过大。教育、医疗和住房之所以成为社会关注的重大民生问题,其本质是消费不平等日益严重的表现。公共服务均等化的制度设计应围绕促进基本消费平等化而展开①。

(五)建立符合中国特色的公共服务体制

迟福林认为,建设公共服务型政府,要建立符合中国特色的公共服务体制。对那些不具有规模经济特征、进入门槛比较低的公共服务项目,逐步向民营企业和民间组织开放,鼓励和支持民营企业和民间组织参与;对那些规模经济特征明显,进入门槛较高的公共服务项目,主要引入市场机制,加强公共部门内部的竞争;对仍要依靠公共部门来提供的公共服务,如教育、卫生防疫等重大项目,要加强监管,保障公正,努力降低成本,提高效率。②

方栓喜认为,“公共服务型政府”是政府为社会提供公共产品和公共服务,但并不意味着所有的公共产品和公共服务都必须由政府提供,而是民间不能有效提供,而且又特别需要的公共产品才由政府提供。许多公共产品和公共服务还可以由民间组织提供。③

汪玉凯认为,要使政府的能力和它的作用相符合,使政府在保持适度规模和有效的前提下,最大限度地提供各种公共管理和公共服务,就必须大力推进公共管理社会化以及与此相联系的公共服务市场化。从我国当前的实际状况来看,在推进公共管理社会化的过程中,通过在一些重点领域的推动,改善政府的公共管理和公共服务,从而提升行政管理体系的竞争力。在国家的基础设施和公共项目的建设中,要引入市场机制,大力推进公共管理社会化;政府职能外移,发挥社会自身在公共管理中的作用;放松对市场的限制,扩大准入的领域;

---

① 刘尚希.基本公共服务均等化:现实要求和政策路径[J].浙江经济,2007(13):24-27.

② 迟福林.以公共服务为中心的政府转型[M]//中国(海南)改革发展研究院.政府转型——中国改革下一步.北京:中国经济出版社,2005:29-36.

③ 方栓喜.以建设“公共服务型政府”为重点的下一步改革[M]//中国(海南)改革发展研究院.建设公共服务型政府.北京:中国经济出版社,2004:41-45.

推进事业单位的社会化。①

方栓喜认为,现代公共服务体制的一个最突出的特征就是公共服务社会化,就是以公共需求为导向,调动社会力量参与提供和改善公共服务,鼓励各种民间组织投资兴办公益事业和提供社会服务,建立以政府为主导、各种社会主体共同参与的公共服务供给格局,实现公共服务供给主体的多元化和供给方式的多样化。②

迟福林认为,在我国社会发展的新阶段,政府不可能、也没有必要对社会性公共服务和社会事务实现全方位的直接管理,相当部分社会性、公益性的公共服务职能,应该也可以从政府的职能中分离出来,以形成多元广泛的社会主体参与公共服务的格局和有效的公共服务社会责任机制。为适应我国公共需求发展的大趋势,应当鼓励并支持民间组织参与公共服务,以缓解公共服务的供求矛盾。③

常修泽认为,从一定意义上说,“公私伙伴关系”是“政府与市场内在结合”的新发展,较之“板块式”的结合,关系更融洽、更和谐。因此,政府提供公共品要有新思维,提供方式需要创新,在坚持政府主导的前提下,要学会运用“公私伙伴关系”机制。④

沈荣华认为,强化政府公共服务职能,建立现代公共服务体制,是一项系统工作,涉及多方面的改革。当前,应当通过制度安排,增加对公共服务的投入,扩大公共服务提供的主体,改善公共服务的过程,使公共服务得到有效公正的

---

① 汪玉凯.公共管理社会化与建设服务型政府[M]//中国(海南)改革发展研究院.政府转型——中国改革下一步.北京:中国经济出版社,2005:41-47.

② 方栓喜.以建立和完善公共服务体制为重点的政府转型[M]//中国(海南)改革发展研究院.聚焦中国公共服务体制.北京:中国经济出版社,2006:107-123.

③ 迟福林.以参与公共服务为主要目标的民间组织发展[M]//中国(海南)改革发展研究院.聚焦中国公共服务体制.北京:中国经济出版社,2006:281-284.

④ 常修泽.政府提供公共产品也可采用“公私伙伴关系”机制[M]//中国(海南)改革发展研究院.聚焦中国公共服务体制.北京:中国经济出版社,2006:285-288.

提供,惠及全体人民。强化政府公共服务职能,解决公共服务需求增长与供应不足的矛盾,必须增加财政对公共服务的投入比重,达到或者高于中等发展国家的水平,同时,还应当通过制度设计,建立健全社会保障体系、医疗卫生体系、教育资助体系、社会救助体系,确保政府财政的投入比重和社会成员的广泛参与。强化政府的公共服务职能,需要理顺政府与其他主体的关系,建立多元主体参与公共服务提供的体制,在我国现阶段,应当在科学分类的基础上,将更合适由非政府部门提供或生产的服务分别交给相关主体,通过付费、购买、资助和监管等制度安排,扩大公共服务供给。强化政府公共服务职能,还需要改进公共服务过程,建立以结果为导向的公共服务运行机制,从我国情况看,当前尤其需要建立健全以下三个机制:建立反映人民意愿的决策机制、建立绩效管理评估机制、建立问责机制。①

李军鹏认为,政府公共服务职能创新的关键,是建立符合中国国情的公共服务制度,实现公共服务的制度化、公共化、公正化和社会化。政府公共服务要由运动型的为人民服务向制度型的公共服务转型,实现公共服务的制度化。政府公共服务要由"经济建设服务型"转向"社会服务优先型",实现公共服务的公共化。政府公共服务要由歧视性的公共服务转向平等的公共服务,实现公共服务的公正化。政府公共服务要由"单中心治理"模式向"多中心治理"模式转型,实现公共服务的社会化。②

唐铁汉认为,我们要根据中国国情,努力形成适合我国特点的公共服务模式和体系,并使之社会化和法制化。我国的公共服务模式和体系建设要渐进发展、稳步提高,不能急于求成、一步到位,公共服务覆盖面的扩大、公共服务水平的提高都要依据经济和社会发展的水平科学确定。我国公共服务不能完全照搬西方发达国家高水平的公共服务模式,而应采取"覆盖面广、水平适度、兼顾公平与效率"的公共服务模式,在保证最低生活保障、初级卫生保健、义务教育

---

① 沈荣华.公共服务的制度安排:增加投入、扩大参与和改善过程[M]//中国(海南)改革发展研究院.聚焦中国公共服务体制.北京:中国经济出版社,2006:289-294.

② 李军鹏.论中国政府公共服务职能[J].国家行政学院学报,2003(4):29-31.

的基础上,以保护贫弱者为重点,扩大公共服务的覆盖面,从而实现使人人都享有基本公共服务的目标。[①]

李军鹏认为,纵观全面建设小康社会与中国基本实现现代化的社会公共需求增长,中国政府公共服务模式,必须遵循“社会性公共服务支出为主体”的公共服务支出模式、“科教优先”的增长模式、“广覆盖、低水平、兼顾公平与效率”的公共服务消费模式与“多中心治理”的公共服务供给模式。[②]

(六)健全和完善公共财政体制

迟福林认为,强化政府公共服务职能,必须健全和完善公共财政体制,逐步提高公共支出在公共财政支出中的比重,并且努力做到经济性公共服务与社会性公共服务相协调。[③]

中国(海南)改革发展研究院认为,要加快由投资型财政向公共服务型财政的转变。我国经济社会发展过程中存在着诸多失衡和矛盾的一个重要原因,是现行财政体制存在着功能上的错位和缺陷。主要表现在将财政资金过多地运用在投资国有企业形成国有资产上,以及过多地投资于基础领域和竞争性行业,而在解决就业、社会保障、义务教育等社会事业方面的投入过少。要下决心改革投资型财政体制,并通过逐渐调整财政支出结构,加快建立公共服务型财政体制。[④]

仇章建、李伟认为,要实现向公共服务型政府的转变,必须构建以“公共财政”为主要内容的新型财政体制。首先,调整政府财政职能,按照“公共财政”原则,收缩财政的生产建设性领域,主要提供公共产品与服务。其次,合理划分地方政府的事权与财权,应按照国家安全、行政管辖和收益的原则要求,根据经济

---

① 唐铁汉.强化政府公共服务职能,努力建设公共服务型政府[J].中国行政管理,2004(7):9-15.

② 李军鹏.公共服务型政府[M].北京:北京大学出版社,2004:172-176.

③ 迟福林.以公共服务为中心的政府转型[M]//中国(海南)改革发展研究院.政府转型——中国改革下一步.北京:中国经济出版社,2005:29-36.

④ 中国(海南)改革发展研究院.加快建设公共服务型政府的若干建议(24条)[M]//中国(海南)改革发展研究院.建设公共服务型政府.北京:中国经济出版社,2004:3-10.

社会发展需要，合理划分中央与地方的事权与财权，调整四级财政的分配比例，向省以下地方财政倾斜。最后，加大中央财政、省级财政转移支付力度，制定优惠扶持政策，使财政资金向经济发展相对滞后的西部地区倾斜、向农村地区倾斜，向农村文化、教育、卫生等社会事业倾斜，向贫困地区建立社会保障制度倾斜。[①]

方栓喜认为，我国要真正建立公共财政，需要作如下六个方面的调整：第一，要压缩行政管理支出，提高公共服务支出水平。第二，要加强县级财政。第三，要建立规范的转移支付制度促进地区间公共支出的均等化。第四，要逐步实现财政预算和管理的透明化、制度化，充分发挥人大的监督作用。第五，将国有企业利润上交财政，用于公共服务支出。第六，将国有土地和矿产资源产权转让取得的收入上交财政，用于各项公共服务支出。[②]

丁元竹认为，要充分发挥政府公共服务职能，就必须完善公共财政体制框架。公共服务型政府和公共财政密不可分，公共财政支出结构反映着政府职能结构的变化。我国目前公共财政支出结构中还带有明显的"建设财政"的特点，公共财政支出被大量用于那些本该由市场发挥作用的领域，经济建设支出过高，用于社会性公共服务的支出偏低。因此，必须加大我国公共财政支出中的社会公共服务的比重。[③]

蒋云根认为，为加强政府公共服务的核心职能，必须进行公共财政体制改革，调整财政支出结构，大力压缩非公共性的财政支出，从那些不属于社会公共需要的领域抽身，同时在社会公共需要的领域加大国家资源的投入，将财政支出的重点转向公共安全、公共卫生、公共教育、社会保障和基础设施建设方面，

---

① 仇章建，李伟.从经济建设型政府向公共服务型政府转变[M]//中国（海南）改革发展研究院.政府转型——中国改革下一步.北京：中国经济出版社，2005：59-64.

② 方栓喜.以建立和完善公共服务体制为重点的政府转型[M]//中国（海南）改革发展研究院.聚焦中国公共服务体制.北京：中国经济出版社，2006：107-123.

③ 丁元竹.充分发挥政府公共服务职能——解决"十一五"时期突出性社会问题的一种思路[J].唯实，2006(7)：15-18.

逐步把经济建设型财政转变为公共服务型财政。①

唐铁汉认为，强化政府公共服务职能，必须建立公共财政体制，增加政府公共支出。要通过建立公共收入制度，提高财政收入占国内生产总值的比重。同时，要调整公共支出的范围，把生产投资型财政转变为公共服务型财政。此外，进一步改革财税体制，合理地界定中央与地方财权和事权，有效地实行转移支付，认真解决地方政府债务问题等，也需要引起高度重视，提出对策。②

李军鹏认为，建设公共服务型政府，必须建立公共财政体制，实施财政支出公共化战略。随着政府满足社会公共需求的公共支出的增加，政府财政支出不断上升，迫切要求调整政府财政支出的范围，压缩财政支出用于经济建设支出的比重，建立公共财政体制，使政府财政支出主要用于满足社会公共需求。③

（七）按照建立公共服务型政府的要求，理顺中央与地方的关系

中国（海南）改革发展研究院认为，要根据经济社会发展需要，重新界定中央和地方的财权和事权。我国中央和地方财权和事权的划分还存在着系统性的缺陷，主要是省级以下的财政基本上是"吃饭"财政，尤其是县、乡财政还存在大量的亏空，而且基层政府负担的事项偏多。因此，明确界定和规范政府各部门的职能分工，加强中央监管，加强地方民主政治建设，逐步推行市县地方自治，逐渐使中央和地方的关系制度化。要以立法的形式，将中央和地方政府的权力范围、权力动作方式、利益配置结构、责任和义务等明确下来。要关注和解决地方政府的债务问题。④

中国（海南）改革发展研究院认为，要按照建立公共服务型政府的要求，理顺中央与地方的关系。研究和界定中央与地方在公共服务供给方面的财权、事权，使财权和事权相对称，为实行有效的转移支付和强化地方政府在公共服务

---

① 蒋云根.公共服务型政府的制度建构[J].广东行政学院学报，2005(6)：10-15.

② 唐铁汉.强化政府公共服务职能，努力建设公共服务型政府[J].中国行政管理，2004(7)：9-15.

③ 李军鹏.公共服务型政府[M].北京：北京大学出版社，2004：217-224.

④ 中国（海南）改革发展研究院.加快建设公共服务型政府的若干建议（24 条）[M]//中国（海南）改革发展研究院.建设公共服务型政府.北京：中国经济出版社，2004：3-10.

中的作用，提供依据和基础。目前我国中央财政的形势很好，但是地方政府的财政状况却不容乐观，存在巨额财政负担。产生这一问题的原因是中央与地方的权责不对称。因此，当前我国迫切需要通过法律规范中央与地方的事权和财权。①

迟福林认为，要正确处理中央与地方政府的关系，充分发挥地方政府在公共服务中的主体作用。打破 GDP 考核的政绩观，树立对地方政府考核的科学和综合指标体系，将公共服务指标纳入到政绩指标中去。调整中央政府与地方政府的关系，重新界定中央与地方的财权和事权，使财权和事权相对称。②

黄挺认为，要进一步划清中央政府与地方政府，省与市、县政府的事权和财权界限，正确处理集权和分权，"统"与"分"的关系，使各级政府的事权与财权相配套，以调动两个积极性。③

方栓喜认为，要逐步探索缩小政府层级，建立中央、地方政府在公共服务方面的责任和分工体制。从公共服务分工的角度来讲，三级建制符合效率最大化和机能最大化。中国现行行政区划建制多达五个层级，即中央、省、市地州、县、乡镇。"地区"一级的存在，不仅占用了大量的行政费用，要抽空许多县级政府的财政资金，使得地方政府公共服务分工的层次难以理顺。精简、撤并乡镇一级政府或者采取乡财县管也将成为我国下一步行政层级调整的重点。④

（八）建立以公共服务为取向的政绩考核体系和科学的行政问责机制

中国（海南）改革发展研究院认为，尽快按照公共服务型政府的要求，建立以公共服务为取向的政府业绩评价体系，坚持以人为本，将政府职能切实转变

---

① 中国（海南）改革发展研究院.以宏观调控为契机，加快建设公共服务型政府的建议（18 条）[M]//中国（海南）改革发展研究院.政府转型——中国改革下一步.北京：中国经济出版社，2005：3-9.

② 迟福林.以公共服务为中心的政府转型[M]//中国（海南）改革发展研究院.政府转型——中国改革下一步.北京：中国经济出版社，2005：29-36.

③ 黄挺.加快社会领域改革，推动政府转型[M]//中国（海南）改革发展研究院.聚焦中国公共服务体制.北京：中国经济出版社，2006：90-94.

④ 方栓喜.以建立和完善公共服务体制为重点的政府转型[M]//中国（海南）改革发展研究院.聚焦中国公共服务体制.北京：中国经济出版社，2006：107-123.

为社会提供基本的公共产品和公共服务上来。强化政府的社会服务功能。与此同时，建立科学的行政问责机制，追究政府行政机关和官员在公共服务职能方面失职的责任。①

仇章建、李伟认为，要切实实现政府向公共服务型转变，重要的是改变以往的政绩考核标准，废除以 GDP 为取向的政府业绩评价体系，建立以公共服务为取向的政府业绩评价体系：一是在指标体系的设置上，要全面反映经济、社会和人的全面发展，不能片面地用经济指标考核干部；二是在经济指标的设置上，要既重视反映经济增长的指标，又重视反映经济发展的指标；三是在评价标准上，既要看数字，又不能唯数字。同时结合转变政府职能，还要建立健全科学的决策机制和完善的监督机制，建立科学的行政问责机制，追究政府行政机关和官员在公共服务职能方面失职的责任。②

（九）加快公共服务的相关立法

中国（海南）改革发展研究院认为，我国社会关系的日益深刻变化，已对公共服务的相关立法提出了迫切要求。加快公共服务的相关立法，进一步明确政府的公共服务职能，不仅是政府职能转换的需要，更是社会生活对国家、对政府提出的现实要求。当前最紧迫的任务是，着手逐步实现决策咨询的法定化，建立有公民代表和专家参加的咨询委员会制度。此外，要积极推进行政程序、行政执法和政策评价的法定化。③

（十）推进事业单位改革

仇章建、李伟认为，要推进事业单位改革，使公共服务的存量资源进一步发挥效率。国有事业单位是我国社会公共服务体系的骨干力量，在教育、卫生、文

---

①③ 中国（海南）改革发展研究院.加快建设公共服务型政府的若干建议（24 条）[M]//中国（海南）改革发展研究院.建设公共服务型政府.北京：中国经济出版社，2004：3-10.

② 仇章建，李伟.从经济建设型政府向公共服务型政府转变[M]//中国（海南）改革发展研究院.政府转型——中国改革下一步.北京：中国经济出版社，2005：59-64.

化等领域是公共服务的主要提供者,事业单位掌握着大量的社会资源。“十一五”期间,应从进一步发挥公共服务资源的效率入手,加快推进国有事业单位改革。一是应实行新的分类管理,改变按照财政拨款比例将事业单位分为全额拨款、差额拨款、自收自支事业单位的办法,代之以按事业单位的工作性质分类,行使行政职能的事业单位应回归行政机构,从事服务经营性的事业单位应转为企业或中介服务机构,只保留具有公益性质的事业单位;二是对保留的事业单位应改革现行的创收与单位、个人利益密切挂钩,而不与服务质量紧密挂钩的经费管理办法,建立健全对服务的监管办法,推进单位内部人事、用工、分配制度改革。三是应尽快制定事业单位改革配套政策,目前比较急迫的是社会保障方面的政策,即事业单位转为企业后人员养老保险待遇的衔接政策。政策缺位已经严重影响了事业单位的改革进展,应引起国家有关部门的重视。[①]

方栓喜认为,要加快推进以政事分开为重点的事业单位改革。庞大的事业单位承担了我国公共产品和公共服务供给的绝大多数,但是整体状况并不尽如人意。虽然我国很早就提出来“政事分开”这一目标,但是由于部门利益的原因,在这方面进展不大。下一步的改革应当把一个行政区的各类公共服务整合起来,建立新的公共服务统筹规划协调部门,使改革能够割断部门利益的约束,这样才能够取得实际进展。[②]

张安认为,从构建新的公共服务体制的角度而言,我国的事业单位必须进行改革,改革不仅要着眼于提高效率的管理体制、组织机构和人事制度的改革,更重要的是要确保有更多的财政资金用于改善广大农村和落后地区的基础教育和基本医疗保障,同时保证有限资金的公平使用,重视公共服务的有效产出和质量水平。[③]

---

① 仇章建,李伟.以加强公共服务体系建设为中心推进政府职能转变[M]//中国(海南)改革发展研究院.聚焦中国公共服务体制.北京:中国经济出版社,2006:95-101.

② 方栓喜.以建立和完善公共服务体制为重点的政府转型[M]//中国(海南)改革发展研究院.聚焦中国公共服务体制.北京:中国经济出版社,2006:107-123.

③ 张安.推进事业单位改革,创新公共服务体制[M]//中国(海南)改革发展研究院.聚焦中国公共服务体制.北京:中国经济出版社,2006:326-332.

（十一）注重并建立不同利益主体的利益表达机制

中国（海南）改革发展研究院认为，国家必须承认社会利益高度分化的现实，承认不同的社会群体追求自己利益的合法性并保护其权利，要为不同群体表达自己的利益以及为追求自己利益施加压力做出制度性安排，充当规则的制定者和冲突的裁决者，要特别关注和保护弱势集团。①

（十二）建立完善的信息公开制度

中国（海南）改革发展研究院认为，在现代社会公民的知情权比什么都重要，要建立完善的信息公开制度。适应开放社会和履行公共职能的要求，从封闭型的行政体制向公开、透明的行政体制转变。②

蒋云根认为，公众的知情权与政府信息公开化，是建设公共服务型政府的基础。为适应开放社会和履行公共职能的要求，首先应确立以人为本、公众导向、民主参与的机制，重视建立公共服务决策项目的预告制度和重大事项的社会公示制度，完善在社会各阶层广泛参与基础上的公共政策听证制度，逐步从封闭型的公共决策向公开、透明的公共决策转变。政府公共服务的对象是社会，是广大人民群众。建立公开、透明的制度才能把政府的公共服务置于社会和公众的监督之下；同时，公开政务、公开政情也是政府有效履行公共服务职能的重要保障。③

四、构建公共服务型政府的难点

（一）利益调整是构建公共服务型政府的难点

李晓西认为，公共服务型政府简单地说就是提供公共产品为人民服务的政

---

①② 中国（海南）改革发展研究院.加快建设公共服务型政府的若干建议（24 条）[M]//中国（海南）改革发展研究院.建设公共服务型政府.北京：中国经济出版社，2004：3-10.

③ 蒋云根.公共服务型政府的制度建构[J].广东行政学院学报，2005(6)：10-15.

府。在这里,首先要明确公共产品到底该给谁服务的问题。最近,很多情况反映有的政府部门掌握公共产品、生产设施不是为人民服务,而是在为自己的部门服务、形成公器私用现象。所谓公器私用就是把国家给它的东西变成自己的东西用。比如,老百姓自己种的树,他们想砍点儿,林业局不允许。但是,林业局干部对利益关联企业则大量地发放许可证,这里面的私利很大,典型的公器私用。①

中国(海南)改革发展研究院认为,由于部门利益的局限,某些政府部门在制定规划、方案和法规时,往往受到本部门或所辖的行业利益的局限,对国家利益、公众利益考虑不够,甚至作出违背这些利益和法定程序的行政决策。因此,要构建公共服务型政府,就要打破政府部门行政利益的约束,尤其是要深化审批制度改革。②

常修泽认为,我们的政府部门现在存在的突出问题是,一些政府部门偏离了“公共利益关怀”的价值取向,存在违背公共利益、追求自身部门利益的问题。同时,在政府部门与既得利益集团的关系上,也存在偏离公共利益的问题。因此,在政府转型中,要克服“政府部门利益化”倾向。③

吴玉宗认为,服务型政府的建立是政府和社会、政府和公民、政府和社会组织的重大利益调整。在这个调整的过程中,利益丧失最多的是政府机关及其工作人员。而我们建设服务型政府又必须依靠这些政府机关和政府官员。他们既是改革的主体又是改革的对象,处于一种两难的境地。一方面,在社会、人民的推动下,他们只能采取推动政府改革的措施,把建设服务型政府的工作进行下去。另一方面,改革会给他们带来权力和利益的损失,这又是他们所不希望的。因此,他们的选择只能是:在尽可能保持住自己的权力和利益的情况下,一

① 中国(海南)改革发展研究院.建设公共服务型政府[M]//中国(海南)改革发展研究院.建设公共服务型政府.北京:中国经济出版社,2004:11-23.

② 中国(海南)改革发展研究院.以宏观调控为契机,加快建设公共服务型政府的建议(18条)[M]//中国(海南)改革发展研究院.政府转型——中国改革下一步.北京:中国经济出版社,2005:3-9.

③ 常修泽.人文价值取向与基础制度规范——关于政府转型的一点思考[M]//中国(海南)改革发展研究院.聚焦中国公共服务体制.北京:中国经济出版社,2006:74-78.

点点地改,外在的压力大,就动一动,如果外在压力小,就拖一拖。在实践中拖延改革的步伐,减缓改革的力度。①

董克伟认为,当前许许多多的部门利益在很大程度上是通过立法的形式来取得的,每个政府部门在参与立法时都极力争取本部门利益的最大化,并通过"立法"的形式来确定自己收费行为的正当性。这也是导致我国部门立法现象过多过滥,以及不同部门之间分管的法律彼此"打架"现象的重要原因。种种迹象表明,部门利益已经成了当前部门行政向公共行政转型的最大障碍。②

(二)观念上的障碍是构建公共服务型政府的难点

刘国光认为,政府职能由经济建设型转为公共服务型,首先要克服观念上的障碍。现在虽然强调经济和社会协调发展的方针,但一部分干部总认为,社会建设虽然重要,但第一位还是经济建设,只有在经济建设的基础上才能搞社会发展。他们没有认识到市场的改革已经将经济建设主体由政府移向企业,只看到经济建设投入有回报,可以增加财政收入而社会事业的投入只增加财政支出。这是一种极端短视的观念,也不符合"三个代表"的精神,需要思想上的启蒙。③

高尚全、全毅认为,国家职能转变与政府改革的最大挑战莫过于千百年来形成的根深蒂固的"官本位"传统。"官本位"要求社会组织与个人都必须围绕政府官员运转,官员是百姓的衣食父母,百姓的职责就是事下以奉上。计划经济体制就是整个社会经济都以政府为核心来运作的。而市场经济要求放弃"官本位"观念,树立人民主权与平等观念。④

吴玉宗认为,服务型政府是一种全新的政府理念,思想观念的转变是最困

---

① 吴玉宗.服务型政府:缘起和前景[J].社会科学研究,2004(3):10-13.

② 董克伟.政府转型须向部门利益开刀[N].中国改革报,2006-07-11.

③ 刘国光.谈政府职能与财政职能的转变[M]//中国(海南)改革发展研究院.建设公共服务型政府.北京:中国经济出版社,2004:25-30.

④ 高尚全,全毅.以公共职能为目标,加快政府改革进程[M]//中国(海南)改革发展研究院.政府转型——中国改革下一步.北京:中国经济出版社,2005:141-151.

难的事情。因为已经形成的思想观念有很强的历史惯性,它会强烈地束缚着人们的思想观念创新和行为方式的改变。特别是我国两千多年的封建专制主义的历史塑造了政府高高在上和官员当官做老爷的传统。今天,哪怕我们大力倡导新观念,不断宣传新观念,要让许多的政府官员树立起这种新观念也不会是短时期能够完成的。要让他们自觉地完成从老爷到公仆的转变更不可能在比较短的时间内做到。而要这种观念变为政府官员的自觉行动,就更非一朝一夕之功了。这种根本的变革面临的阻力和困难是我们可以想象的。①

(三)体制惯性障碍是构建公共服务型政府的难点

刘国光认为,政府职能由经济建设型转为公共服务型,要克服体制惯性障碍。比如现在财政支出投入有些不属于公共产品的范围,像竞争性、营利性行业国有企业的投入,本应纳入市场运作,不应占用公共资源。但由于多年计划经济的惯性,并且涉及部分人员的切身利益,想从庞大的国有企业抽身很难,将它交给市场有一个过程,国家还得保证对它们的投入。只有加快深化经济体制和政治体制改革,扫除这些体制惯性障碍,才能使我们的政府和财政的运转,走上更好的以人为中心的人本主义的社会经济发展的轨道,满足日益增长的人民物质文化的需要。②

(四)公务员素质不高是构建公共服务型政府的难点

周庆行、杨兴坤认为,我国公务员整体素质不高。比如公务员遇到问题,习惯于采用行政手段,运用所谓的暂行规定、内部文件解决,而不是依据法律法规来解决。虽然有了电子服务大厅,行政机关却还是采用传统的行政方式,在大厅里受理各种事情,然后到里面采用传统的办公方式解决,形成一种"前台受理,后台办理"的怪现象,行政效率有的比以前还低。无论是公共服务的提供,还是服务型政府的建设,都需要广大公务员去实施,去推行。如果公务员的素

---

① 吴玉宗.服务型政府:缘起和前景[J].社会科学研究,2004(3):10-13.

② 刘国光.谈政府职能与财政职能的转变[M]//中国(海南)改革发展研究院.建设公共服务型政府.北京:中国经济出版社,2004:25-30.

质不大力提高，公共服务的质量将很难有根本性的改观。①

（五）理论准备不足是构建公共服务型政府的难点

吴玉宗认为，目前，服务型政府建设在理论上的探索也是不够的，服务型政府的概念、内涵、内容和其基本指导思想等，人们还是模糊的。理论界也没有比较一致的看法。因此，建设服务型政府就缺乏理论的指导，实践上也就会比较盲目。我们只能一边实践，一边探索，一边总结，我们建设服务型政府的目标才会越来越清晰，我们的办法才会越来越有力。但是，这需要时间，也需要我们党和政府自觉改革的积极性，而且还要取决于我们的认识能力。②

上述研究文献，为我国公共服务型政府的建设提供了理论上的认识和思考，对我国公共服务型政府的实践具有重要的影响和指导作用。

第四节　公共服务型政府的实践及其成就

2003 年 SARS 危机之后，我国政府在继续加强经济调节和市场监管职能的同时，更加重视政府的社会管理和公共服务职能，开始了公共服务型政府的实践，并取得了巨大的成就。③

一、以公共服务为重点的政府职能转变

2003 年以来，随着行政管理体制改革的不断深化，在转变政府职能的过程中，政府的社会管理和公共服务的职能不断得到改善，各级政府社会管理和公共服务的质量和水平有了显著的提高。

---

① 周庆行，杨兴坤.建设服务型政府的困扰[J].当代行政，2004(5)：20-21.

② 吴玉宗.服务型政府：缘起和前景[J].社会科学研究，2004(3)：10-13.

③ 温家宝.深化行政管理体制改革加快实现政府管理创新[J].国家行政学院学报，2004(1)：4-8.

（一）政府加大了对公共服务的投入，提高了政府公共服务水平

随着经济的发展和行政管理体制改革的深化，我国政府不断加大了对公共服务投入的力度，为改革开放提供了有力的公共支持与保障。党的十六大以来的10年，我国社会建设不断发展。

科技事业发展迅速，科技投入不断增加。2011年全国研究与试验发展经费支出8 610亿元，比2002年增长5.7倍，占国内生产总值比重从1.07%提高到1.83%。教育事业全面发展。2012年，国家财政性教育经费支出占国内生产总值4%的目标如期实现。全面实现城乡九年免费义务教育，义务教育人口覆盖率达100%，青壮年文盲率降到1.08%。学前3年毛入园率达62.3%，高中阶段教育毛入学率从42.8%提高到84.5%，高等教育毛入学率从15%提高到26.9%，总规模居世界第一。文化卫生事业不断发展。2011年年末，全国共有医疗卫生机构95万个，卫生技术人员620万人。2010年我国人均预期寿命达74.83岁。①

（二）努力增加公共产品，初步建立了完善的公共服务体系

政府越来越重视人民群众的公共需求，努力增加公共产品的数量，不断满足人民群众日益增长的物质文化需求，重点发展科技教育、公共卫生、社会保障等公共服务，初步形成了文化、教育、科技、卫生、社会保障、农村公共服务等全方位公共服务体系，公共服务总量有较大的增长。

1.政府的公共卫生服务水平不断提高

医药卫生体制改革取得重大进展。全民基本医疗保险制度基本建立。截至2011年年底，参加城镇职工基本医疗保险、城镇居民基本医疗保险、新型农村合作医疗等3项基本医保的人数已超过13亿，覆盖了95%以上的城乡居民。国家基本药物制度初步建立。截至2011年7月，政府办基层医疗卫生机构全部实施了国家基本药物制度。基层医疗卫生服务体系逐步健全，覆盖城乡的基

---

① 林兆木.取得新的历史性成就的十年[M]//十八大报告辅导读本.北京：人民出版社，2012：19-20.

层医疗卫生服务网络基本建成。医药卫生事业不断发展。2007 年到 2012 年国家对卫生的投入超过 2 万亿元，比前五年增加 2 倍。专业公共卫生和基层医疗卫生机构初步实现公益性运行。2011 年在基层机构诊疗的患者比 2008 年增加 8.4 亿人次，增长 28.5%，全国卫生总费用中个人卫生支出比重从 2002 年的 57.7%下降至 2011 年的 34.9%。正是在政府的大力投入下，我国居民健康状况得到显著改善。2002—2011 年，孕产妇死亡率从 10 万分之 51.3 下降至 10 万分之 26.1，婴儿死亡率从 29.2‰下降至 12.1‰，5 岁以下儿童死亡率从 34.9‰下降至 15.6‰。①

2.教育公共服务取得明显进展

党和国家高度重视教育，不断加大教育投入，教育优先发展已经成为全社会共识。教育体制改革逐渐深化，以政府办学为主体、公办学校和民办学校共同发展教育的格局基本形成。公共教育资源向贫困、边远地区和农村地区倾斜，初步建立了从学前教育到研究生教育的完整的资助困难学生体系，每年资助近 1.8 亿名学生，教育公平程度不断提升。② 2010 年，我国制定了《国家中长期教育改革和发展规划纲要(2010—2020 年)》。《纲要》提出要继续提高国家财政性教育经费支出，加快从教育大国向教育强国、从人力资源大国向人力资源强国迈进。

3.科技公共服务水平不断提高

2003 年，国务院着手编制国家中长期科学和技术发展规划，组织大批专家参与研究论证。2004 年，围绕制定国家中长期科学和技术发展规划，组织 2 000 多位专家对若干战略问题进行研究论证。2005 年，经过两年多的深入研究和广泛论证，制定了《国家中长期科学和技术发展规划纲要》，创新驱动发展成为我国经济社会发展的重大战略。十年来，我国科技水平不断提升，自主创新能力不断提高，国家创新体系、基础研究、科技基础设施建设和基层科技工作不断加强。一大批重大科技项目和高新技术产业化取得重大进展，我国科技整体实力

---

① 宁吉喆.不断提高人民健康水平和素质[M]//十八大报告辅导读本.北京：人民出版社，2012：307-308.

② 袁贵仁.努力办好人民满意的教育[M]//十八大报告辅导读本.北京：人民出版社，2012：280.

与主要发达国家不断接近，一些方面开始从跟踪者逐步变为并行者，甚至成为领跑者，我国已经成为具有重要影响力的科技大国和创新大国。

4.文化公共服务水平不断加强

坚持以马克思主义为指导，把握社会主义先进文化前进方向。积极推进文化体制改革，统筹公益性文化事业和文化产业发展。公共文化基础设施建设进一步加强，文化信息资源共享工程顺利实施。加强文化市场管理。国家重大文化项目建设和自然历史文化遗产地保护得到加强。对外文化交流更加活跃。

5.社会保障体系基本建立

社会保险法颁布实施，社会保障制度建设取得突破性进展，覆盖范围迅速扩大，保障水平稳步提高。2005—2012 年连续 8 年调整企业退休人员养老金，2012 年全国企业退休人员月人均基本养老金达到 1 721 元，是 2002 年的 2.8 倍。基本医疗保险报销比例和最高支付限额逐步提高。社会保险基金规模不断扩大。2011 年，城镇 5 项社会保险基金总收入、总支出和累计结余规模分别达到 2.4 万亿元、1.81 万亿元和 2.9 万亿元，分别比 2001 年增长 6.7 倍、5.5 倍和 16.8 倍。城乡社会救助体系全面建立。城市居民最低生活保障实现了动态管理下的应保尽保，农村居民最低生活保障全面建立，城乡医疗救助制度普遍实施，经常性社会救助对象达到 8 000 多万人。[①]

6.就业和再就业公共服务不断推进

各级政府认真落实中央关于扩大就业再就业的一系列措施，加大资金投入、政策支持和工作力度。就业数量不断扩大。2003—2011 年，全国新增就业累计达 9 801 万人，城镇登记失业率保持在 4.3%以下。[②] 通过实施积极的就业政策，国有企业下岗职工得到妥善安置。统筹做好城镇新增劳动力、高校毕业生、复员退伍军人等就业工作，加强对高校毕业生就业的指导和服务。市场机制在人力资源配置中的基础性作用得到有效发挥，面向全体劳动者的人力资源

① 尹蔚民.推动实现更高质量的就业全面建成覆盖城乡居民的社会保障体系[M]//十八大报告辅导读本.北京：人民出版社，2012：293.

② 尹蔚民.推动实现更高质量的就业全面建成覆盖城乡居民的社会保障体系[M]//十八大报告辅导读本.北京：人民出版社，2012：287.

市场服务体系不断健全。就业促进法、劳动合同法、劳动争议调解仲裁法相继颁布实施,促进就业的法律体系和劳动关系协调机制逐步健全,企业工资分配制度改革稳步推进。职业培训体系基本建立,劳动者就业能力不断提高。

7.扶贫和救灾公共服务不断加大力度

加大扶贫工作力度,增加资金投入,改善贫困地区生产生活条件。各级政府重视解决拖欠农民工工资问题,取得积极成效。面对 5・12 汶川特大地震,展开了我国历史上救援速度最快、动员范围最广、投入力量最大的抗震救灾斗争,从废墟中抢救 8.4 万人,全力开展防疫工作,实现了大灾之后无大疫。[①] 随后转入灾后重建工作,在全国支援和灾区人民的共同努力下,仅 3 年时间便完成了恢复重建各项任务,取得了灾后恢复重建的全面胜利。群众生活得到妥善安排,恢复生产和重建工作有序进行。

8.环境保护公共服务成就显著

环境保护投入显著增加,国土资源管理、环境保护和生态建设等方面都做了大量工作,加大了耕地保护力度,重点流域和区域污染防治取得新进展,生态文明制度建设取得积极进展。“十一五”期间,全国单位国内生产总值能耗下降 19.1%,森林覆盖率提高 2.16%,累计减少二氧化碳排放 14.6 亿吨。[②]

(三)各级政府管理创新取得新进展,为全面建设服务型政府提供了有益经验[③]

从中央政府来看,国务院高度重视、积极推进行政管理体制和机构改革,作出了一系列部署,把转变政府职能作为政府管理创新的关键,特别强调强化政府公共服务职能。一些地方政府适应经济体制改革的要求,在深化行政管理体制改革的过程中,开始自觉推进服务型政府建设。党的十六届三中全会提出“五个统筹”的科学发展观之后,各地方政府特别是省级政府都提出建设服务型

---

① 2009 年国务院政府工作报告。

② 杨伟民.大力推进生态文明建设[M]∥十八大报告辅导读本.北京:人民出版社,2012:319.

③ 唐铁汉.强化政府公共服务职能,努力建设公共服务型政府[J].中国行政管理,2004(7):9-15.

政府的施政目标。这一阶段服务型政府建设的主要内容是实现经济与社会协调发展,完善政府公共服务职能,建设公共服务型政府。上述政府管理创新的做法和经验,对于进一步转变政府职能和提高公共服务的水平都是很有意义的。

二、以职能整合为特点的政府机构改革

(一)2003 年国务院机构改革

为了适应经济社会发展的要求,中共十六届二中全会通过了《关于深化行政管理体制和机构改革的意见》,十届人大一次会议根据这次意见形成了《国务院机构改革方案》。国务院机构改革的指导思想是:以邓小平理论和"三个代表"重要思想为指导,按照完善社会主义市场经济体制和推进政治体制改革的要求,坚持政企分开,精简、统一、效能和依法行政的原则,进一步转变政府职能,调整和完善政府机构设置,理顺政府部门职能分工,提高政府管理水平,形成行为规范、运转协调、公正透明、廉洁高效的行政管理体制。

国务院机构改革的主要任务是:

第一,深化国有资产管理体制改革,设立国务院国有资产监督管理委员会。

第二,完善宏观调控体系,将国家发展计划委员会改组为国家发展和改革委员会。

第三,健全金融监管体制,设立中国银行业监督管理委员会。

第四,推进流通管理体制改革,组建商务部。

第五,加强食品安全和安全生产监管体制建设,在国家药品监督管理局的基础上组建国家食品药品监督管理局,将国家经济贸易委员会管理的国家安全生产监督管理局改为国务院直属机构。

第六,将国家计划生育委员会更名为国家人口与计划生育委员会。

第七,不再保留国家经济贸易委员会、对外贸易经济合作部。

经过改革,除国务院办公厅外,国务院组成部门设置 28 个。

2003 年机构改革,没有大幅度精简机构,国务院组成部门由 29 个减少到 28 个,没有太大的变化。也没有大幅度转变职能,主要是进行职能整合,合并了交叉的职能,而且按照“决策、执行、监督”对各部门进行重新排序,特别是加强了监管的职能,强调了宏观调控。

(二)2008 年国务院机构改革

这次机构改革的主要任务是,围绕转变政府职能和理顺部门职责关系,探索实行职能有机统一的大部门体制,合理配置宏观调控部门职能,加强能源环境管理机构,整合完善工业和信息化、交通运输行业管理体制,以改善民生为重点加强与整合社会管理和公共服务部门。

这次机构改革的主要内容包括:第一,合理配置宏观调控部门职能。国家发展和改革委员会、财政部、中国人民银行等部门要建立健全协调机制,形成更加完善的宏观调控体系。第二,加强能源管理机构。设立高层次议事协调机构国家能源委员会。组建国家能源局,由国家发展和改革委员会管理。不再保留国家能源领导小组及其办事机构。第三,组建工业和信息化部。组建国家国防科技工业局,由工业和信息化部管理。国家烟草专卖局改由工业和信息化部管理。不再保留国防科学技术工业委员会、信息产业部、国务院信息化工作办公室。第四,组建交通运输部。国家邮政局改由交通运输部管理。保留铁道部,继续推进改革。不再保留交通部、中国民用航空总局。第五,组建人力资源和社会保障部。组建国家公务员局,由人力资源和社会保障部管理。第六,组建环境保护部。不再保留国家环境保护总局。第七,组建住房和城乡建设部。不再保留建设部。第八,国家食品药品监督管理局改由卫生部管理。明确卫生部承担食品安全综合协调、组织查处食品安全重大事故的责任。

改革后,除国务院办公厅外,国务院组成部门设置 27 个。这次国务院改革涉及调整变动的机构共 15 个,正部级机构减少 4 个。

三、基于合理划分管理责权的中央与地方关系改革

2003 年 10 月 14 日,中国共产党第十六届中央委员会第三次全体会议通过的《中共中央关于完善社会主义市场经济体制若干问题的决定》指出,要"进一步调整各级政府机构设置,理顺职能分工,实现政府职责、机构和编制的法定化。深化地方行政管理体制改革,大力精简机构和人员。合理划分中央和地方经济社会事务的管理责权。按照中央统一领导、充分发挥地方主动性积极性的原则,明确中央和地方对经济调节、市场监管、社会管理、公共服务方面的管理责权。属于全国性和跨省(自治区、直辖市)的事务,由中央管理,以保证国家法制统一、政令统一和市场统一。属于面向本行政区域的地方性事务,由地方管理,以提高工作效率、降低管理成本、增强行政活力。属于中央和地方共同管理的事务,要区别不同情况,明确各自的管理范围,分清主次责任。根据经济社会事务管理责权的划分,逐步理顺中央和地方在财税、金融、投资和社会保障等领域的分工和职责。"

2006 年 10 月 11 日,中国共产党第十六届中央委员会第六次全体会议通过的《中共中央关于构建社会主义和谐社会若干重大问题的决定》指出,要"完善公共财政制度,逐步实现基本公共服务均等化。进一步明确中央和地方的事权,健全财力与事权相匹配的财税体制。完善中央和地方共享税分成办法,加大财政转移支付力度,促进转移支付规范化、法制化。保障各级政权建设需要。完善财政奖励补助政策和省以下财政管理体制,着力解决县乡财政困难,增强基层政府提供公共服务能力。逐步增加国家财政投资规模,不断增强公共产品和公共服务供给能力。"

2008 年,党的十七届二中全会通过《关于深化行政管理体制改革的意见》。意见提出,深化行政体制改革,要必须坚持发挥中央和地方两个积极性,在中央的统一领导下,鼓励地方结合实际改革创新。地方政府要确保中央方针政策和国家法律法规的有效实施,加强对本地区经济社会事务的统筹协调,强化执行

和执法监管职责，做好面向基层和群众的服务与管理，维护市场秩序和社会安定，促进经济和社会事业发展。按照财力与事权相匹配的原则，科学配置各级政府的财力，增强地方特别是基层政府提供公共服务的能力。

在上述文件的指导下，我国中央与地方政府间的关系逐步走向责权的合理划分，中央与地方政府间的职能分工逐步理顺，实现了中央与地方政府间关系从"以经济总量为主导"向"以基本公共服务均等化为重点"的转变。① 按照建立公共服务体制的基本要求，依据公共产品公益性涉及的范围，中央政府原则上负责公益性覆盖全国范围的公共产品的供给，以城乡和区域基本公共服务均等化为重点，强化再分配职能，完善中央对地方的转移支付。各级地方政府主要负责各自辖区内公共产品的供给，重点关注各自辖区内居民的实际需求，强化公共产品的供给效率。上述改革实践，进一步改革和规范了中央与地方的关系，为逐步缩小地区间基本公共服务的差距、打破 GDP 政绩观、加快建立公共服务型政府奠定了基础。

---

① 高尚全.历史新起点上的中央地方关系[N].中国改革报,2007-02-05.

第四章

4

有效治理型政府

2012年至今为有效治理型政府。党的十八大以来,我国经济发展进入新常态,面对后金融危机时代世界经济复苏乏力、全球治理体系出现变革的外部环境,以习近平同志为核心的党中央审时度势,提出了一系列治国理政新思想。这些新思想表明,我国政府要以国家治理体系和治理能力现代化为改革总目标,建设有效治理型政府。

第一节　国家治理体系和治理能力现代化推动政府转向"有效治理型"

党的十八届三中全会通过《中共中央关于全面深化改革若干重大问题的决定》,开启了中国面向新时代的新一轮改革。新一轮改革的总目标是完善和发展中国特色社会主义制度,推进国家治理体系和国家治理能力现代化。推进国家治理体系和国家治理能力现代化,就要建设有效治理型政府。这是全面深化改革的目标指向,是后国际金融危机时代的现实选择,是全面建成小康社会、开启建设社会主义现代化国家新征程的根本保障。

一、建设有效治理型政府是全面深化改革的目标指向

全面深化改革就是要推进经济、政治、文化、社会、生态文明在内的体制机制改革。全面深化改革,关键是深化行政体制改革,推进政府治理体系和治理能力现代化。

(一)推进国家治理体系现代化的关键在于推进政府治理体系现代化

国家治理体系是在党领导下管理国家的制度体系,包括经济、政治、文化、社会、生态文明和党的建设等各领域体制机制、法律法规安排,也就是一整套紧密相连、相互协调的国家制度。中华人民共和国成立以来,我们提出了很多现代化,包括农业现代化、工业现代化、科技现代化等,十八届三中全会首次提出

实现国家治理体系现代化。之所以将国家治理体系现代化作为改革总目标,这是因为:

一是要统筹推进各领域改革。十八大之前,我们谈改革目标主要是从具体领域来谈的。我们指出政治体制改革的目标是巩固社会主义制度,发展社会主义社会的生产力,发扬社会主义民主,调动人民积极性。十四大提出经济体制改革的目标是建立社会主义市场经济体制。随着改革开放的不断推进,各项改革之间的关联性、整体性、系统性明显增强。每一项改革都需要其他改革协同配合。因此,必须将改革作为系统工程,统筹推进,在各项改革协同配合中深化改革。

二是要推进国家制度现代化,发展和完善中国特色社会主义制度。国家治理体系现代化的实质是国家制度的现代化。中华人民共和国成立以来,我国长期强调要实现工业、农业、国防和科学技术的现代化。这主要是追求物质层面的现代化。对于我国这样长期以来生产力比较落后的国家,大力发展生产力,满足人民群众不断增长的物质生活需要是最主要的任务,因此,将物质层面的现代化作为奋斗目标有其客观必然性。但是,仅仅追求物质层面的现代化而不重视国家制度现代化难以实现国家全面现代化。制度问题更带有根本性、全局性和长期性。改革开放后,之所以经济社会取得快速发展,就在于我国建立了适合我国国情的中国特色社会主义道路和制度。但总的来看,这一整套制度还有待进一步成熟、进一步定型。因此,必须推进国家治理体系现代化,形成更加成熟更加定型的制度。必须通过全面深化改革,“为党和国家事业发展、为人民幸福安康、为社会和谐稳定、为国家长治久安提供一整套更完备、更稳定、更管用的制度体系。”①

推进国家治理体系现代化的根本方向是发展和完善中国特色社会主义制度。我们推进国家治理体系现代化,要坚定不移地走中国特色社会主义道路,

---

① 中共中央文献研究室.习近平关于全面深化改革论述摘编[M].北京:中央文献出版社,2014:27.

坚持中国特色社会主义理论自信、道路自信、制度自信、文化自信，这是推进国家制度体系现代化的根本指向。我们不能走封闭僵化的老路，也不能走改旗易帜的邪路。“如果不顾国情照抄照搬别人的制度模式，就会画虎不成反类犬，不仅不能解决任何实际问题，而且还会因水土不服造成严重后果。”①

推进国家治理体系现代化的关键在于推进政府治理体系现代化。这是因为：

1.政府治理体系是国家治理体系的枢纽

国家治理涉及的主体主要有四个方面，即党、政府、企业和社会组织。政府在国家治理主体中处于枢纽地位。首先，党的领导在国家治理中发挥核心作用。党的核心作用在宏观上体现在党所制定的各项路线方针政策中，党所制定的各项路线方针政策主要通过政府来具体执行，离开了政府的有效运转，党的各项方针政策难以得到有效贯彻执行。其次，企业在市场运作中，主要是与各级政府打交道。各级政府要为企业良性运转创造良好的外部环境，促使企业由小变大，由弱变强。企业在市场竞争中取得的成就要通过税收、就业等形式反映为各级政府的发展成就，企业在市场运作中存在的问题也主要反馈到政府层面，由政府根据情况进行调整。再次，社会组织参与国家治理，离不开政府的支持和合理引导。政府要为社会组织发挥作用提供平台、配套支持、合理评估，从而为其良性发展创造必要条件。因此，政府治理在国家治理体系中处于基础地位，它一方面联系党的领导，另一方面与企业运作和社会组织参与密切相连。只有有效推进政府治理，才能推进国家治理体系现代化建设。

2.全面深化改革的关键在于进一步科学界定政府职能

改革开放以来，我国先后推进经济建设型政府、经济调节型政府、公共服务型政府建设，这对推动我国经济发展和社会进步起到重要作用。习近平同志指出：“中国改革经过30多年，已进入深水区。可以说，容易的、皆大欢喜的改革

① 中共中央文献研究室.习近平关于全面深化改革论述摘编[M].北京：中央文献出版社，2014：21.

已经完成了,好吃的肉都吃掉了,剩下的都是难啃的硬骨头。”①当前,改革进入攻坚期,面临诸多矛盾和挑战。我国社会主义市场经济体制仍然存在市场体系不完善、政府干预过多、监管不到位、部门保护主义和地方保护主义大量存在、以不正当手段谋取经济利益的现象大量存在等诸多问题。在社会发展方面,我国社会发展滞后经济发展问题还是很突出。城乡、区域社会发展不平衡,人口资源环境压力大;就业、社会保障、收入分配、教育、医疗、住房、安全生产、社会治安等关系群众切身利益的问题比较突出;社会体制机制不完善。之所以存在这些问题,从根源上说,就在于政府职能转变尚未到位。首先,许多政府该管的事情政府却没有管;其次,我国政府是强势政府,管了不少应该由市场或社会管更好的事情,管了不少应该由政府和市场、社会一起管的事情;再次,由于党委和政府之间,以及政府内部之间的责权利分配不清,导致不少由政府管的事情却没有管好。因此,要解决这些问题,就要进一步科学界定政府职能。政府要以问题为导向,将政府职能转变作为系统工程推进,统筹界定各项政府职能,从而建立科学的政府治理体系。具体说来,要进一步统筹四对关系,从而进一步科学界定政府职能:

第一,统筹党政关系。这是推进政府治理体系现代化的基础。党政军民学,东西南北中,党是领导一切的。中国共产党的领导是中国特色社会主义最本质的特征,是中国特色社会主义制度的最大优势。要以加强党的全面领导为统领,推进党和国家机构职能优化协同高效,建设职责明确、依法行政的政府治理体系。

第二,统筹中央与地方关系。当前,我国中央与地方关系尚未完全理顺,突出表现是各级政府的财权和事权不匹配。地方政府承担了大量的事权,但其所掌握的财权与事权不相匹配。以 2012 年为例,我国国家财政收入 117 253 亿元,中央财政收入是 56 175 亿元,占 48%,地方财政收入是 61 078 亿元,占

① 习近平.习近平谈治国理政[M].北京:外文出版社,2014:101.

52%;国家财政支出 125 952 亿元,其中,中央财政支出 18 764 亿元,占 15%,地方财政支出 107 188 亿元,占 85%。[①] 可见,分税制改革后,中央集中了大量财力,但财政支出与财政收入的比例却极不相符,由此导致中央与地方在财权与事权方面的严重不匹配。因此,必须统筹中央与地方关系,中央和地方要按照事权划分相应承担和分担支出责任。

第三,统筹政府与市场关系,发挥市场在资源配置中的决定性作用。政府要大力简政放权,大幅度减少对资源的直接配置,加强对市场监管特别是事中事后监管,破除制约市场主体活力和要素优化配置的障碍,发挥市场在资源配置中的决定性作用,让全社会创造潜力充分释放,推动大众创业、万众创新,打造中国经济升级版。

第四,统筹政府与社会关系。十八届三中全会提出,要坚持系统治理的思路,构建党委领导、政府主导、社会各方面参与的社会治理体制,实现政府治理和社会自我调节的良性互动。要加快实施政社分开,凡是适合由社会组织提供的公共服务事项,都交由社会组织提供,才能激发社会组织的活力,推进社会体制机制改革。

3.全面深化改革的难点在于打破政府利益的藩篱

经过 30 多年的改革,我国所有制主体多元化、利益主体多元化、社会结构多元化的格局已经形成。全面深化改革所面临的环境更加复杂,社会各界对各项改革举措所引起的变化更加敏感,各个利益主体围绕各项改革政策的博弈更加激烈。要深化改革,攻坚克难,关键是要打破利益固化的藩篱。打破利益固化的藩篱,难点就在于打破政府利益固化的藩篱。习近平同志指出:“在深化改革问题上,一些思想观念障碍往往不是来自体制外而是来自体制内。”[②]一些政府部门为保护本部门利益,置改革整体利益于不顾,采取各种方法抵制甚至阻碍改革,部门保护主义和地方保护主义大量存在;一些政府官员为维护个人利

① 中华人民共和国国家统计局.中国统计年鉴(2013)[M].北京:中国统计出版社,2013.

② 习近平.习近平谈治国理政[M].北京:外文出版社,2014:87.

益和控制更多权力,利用自身掌握的权力,公权私用,官商勾结,形式主义、官僚主义、享乐主义和侈靡之风突出,一些领域消极腐败现象易发多发。因此,要全面深化改革,就要突破一些部门、一些官员利益固化的藩篱,跳出条条框框的限制,克服部门和个人利益掣肘,以自我革新的胸怀和勇气全面深化改革。正如李克强同志在2014年《政府工作报告》中指出的,必须紧紧依靠人民群众,以壮士断腕的决心、背水一战的气概,冲破思想观念的束缚,突破利益固化的藩篱,以经济体制改革为牵引,全面深化各领域改革。打破政府利益藩篱的重要任务是反腐败。正如习近平总书记在2013年第十八届中央纪律检查委员会第二次全体会议上的讲话中指出:"当前一些领域消极腐败现象仍然易发多发,一些重大违纪违法案件影响恶劣,反腐败斗争形势依然严峻,人民群众还有许多不满意的地方。"①为推进反腐败斗争,十九大后我国成立监察委员会。监察委员会是行使国家监察职能的专责机关,对所有行使公权力的公职人员进行监察,调查职务违法和职务犯罪,开展廉政建设和反腐败工作,维护宪法和法律的尊严。

因此,只有深化政府行政体制改革,全面完善各项政府制度,推进政府治理体系现代化,才能全面深化改革,实现国家治理体系现代化。

(二)推进国家治理能力现代化的核心是推进政府治理能力现代化

国家治理能力是运用国家制度管理社会各方面的能力,包括改革发展稳定、内政外交国防、治党治国治军等各个方面。国家治理体系和治理能力是一个国家制度和制度执行能力的集中体现,两者相辅相成。国家治理体系谈的是国家制度体系的构成问题。国家治理能力谈的是制度的执行力问题。好的制度不等于好的执行能力。只有不断提高国家治理能力,才能充分发挥国家治理体系的效能。

推进国家治理体系现代化的关键在于推进政府治理体系现代化,因此,推

① 习近平.习近平在十八届中央纪委二次全会上发表重要讲话[EB/OL].新华网,2013-01-22.

进国家治理能力现代化的核心在于推进政府治理能力现代化，建设有效治理型政府，推进政府的治理手段、治理技术、治理考核的现代化。

1.推进国家治理能力现代化的前提是建设学习型政府

推进国家治理能力现代化是一场伟大的革命。在这场革命中，只有重视学习、善于学习，解决能力不足的问题，才能实现国家治理能力现代化。面对世情、国情、党情的深刻变化，面对改革开放和社会主义现代化建设任务的艰巨性、复杂性、繁重性，政府要以马列主义、毛泽东思想、邓小平理论、“三个代表”重要思想、科学发展观、习近平新时代中国特色社会主义思想为指导，加强学习型政府建设，不断解放思想，转变观念，确保政府有能力成为国家治理能力现代化的合格推进者。

2.推进国家治理能力现代化的核心在于推进依法行政

国家治理能力现代化的核心标志是依法治国。依法治国，是坚持和发展中国特色社会主义的本质要求和重要保障，是实现国家治理体系和治理能力现代化的必然要求，事关我们党执政兴国，事关人民幸福安康，事关党和国家长治久安。依法治国的核心在于依法行政，把权力关进制度的笼子。习近平同志指出：“权力是一把双刃剑，在法治轨道上行使可以造福人民，在法律之外行使则必然祸害国家和人民。把权力关进制度的笼子里，就是要依法设定权力、规范权力、制约权力、监督权力。”[①]但是，现实生活中，仍然有一部分领导干部法治观念淡薄、特权思想严重，有的存在有法不依、执法不严甚至徇私枉法等问题。立法工作中部门化倾向、争权诿责现象较为突出；有法不依、执法不严、违法不究现象比较严重，执法体制权责脱节、多头执法、选择性执法现象仍然存在，执法司法不规范、不严格、不透明、不文明现象较为突出。要解决这些问题，就要求各级领导干部要牢记法律红线不可逾越、法律底线不可触碰，带头遵守法律、执行法律，带头营造办事依法、遇事找法、解决问题用法、化解矛盾靠法的法治环

---

① 习近平.习近平在省部级主要领导干部学习贯彻十八届四中全会精神全面推进依法治国专题研讨班开班式上发表重要讲话[EB/OL].新华网，2015-02-02.

境。只有推进依法行政,才能确保党、国家和政府长治久安,推进法治中国建设。

3.推进国家治理能力现代化的基础是提高治理技术,推进电子政府建设

科技创新是推进国家治理能力现代化的技术基础。当前,我国大量信息数据资源掌握在各级政府手里,没有向社会开放,造成极大的浪费。一些部门和地方信息化建设各自为政,形成一个个互不相连的信息孤岛,这严重阻碍了政府效能的提升,进而影响整个国家信息化水平的提高。因此,必须推进电子政务建设,整合信息资源,加大政府信息数据开放力度,以电子政府建设为基础,推进政府治理的各项基础设施建设,提高政府执政的硬件水平。

4.国家治理能力现代化的衡量标准在于政府治理绩效的提高

国家治理能力现代化,具体反映为经济、政治、文化、社会、生态的治理现代化,最终体现为政府的治理绩效。政府必须树立起既要见物又要见人,既要重视物质生产水平的提高又要重视人的素质的提高,既要注重经济指标又要注重人文和资源环境指标的政绩观。只有树立起全面发展、全面进步的政绩观,以此为目标不断提高政府治理能力,才能实现“五位一体”建设的协调、整体发展,实现国家治理的现代化。

因此,全面深化改革的总目标是要推进国家治理体系和治理能力现代化。要推进国家治理体系现代化,关键是要推进政府治理体系现代化。要推进国家治理能力现代化,关键是要提高政府治理能力,建设有效治理型政府。建设有效治理型政府是政府转型的目标。

二、建设有效治理型政府是后国际金融危机时代的现实选择

(一)国际金融危机暴露全球治理体系存在一系列弊端

第二次世界大战后,在布雷顿森林体系下,建立了三大国际组织:世界银行(其前身是国际复兴开发银行)、国际货币基金组织和世界贸易组织(其前身是

关贸总协定)。这三大国际组织由西方发达国家主导,成为国际经济治理的主要支柱。2008 年爆发的国际金融危机在全球最大的资本主义国家发生,进而蔓延到全球,这充分暴露了全球治理体系存在的一系列弊端:

第一,全球治理体系由西方发达国家主导,主要反映西方霸权国家的利益。不论是世界银行、世界贸易组织还是国际货币基金组织,其内部权力结构是不平等的,主要反映西方发达国家的利益,而发展中国家的利益难以得到有效表达和实现。因此,这三大国际组织的政策在许多方面成为西方发达国家国内政策的延续,成为西方发达国家转嫁经济危机的平台。在应对国际金融危机过程中,美联储于 2008 年、2010 年、2012 年先后三次推出量化宽松政策,日本和欧洲央行也推出了大规模的量化宽松政策,这导致国际金融市场流动性泛滥,导致新兴市场经济体和发展中国家货币被动升值,对这些国家出口和经济增长带来很大冲击。对于发达国家的量化宽松政策,这些国际金融机构没有提出任何约束条件,放任国际金融市场大幅波动,放任发达国家转嫁危机。

第二,全球治理体系推行的政策主张主要反映西方发达国家价值理念,具有明显缺陷。长期以来,三大国际机构由西方发达国家把持,西方发达国家的思想、价值观念统治着全球治理机构。三大国际机构在全球长期推行以新自由主义经济思想为指导的政策,主张贸易、金融和投资自由化,反对政府干预。这种政策主张被概括为"华盛顿共识"。"华盛顿共识"在全球各地的推广带来严重后果。典型的例子是俄罗斯。苏联解体后,俄罗斯在这些国际组织的建议下实行休克疗法,快速推进私有化、自由化,导致经济发展水平倒退了几十年。同样,"华盛顿共识"在拉美、亚洲等地推行的结果也导致许多国家出现经济发展停滞、收入分配两极分化等严重经济社会问题。2008 年国际金融危机之所以爆发,其重要原因就在于发达国家放松政府监管,在金融领域推行新自由主义政策。这说明三大国际机构的指导思想不但在发展中国家难以继续推行下去,发达国家自身也受到严重挫折,这就深刻暴露出全球治理体系指导思想的明显缺陷。

第三，全球治理结构严重失衡，难以客观反映各个国家的经济政治实力变化。长期以来，三大国际机构的核心权力都掌握在西方发达国家手里。以国际货币基金组织为例，美国在国际货币基金组织中拥有一票否决权，凡是不符合美国利益的方针、政策都难以在国际货币基金组织中推行。国际金融危机以来，全球经济格局发生重大变化，新兴市场和发展中国家群体性崛起。2016 年，新兴市场和发展中国家对世界经济增长的贡献率达 80%，占全球经济的比重达 38.8%，较 2007 年提高了 10.5 个百分点，“金砖国家”占全球经济的比重达 22.4%，提高了 8.8 个百分点。2013—2017 年，我国对世界经济增长的贡献率超过 30%，2017 年，我国占世界经济比重达到 15%左右[①]。在世界格局发生深刻变化的背景下，三大国际机构治理体系改革却进展缓慢，难以反映全球经济政治新格局。

（二）建设有效治理型政府有助于把握对外开放新机遇，推动国际治理体系变革

后国际金融危机时代，建设有效治理型政府，构建开放型经济新体制，对为我国经济社会发展创造良好的外部条件、推动国际治理理念和治理体系变革具有重要价值。

第一，这是培育竞争新优势应对我国经济下行压力的需要。后国际金融危机时代，我国经济发展进入新常态，面临一系列新矛盾、新问题和新风险。这些问题主要是：经济稳中向好基础还不牢固，增长的内生动力尚待增强，经济下行压力较大；结构调整阵痛显现，企业生产经营困难增多，部分行业产能严重过剩；农业增产、农民增收难度加大；一些地区大气、水、土壤等污染严重，节能减排任务艰巨；就业结构性矛盾较大；地方政府债务、房地产等领域风险显现。要应对这些问题，必须转变发展理念，营造更有竞争力的国际化营商环

---

① 2018 年国务院政府工作报告.

境，通过实施准入前国民待遇和负面清单管理制度，加快建设自由贸易试验区等举措构建开放型经济新体制，用开放倒逼改革，释放改革红利，推动我国经济发展。

第二，这是把握我国开放新机遇的需要。经过40年的对外开放，我国开放形势与以往相比已经有了明显不同。当前，国际经济政治格局发生显著变化，我国在世界经济和全球治理中的分量迅速上升，对外开放从早期引进来为主转为大进大出新格局，对外开放进入引进来和走出去更加均衡的阶段。当前谈论开放新机遇，不仅仅是要抓住世界经济政治格局变化带来的机遇，不再是简单纳入全球分工体系、扩大出口、加快投资的传统机遇，更多的是要通过自身努力改变世界经济发展格局，创造发展机遇，从而在风云变幻的国际环境谋求更大的国家利益，实现中国与世界共赢的机遇。这就要求政府要主动作为，勇于迎接世界经济政治大变革时代的各种挑战，以“一带一路”建设为重点，把“一带一路”建设成为和平之路、繁荣之路、开放之路、创新之路、文明之路。同时，积极参与全球治理体系改革和建设，推动国际治理体系向着更加公平、更加合理的方向转变，从而为我国经济社会发展创造更加有利的外部条件。

第三，这是提供中国智慧构建全球新治理观的需要。后国际金融危机时代，以“华盛顿共识”为基础的西方价值观、治理观越来越难以适应新的全球经济格局和国际关系的变动。我国构建有效治理型政府，不断发展和完善中国特色社会主义制度，这就拓展了发展中国家走向现代化的途径，给世界上那些既希望加快发展又希望保持自身独立性的国家和民族提供了全新选择，为解决人类问题贡献了中国智慧和中国方案。在国际上，我国的治理理念和实践已经受到高度赞赏和广泛认同，国际影响力不断扩大。习近平同志提出的构建人类命运共同体思想，成为我国引领时代潮流和人类文明进步方向的鲜明旗帜，对形成共商共建共享的新全球治理观，共同建设持久和平、普遍安全、共同繁荣、开放包容、清洁美丽的新世界具有重大而深远的影响。

三、建设有效治理型政府是全面建成小康社会、开启全面建设社会主义现代化强国新征程的根本保障

改革开放之后,中央对我国社会主义现代化建设提出“三步走”发展战略。第一步,是要解决人民的温饱问题,第二步,是要解决人民的小康问题,第三步,是到21世纪中叶,基本实现现代化。在第一步和第二步奋斗目标实现后,十六大提出21世纪头20年要集中力量,全面建设小康社会。然后再奋斗30年,到中华人民共和国成立100年时,基本实现现代化。十八大提出全面建成小康社会的奋斗目标,十九大提出中国特色社会主义已经进入新时代,从2020年到21世纪中叶的奋斗目标可以分为两个阶段来安排:第一个阶段是从2020年到2035年,在全面建成小康社会的基础上,再奋斗15年,基本实现社会主义现代化。第二个阶段是从2035年到21世纪中叶,在基本实现现代化的基础上,再奋斗15年,把我国建设成为富强民主文明和谐美丽的社会主义现代化强国。从十九大到二十大,是“两个一百年”奋斗目标的历史交汇期。我们既要全面建成小康社会,实现第一个百年奋斗目标,又要乘势而上,开启全面建设现代化国家新征程。要顺利实现各项奋斗目标,需要建设有效治理型政府,这是因为:

(一)全面建成小康社会的奋斗目标对政府治理提出更高的要求

中国特色社会主义进入新时代,社会主要矛盾由人民日益增长的物质文化需要同落后的社会生产之间的矛盾转变为人民日益增长的美好生活需要与不平衡不充分的发展之间的矛盾。在这个阶段,人民群众对美好生活的需要不仅包括物质文化的需要,而且在民主、法治、公平、正义、安全、环境等方面的要求日益增长。这就要求政府要进一步转变职能,适应人民群众日益增长的对高水平政府治理的需求,不仅在数量上满足人民群众的需求,更要在质量上满足人民群众的需求。

第一,政府治理必须以满足人民群众需求为出发点。政府提供公共产品

时，必须以人民满意不满意、需要不需要作为政府治理好坏的判断标准，而不能将领导满意不满意、高兴不高兴作为政府治理好坏的判断标准。只有眼睛向下，深入了解群众需求，才能把握提供什么样的公共产品、如何提供公共产品才是最符合群众需求的。

第二，政府治理必须注重成本收益分析。目前，我国政府治理的成本还是偏高。政府在提供服务时，各种认证、评估、检查等多且不规范，各种收费项目花样繁多，这增加了企业的营业成本。政府行政审批时间长、手续繁杂、乱收费现象相当突出。例如，在2013年初召开的广州市政协十二届二次会议上，广州市政协常委曹志伟绘制了一幅投资项目审批流程“万里长征图”。该图指出，一个投资项目从立项到审批，要跑20个厅局、53个处室，盖108个章，需要799个审批工作日。[①] 因此，政府治理要进行成本收益分析，要以最优的效率、最低的成本服务市场、服务社会，推动大众创业、万众创新。

第三，政府运行效率有待提高。十六大以来，我国政府用于维持自身运转的成本呈上升趋势。行政管理费支出，2002年达到4 101亿元，2006年达到7 571亿元。一般公共服务支出，2007年达到8 514亿元，2012年达到12 700亿元。由此可见，我国政府执政所花费的成本太高，必须努力降低自身运营成本，提高政府执政效率。[②]

因此，中国特色社会主义进入新时代，人民对政府治理的要求更高了，政府要适应新时代的发展，不断提高政府治理水平。

（二）全面建成小康社会所面临的难点问题迫切要求弥补政府治理短板

目前，我国已经进入全面建成小康社会决胜期。要实现全面建成小康社会，就要推动经济由高速增长转向高质量发展，深化供给侧结构性改革。这就要坚决打好防范化解重大风险、精准脱贫和污染防治三大攻坚战，才能使全面建成小康社会得到人民认可，经得起历史检验。这三大攻坚战从深层次暴露了

① 吕巍.从一张“万里长征图”到一份“汇总清单”[N].人民政协报，2014-06-03.

② 数据来源.中国统计年鉴（2003—2013年）.

政府治理的短板。因此,必须弥补政府在这些方面的短板,深化体制机制改革,才能全面建成小康社会。

防范和化解重大风险需要政府处置。为应对国际金融危机,我国采取了扩张性的财政和货币政策。这些政策对于我国经济率先在世界经济企稳回升起到重要作用。随着我国经济进入后国际金融危机时代,这些政策的负面效应逐渐显现出来,从而导致我国经济发展蕴含着不少重大风险。这些重大风险主要包括房地产泡沫风险和地方政府债务风险。

房地产泡沫风险与政府自身行为密切相关。亚洲金融危机以来,我国房地产市场高速发展,为改善城镇居民居住条件、拉动经济增长起到重要作用。房地产市场的发展伴随着商品房价格的逐步攀升。目前,城市房价尤其是一二线城市房价已经大大超出了普通百姓的购买能力,存在比较严重的泡沫。这表现在:首先,地价推高房价。我国土地一级市场由政府垄断,地方政府为获取更多的土地出让金收入,会自觉不自觉地推高地价,从而导致房价上涨。而在房价明显超过合理范围时,地方政府也不愿意通过增加土地供给来降低地价,而是继续维持高地价,从而导致房价居高不下。其次,房价高涨与政府的货币政策有密切关系。后金融危机时代房价高涨的重要推手在于扩张性的货币政策。从 2009 年到 2017 年,我国货币供应量 M2 从 61 万亿元扩张到 167.7 万亿元,平均每年增速达到 15.17%,远超同期 GDP 增速。[①] 在实体经济存在生产过剩的背景下,如此巨量的货币增幅主要进入虚拟经济领域,炒股市,炒楼市,导致房价迅速攀升。因此,只有深化土地制度改革,实施稳健的货币政策,规范政府行为,才能防止房地产泡沫风险,促使房地产市场平稳发展。

地方政府债务风险与地方政府行为密切相关。地方政府之所以大量举债,与地方政府追求经济增长有密切关系。国际金融危机时期,地方政府在保增长的压力下,利用地方融资平台大举借债,拉动政府投资,进而以政府投资拉动外

① 中华人民共和国国民经济和社会发展统计公报(2009—2017).

来投资，推动经济增长。这是导致地方政府债务规模快速扩大的重要根源。如果进一步分析，地方政府之所以要举债拉动地方经济增长，与我国财政体制有密切关系。1994 年分税制改革后，我国财政收入格局发生变化，以往中央在财政收入中占小头、地方在财政收入中占大头的形势得以根本逆转。于是，地方财政在相当大程度上要依靠中央转移支付实现财政收支平衡，而中央财政转移支付给各个地方政府却存在着相当大的不确定性，因此，要弥补地方财政收入，通过地方融资平台举债运行成为其理性选择。虽然当前我国地方政府债务处于总体可控的状态，但是，其规模已经相当庞大。据统计，截止到 2017 年年末，我国政府债务余额为 29.95 万亿元，其中中央财政国债余额 13.48 万亿元，地方政府债务余额 16.47 万亿元。我国政府负债率也就是用债务余额除以 GDP 所得出的比例是 36.2%。[①] 因此，要化解地方债务风险，近期要完善地方政府债务管理制度，坚决制止地方政府违法违规融资担保行为，堵住各种不规范渠道。要从根源上解决地方政府债务问题，就要进一步完善地方政府的政绩考核机制，调整中央和地方的财政分配关系。

精准脱贫是全面建成小康社会所面临的最艰巨挑战。政府是推动精准脱贫的主力军。脱贫事业主要依靠政府的力量推动。这是因为，我国贫困问题主要集中在中西部内陆地区，这些地区如果依靠市场的力量脱贫，难以实现目标，因为企业的首要目标是追逐利润，而贫困地区由于距离市场远、水电路等基础设施滞后、贫困人口收入低、消费能力有限，企业难以实现盈利。因此，要解决贫困问题，主要还是依靠政府的力量。正如习近平总书记在 2015 年中央扶贫工作会议上的讲话中指出的，各级政府要分工合作，共同推进扶贫工作。要加快形成中央统筹、省（自治区、直辖市）负总责、市（地）县抓落实的扶贫开发工作机制，做到分工明确、责任清晰、任务到人、考核到位。在扶贫策略上，要通过发展生产脱贫一批、易地搬迁脱贫一批、生态补偿脱贫一批、发展教育脱贫一

---

① 肖捷.财政部部长肖捷答记者问［EB/OL］.人民网，2018-03-07.

批、社会保障兜底一批这五种方式解决脱贫问题。从这五种方式可以看出,除了发展生产政府重点起引导作用外,其他四种方式政府都是起主要作用。

污染问题主要依靠政府治理。根据经济学基本原理,污染问题属于负外部性问题,企业是没有积极性去治理污染问题的。世界各国的发展经验表明,要解决环境污染问题,主要依靠政府的力量来解决。只有实行最严格的制度、最严密的法治,才能为生态文明建设提供可靠保障。这里,最重要的是要完善经济社会考核评价体系,把资源消耗、环境损害、生态效益等体现生态文明建设状况的指标纳入考核评价体系,使之成为推动生态文明建设的重要导向和约束。

(三)开启社会主义现代化新征程需要强化有效治理型政府建设

2020 年过后,我国将开启全面建设社会主义现代化国家的新征程。社会主义现代化的重要组成部分是实现国家治理体系和治理能力现代化。十九大指出,实现国家治理体系现代化要分两步走:第一步是从 2020 年到 2035 年,基本实现国家治理体系和治理能力现代化;第二步是从 2035 年到 21 世纪中叶,实现国家治理体系和治理能力现代化。

实现国家治理体系和治理能力现代化,就要实现政府治理体系和治理能力现代化,这是实现国家治理体系和治理能力现代化的基础和重要内容,是实现党的领导现代化、经济现代化和社会治理现代化的联系节点。

实现政府治理现代化包括三个层面的内容:一是实现政府自身的组织结构现代化。要利用现代科技不断优化政府内部组织结构,改进政府运行流程,提高政府管理的科学性、民主性,建设法治政府、电子政府。二是实现政府经济治理能力现代化。要通过转变政府职能,健全政府宏观调控,在市场发挥决定性作用的基础上,更好地发挥政府作用,不断发展、完善和发挥社会主义市场经济的体制机制优势。三是政府作为社会管理主体、文化管理主体和生态文明建设主体,实现社会管理、文化管理、生态文明建设的现代化。

因此,我们所要建立的有效治理型政府,是以国家治理体系和治理能力现代化为目标推进政府治理,它要解决三个问题:一是要推进政府治理体系的现代化,提升政府治理能力。二是要处理好国内治理和国际治理的关系。我们所要建立的有效治理型政府,是在我国日益走向世界舞台中心的新形势下,在把握开放新机遇、构建开放型经济新体制下的政府治理。三是要不断提高我国政府治理的水平。我们所要建立的有效治理型政府,是在我国即将全面建成小康社会、开启现代化新征程的形势下,适应人民群众对更高治理水平需要的政府治理,是应对我国所面临的特殊挑战的政府治理。我们所要建立的有效治理型政府,是将治理的一般性和特殊性有机结合起来的政府治理。一般性是指不论是我国政府还是其他国家政府,都要努力推进治理制度的完善和治理能力的提升。特殊性是指要从我国具体国情出发,从我国所处发展阶段、所面临的国内外挑战出发推进政府治理,政府治理的最终目的是要发展和完善中国特色社会主义制度。有效治理型政府就是具有中国特色的、能够有效应对国内外挑战、能够推进政府制度现代化和政府治理能力现代化的法治政府。正如党的十八届三中全会指出的,有效治理型政府的职责和作用主要是保持宏观经济稳定,加强和优化公共服务,保障公平竞争,加强市场监管,维护市场秩序,推动可持续发展,促进共同富裕,弥补市场失灵。我们必须以建设有效治理型政府为目标,推进政府由公共服务型向有效治理型转变,进一步转变政府职能,深化政府机构改革,推动我国经济社会进一步发展。

第二节　党和政府的文献对有效治理型政府的表述

自党的十八大以来,党和政府的文献对如何构建有效治理型政府都进行了详细而明确的表述,下面分别就党代会、党的中央全会和政府工作报告中的内容摘录如下。

一、党代会、党的中央全会关于有效治理型政府的表述

（一）中国共产党第十八次全国代表大会

中国共产党第十八次全国代表大会，于 2012 年 11 月 8 日在北京召开。

在中国共产党第十八次全国代表大会上的《报告》指出，全面建成小康社会，必须以更大的政治勇气和智慧，不失时机深化重要领域改革，坚决破除一切妨碍科学发展的思想观念和体制机制弊端，构建系统完备、科学规范、运行有效的制度体系，使各方面制度更加成熟更加定型。要加快完善社会主义市场经济体制，完善公有制为主体、多种所有制经济共同发展的基本经济制度，完善按劳分配为主体、多种分配方式并存的分配制度，完善宏观调控体系，更大程度更广范围发挥市场在资源配置中的基础性作用，完善开放型经济体系，推动经济更有效率、更加公平、更可持续发展。加快推进社会主义民主政治制度化、规范化、程序化，从各层次各领域扩大公民有序政治参与，实现国家各项工作法治化。加快完善文化管理体制和文化生产经营机制，基本建立现代文化市场体系，健全国有文化资产管理体制，形成有利于创新创造的文化发展环境。加快形成科学有效的社会管理体制，完善社会保障体系，健全基层公共服务和社会管理网络，建立确保社会既充满活力又和谐有序的体制机制。加快建立生态文明制度，健全国土空间开发、资源节约、生态环境保护的体制机制，推动形成人与自然和谐发展现代化建设新格局。

（二）中国共产党第十八届中央委员会第二次全体会议

中国共产党第十八届中央委员会第二次全体会议，于 2013 年 2 月 26 日至 28 日在北京召开。全会审议通过了《国务院机构改革和职能转变方案》。

《方案》要求，深化国务院机构改革和职能转变，要高举中国特色社会主义伟大旗帜，以邓小平理论、“三个代表”重要思想、科学发展观为指导，按照建立中国特色社会主义行政体制目标的要求，以职能转变为核心，继续简政放权、推

进机构改革、完善制度机制、提高行政效能，加快完善社会主义市场经济体制，为全面建成小康社会提供制度保障。

《方案》要求，这次国务院机构改革，重点围绕转变职能和理顺职责关系，稳步推进大部门制改革，实行铁路政企分开，整合加强卫生和计划生育、食品药品、新闻出版和广播电影电视、海洋、能源管理机构。

《方案》指出，政府职能转变是深化行政体制改革的核心。转变国务院机构职能，必须处理好政府与市场、政府与社会、中央与地方的关系，深化行政审批制度改革，减少微观事务管理，该取消的取消、该下放的下放、该整合的整合，以充分发挥市场在资源配置中的基础性作用、更好发挥社会力量在管理社会事务中的作用、充分发挥中央和地方两个积极性，同时该加强的加强，改善和加强宏观管理，注重完善制度机制，真正做到该管的管住管好，不该管的不管不干预，切实提高政府管理科学化水平。

（三）中国共产党第十八届中央委员会第三次全体会议

中国共产党第十八届中央委员会第三次全体会议，于 2013 年 11 月 9 日至 12 日在北京召开。全会审议通过了《中共中央关于全面深化改革若干重大问题的决定》。

《决定》指出，全面深化改革的总目标是完善和发展中国特色社会主义制度，推进国家治理体系和治理能力现代化。必须更加注重改革的系统性、整体性、协同性，加快发展社会主义市场经济、民主政治、先进文化、和谐社会、生态文明，让一切劳动、知识、技术、管理、资本的活力竞相迸发，让一切创造社会财富的源泉充分涌流，让发展成果更多更公平惠及全体人民。

紧紧围绕使市场在资源配置中起决定性作用深化经济体制改革，坚持和完善基本经济制度，加快完善现代市场体系、宏观调控体系、开放型经济体系，加快转变经济发展方式，加快建设创新型国家，推动经济更有效率、更加公平、更可持续发展。

紧紧围绕坚持党的领导、人民当家作主、依法治国有机统一深化政治体制改革，加快推进社会主义民主政治制度化、规范化、程序化，建设社会主义法治国家，发展更加广泛、更加充分、更加健全的人民民主。

紧紧围绕建设社会主义核心价值体系、社会主义文化强国深化文化体制改革，加快完善文化管理体制和文化生产经营机制，建立健全现代公共文化服务体系、现代文化市场体系，推动社会主义文化大发展大繁荣。

紧紧围绕更好保障和改善民生、促进社会公平正义深化社会体制改革，改革收入分配制度，促进共同富裕，推进社会领域制度创新，推进基本公共服务均等化，加快形成科学有效的社会治理体制，确保社会既充满活力又和谐有序。

紧紧围绕建设美丽中国深化生态文明体制改革，加快建立生态文明制度，健全国土空间开发、资源节约利用、生态环境保护的体制机制，推动形成人与自然和谐发展现代化建设新格局。

紧紧围绕提高科学执政、民主执政、依法执政水平深化党的建设制度改革，加强民主集中制建设，完善党的领导体制和执政方式，保持党的先进性和纯洁性，为改革开放和社会主义现代化建设提供坚强政治保证。

《决定》指出，当前，我国发展进入新阶段，改革进入攻坚期和深水区。必须以强烈的历史使命感，最大限度集中全党全社会智慧，最大限度调动一切积极因素，敢于啃硬骨头，敢于涉险滩，以更大决心冲破思想观念的束缚、突破利益固化的藩篱，推动中国特色社会主义制度自我完善和发展。到 2020 年，在重要领域和关键环节改革上取得决定性成果，完成本决定提出的改革任务，形成系统完备、科学规范、运行有效的制度体系，使各方面制度更加成熟更加定型。

《决定》指出，科学的宏观调控，有效的政府治理，是发挥社会主义市场经济体制优势的内在要求。必须切实转变政府职能，深化行政体制改革，创新行政管理方式，增强政府公信力和执行力，建设法治政府和服务型政府。健全宏观调控体系。全面正确履行政府职能。优化政府组织结构。

《决定》指出，创新社会治理，必须着眼于维护最广大人民根本利益，最大限度增加和谐因素，增强社会发展活力，提高社会治理水平，全面推进平安中国建设,维护国家安全,确保人民安居乐业、社会安定有序。改进社会治理方式。激发社会组织活力。创新有效预防和化解社会矛盾体制。健全公共安全体系。

(四)中国共产党第十八届中央委员会第四次全体会议

中国共产党第十八届中央委员会第四次全体会议,于2014年10月20日至23日在北京举行。全会审议通过了《中共中央关于全面推进依法治国若干重大问题的决定》。

《决定》指出,全面推进依法治国,总目标是建设中国特色社会主义法治体系,建设社会主义法治国家。这就是,在中国共产党领导下,坚持中国特色社会主义制度,贯彻中国特色社会主义法治理论,形成完备的法律规范体系、高效的法治实施体系、严密的法治监督体系、有力的法治保障体系,形成完善的党内法规体系,坚持依法治国、依法执政、依法行政共同推进,坚持法治国家、法治政府、法治社会一体建设,实现科学立法、严格执法、公正司法、全民守法,促进国家治理体系和治理能力现代化。

《决定》要求,深入推进依法行政,加快建设法治政府。各级政府必须坚持在党的领导下、在法治轨道上开展工作,创新执法体制,完善执法程序,推进综合执法,严格执法责任,建立权责统一、权威高效的依法行政体制,加快建设职能科学、权责法定、执法严明、公开公正、廉洁高效、守法诚信的法治政府。依法全面履行政府职能。健全依法决策机制。深化行政执法体制改革。坚持严格规范公正文明执法。强化对行政权力的制约和监督。全面推进政务公开。

(五)中国共产党第十八届中央委员会第五次全体会议

中国共产党第十八届中央委员会第五次全体会议,于2015年10月26日至29日在北京举行。全会审议通过了《中共中央关于制定国民经济和社会发展第十三个五年规划的建议》。

《建议》明确了"十三五"时期我国发展的指导思想。高举中国特色社会主义伟大旗帜,全面贯彻党的十八大和十八届三中、四中全会精神,以马克思列宁主义、毛泽东思想、邓小平理论、“三个代表”重要思想、科学发展观为指导，深入贯彻习近平总书记系列重要讲话精神，坚持全面建成小康社会、全面深化改革、全面依法治国、全面从严治党的战略布局，坚持发展是第一要务，以提高发展质量和效益为中心，加快形成引领经济发展新常态的体制机制和发展方式，保持战略定力，坚持稳中求进，统筹推进经济建设、政治建设、文化建设、社会建设、生态文明建设和党的建设，确保如期全面建成小康社会，为实现第二个百年奋斗目标、实现中华民族伟大复兴的中国梦奠定更加坚实的基础。

《建议》要求，完善发展理念。实现“十三五”时期发展目标，破解发展难题，厚植发展优势，必须牢固树立创新、协调、绿色、开放、共享的发展理念。

创新是引领发展的第一动力。必须把创新摆在国家发展全局的核心位置，不断推进理论创新、制度创新、科技创新、文化创新等各方面创新，让创新贯穿党和国家一切工作，让创新在全社会蔚然成风。

协调是持续健康发展的内在要求。必须牢牢把握中国特色社会主义事业总体布局，正确处理发展中的重大关系，重点促进城乡区域协调发展，促进经济社会协调发展，促进新型工业化、信息化、城镇化、农业现代化同步发展，在增强国家硬实力的同时注重提升国家软实力，不断增强发展整体性。

绿色是永续发展的必要条件和人民对美好生活追求的重要体现。必须坚持节约资源和保护环境的基本国策，坚持可持续发展，坚定走生产发展、生活富裕、生态良好的文明发展道路，加快建设资源节约型、环境友好型社会，形成人与自然和谐发展现代化建设新格局，推进美丽中国建设，为全球生态安全作出新贡献。

开放是国家繁荣发展的必由之路。必须顺应我国经济深度融入世界经济的趋势，奉行互利共赢的开放战略，坚持内外需协调、进出口平衡、引进来和走出去并重、引资和引技引智并举，发展更高层次的开放型经济，积极参与全球经济治理和公共产品供给，提高我国在全球经济治理中的制度性话语权，构建广泛的利益共同体。

共享是中国特色社会主义的本质要求。必须坚持发展为了人民、发展依靠人民、发展成果由人民共享，作出更有效的制度安排，使全体人民在共建共享发展中有更多获得感，增强发展动力，增进人民团结，朝着共同富裕方向稳步前进。

坚持创新发展、协调发展、绿色发展、开放发展、共享发展，是关系我国发展全局的一场深刻变革。全党同志要充分认识这场变革的重大现实意义和深远历史意义，统一思想，协调行动，深化改革，开拓前进，推动我国发展迈上新台阶。

《建议》要求，深化行政管理体制改革，进一步转变政府职能，持续推进简政放权、放管结合、优化服务，提高政府效能，激发市场活力和社会创造力。

《建议》要求，加强和创新社会治理。建设平安中国，完善党委领导、政府主导、社会协同、公众参与、法治保障的社会治理体制，推进社会治理精细化，构建全民共建共享的社会治理格局。健全利益表达、利益协调、利益保护机制，引导群众依法行使权利、表达诉求、解决纠纷。增强社区服务功能，实现政府治理和社会调节、居民自治良性互动。

（六）中国共产党第十九次全国代表大会

中国共产党第十九次全国代表大会，于 2017 年 10 月 18 日至 10 月 24 日在北京召开。

在中国共产党第十九次全国代表大会上的《报告》指出，十八大以来，国内外形势变化和我国各项事业发展都给我们提出了一个重大时代课题，这就是必须从理论和实践结合上系统回答新时代坚持和发展什么样的中国特色社会主义、怎样坚持和发展中国特色社会主义，包括新时代坚持和发展中国特色社会主义的总目标、总任务、总体布局、战略布局和发展方向、发展方式、发展动力、战略步骤、外部条件、政治保证等基本问题，并且要根据新的实践对经济、政治、法治、科技、文化、教育、民生、民族、宗教、社会、生态文明、国家安全、国防和军队、"一国两制"和祖国统一、统一战线、外交、党的建设等各方面作出理论分析和政策指导，以利于更好坚持和发展中国特色社会主义。

围绕这个重大时代课题，我们党坚持以马克思列宁主义、毛泽东思想、邓小平理论、“三个代表”重要思想、科学发展观为指导，坚持解放思想、实事求是、与时俱进、求真务实，坚持辩证唯物主义和历史唯物主义，紧密结合新的时代条件和实践要求，以全新的视野深化对共产党执政规律、社会主义建设规律、人类社会发展规律的认识，进行艰辛理论探索，取得重大理论创新成果，形成了新时代中国特色社会主义思想。

新时代中国特色社会主义思想，明确坚持和发展中国特色社会主义，总任务是实现社会主义现代化和中华民族伟大复兴，在全面建成小康社会的基础上，分两步走在21世纪中叶建成富强民主文明和谐美丽的社会主义现代化强国；明确新时代我国社会主要矛盾是人民日益增长的美好生活需要和不平衡不充分的发展之间的矛盾，必须坚持以人民为中心的发展思想，不断促进人的全面发展、全体人民共同富裕；明确中国特色社会主义事业总体布局是“五位一体”、战略布局是“四个全面”，强调坚定道路自信、理论自信、制度自信、文化自信；明确全面深化改革总目标是完善和发展中国特色社会主义制度、推进国家治理体系和治理能力现代化；明确全面推进依法治国总目标是建设中国特色社会主义法治体系、建设社会主义法治国家；明确党在新时代的强军目标是建设一支听党指挥、能打胜仗、作风优良的人民军队，把人民军队建设成为世界一流军队；明确中国特色大国外交要推动构建新型国际关系，推动构建人类命运共同体；明确中国特色社会主义最本质的特征是中国共产党领导，中国特色社会主义制度的最大优势是中国共产党领导，党是最高政治领导力量，提出新时代党的建设总要求，突出政治建设在党的建设中的重要地位。

新时代中国特色社会主义思想，是对马克思列宁主义、毛泽东思想、邓小平理论、“三个代表”重要思想、科学发展观的继承和发展，是马克思主义中国化最新成果，是党和人民实践经验和集体智慧的结晶，是中国特色社会主义理论体系的重要组成部分，是全党全国人民为实现中华民族伟大复兴而奋斗的行动指南，必须长期坚持并不断发展。

全党要深刻领会新时代中国特色社会主义思想的精神实质和丰富内涵，在各项工作中全面准确贯彻落实。坚持党对一切工作的领导，坚持以人民为中心，坚持全面深化改革，坚持新发展理念，坚持人民当家作主，坚持全面依法治国，坚持社会主义核心价值体系，坚持在发展中保障和改善民生，坚持人与自然和谐共生，坚持总体国家安全观，坚持党对人民军队的绝对领导，坚持"一国两制"和推进祖国统一，坚持推动构建人类命运共同体，坚持全面从严治党，以上十四条，构成新时代坚持和发展中国特色社会主义的基本方略。

《报告》指出，综合分析国际国内形势和我国发展条件，从 2020 年到 21 世纪中叶可以分两个阶段来安排。第一个阶段，从 2020 年到 2035 年，在全面建成小康社会的基础上，再奋斗十五年，基本实现社会主义现代化。第二个阶段，从 2035 年到 21 世纪中叶，在基本实现现代化的基础上，再奋斗十五年，把我国建成富强民主文明和谐美丽的社会主义现代化强国。

《报告》要求，深化机构和行政体制改革。统筹考虑各类机构设置，科学配置党政部门及内设机构权力、明确职责。统筹使用各类编制资源，形成科学合理的管理体制，完善国家机构组织法。转变政府职能，深化简政放权，创新监管方式，增强政府公信力和执行力，建设人民满意的服务型政府。赋予省级及以下政府更多自主权。在省市县对职能相近的党政机关探索合并设立或合署办公。深化事业单位改革，强化公益属性，推进政事分开、事企分开、管办分离。

《报告》要求，打造共建共治共享的社会治理格局。加强社会治理制度建设，完善党委领导、政府负责、社会协同、公众参与、法治保障的社会治理体制，提高社会治理社会化、法治化、智能化、专业化水平。加强预防和化解社会矛盾机制建设，正确处理人民内部矛盾。树立安全发展理念，弘扬生命至上、安全第一的思想，健全公共安全体系，完善安全生产责任制，坚决遏制重特大安全事故，提升防灾减灾救灾能力。加快社会治安防控体系建设，依法打击和惩治黄赌毒黑拐骗等违法犯罪活动，保护人民人身权、财产权、人格权。加强社会心理服务体系建设，培育自尊自信、理性平和、积极向上的社会心态。加强社区治理体系建设，推动社会治理重心向基层下移，发挥社会组织作用，实现政府治理和社会调节、居民自治良性互动。

（七）中国共产党第十九届中央委员会第三次全体会议

中国共产党第十九届中央委员会第三次全体会议，于2018年2月26日至28日在北京举行。全会审议通过了《中共中央关于深化党和国家机构改革的决定》和《深化党和国家机构改革方案》。

《决定》指出，深化党和国家机构改革是推进国家治理体系和治理能力现代化的一场深刻变革。深化党和国家机构改革，必须全面贯彻党的十九大精神，坚持以马克思列宁主义、毛泽东思想、邓小平理论、“三个代表”重要思想、科学发展观、习近平新时代中国特色社会主义思想为指导，适应新时代中国特色社会主义发展要求，坚持稳中求进工作总基调，坚持正确改革方向，坚持以人民为中心，坚持全面依法治国，以加强党的全面领导为统领，以国家治理体系和治理能力现代化为导向，以推进党和国家机构职能优化协同高效为着力点，改革机构设置，优化职能配置，深化转职能、转方式、转作风，提高效率效能，为决胜全面建成小康社会、开启全面建设社会主义现代化国家新征程、实现中华民族伟大复兴的中国梦提供有力制度保障。深化党和国家机构改革，目标是构建系统完备、科学规范、运行高效的党和国家机构职能体系，形成总揽全局、协调各方的党的领导体系，职责明确、依法行政的政府治理体系，中国特色、世界一流的武装力量体系，联系广泛、服务群众的群团工作体系，推动人大、政府、政协、监察机关、审判机关、检察机关、人民团体、企事业单位、社会组织等在党的统一领导下协调行动、增强合力，全面提高国家治理能力和治理水平。深化党和国家机构改革，既要立足于实现第一个百年奋斗目标，针对突出矛盾，抓重点、补短板、强弱项、防风险，从党和国家机构职能上为决胜全面建成小康社会提供保障；又要着眼于实现第二个百年奋斗目标，注重解决事关长远的体制机制问题，打基础、立支柱、定架构，为形成更加完善的中国特色社会主义制度创造有利条件。

深化党和国家机构改革,要遵循坚持党的全面领导、坚持以人民为中心、坚持优化协同高效和坚持全面依法治国的原则。

《决定》要求,完善坚持党的全面领导的制度。党政军民学,东西南北中,党是领导一切的。加强党对各领域各方面工作领导,是深化党和国家机构改革的首要任务。要优化党的组织机构,确保党的领导全覆盖,确保党的领导更加坚强有力。建立健全党对重大工作的领导体制机制,强化党的组织在同级组织中的领导地位,更好发挥党的职能部门作用,统筹设置党政机构,推进党的纪律检查体制和国家监察体制改革。

《决定》要求,优化政府机构设置和职能配置。转变政府职能,是深化党和国家机构改革的重要任务。要坚决破除制约使市场在资源配置中起决定性作用、更好发挥政府作用的体制机制弊端,围绕推动高质量发展,建设现代化经济体系,加强和完善政府经济调节、市场监管、社会管理、公共服务、生态环境保护职能,调整优化政府机构职能,全面提高政府效能,建设人民满意的服务型政府。合理配置宏观管理部门职能,深入推进简政放权,完善市场监管和执法体制,改革自然资源和生态环境管理体制,完善公共服务管理体制,强化事中事后监管,提高行政效率。

《决定》要求,统筹党政军群机构改革。统筹党政军群机构改革,是加强党的集中统一领导、实现机构职能优化协同高效的必然要求。要统筹设置相关机构和配置相近职能,理顺和优化党的部门、国家机关、群团组织、事业单位的职责,推进跨军地改革,增强党的领导力,提高政府执行力,激发群团组织和社会组织活力,增强人民军队战斗力,使各类机构有机衔接、相互协调。完善党政机构布局,深化人大、政协和司法机构改革,深化群团组织改革,推进社会组织改革,加快推进事业单位改革,深化跨军地改革。

《决定》要求,合理设置地方机构。统筹优化地方机构设置和职能配置,构建从中央到地方运行顺畅、充满活力、令行禁止的工作体系。科学设置中央和地方事权,理顺中央和地方职责关系,更好发挥中央和地方两个积极性,中央加强宏观事务管理，地方在保证党中央令行禁止前提下管理好本地区事务，合理设置和配置各层级机构及其职能。确保集中统一领导，赋予省级及以下机构更多自主权，构建简约高效的基层管理体制，规范垂直管理体制和地方分级管理体制。

《决定》要求，推进机构编制法定化。机构编制法定化是深化党和国家机构改革的重要保障。要依法管理各类组织机构，加快推进机构、职能、权限、程序、责任法定化。完善党和国家机构法规制度，强化机构编制管理刚性约束，加大机构编制违纪违法行为查处力度。

《决定》要求，加强党对深化党和国家机构改革的领导。深化党和国家机构改革是一个系统工程。各级党委和政府要把思想和行动统一到党中央关于深化党和国家机构改革的决策部署上来，增强“四个意识”，坚定“四个自信”，坚决维护以习近平同志为核心的党中央权威和集中统一领导，把握好改革发展稳定关系，不折不扣抓好党中央决策部署贯彻落实。

从上述内容可以看出，为了适应我国经济社会发展的需要，党代会报告和党的中央全会决定、建议和方案对国家治理体系和治理能力现代化，尤其是对如何构建有效治理型政府，都进行了明确的表述，并指明了方向和明确了重点，是建设有效治理型政府的指导性文件。

二、《政府工作报告》关于有效治理型政府的表述

（一）2013 年政府工作报告

2013 年 3 月 5 日，在第十二届全国人民代表大会第一次会议上，国务院总理温家宝做了《政府工作报告》。

《报告》对 2013 年工作提出了建议：

第一，加快转变经济发展方式，促进经济持续健康发展。要坚定不移地把扩大内需作为经济发展的长期战略方针，充分发挥消费的基础作用和投资的关

键作用。要大力推进转变经济发展方式,加快产业结构调整。要顺应人民群众对美好生活环境的期待,大力加强生态文明建设和环境保护。要继续深入实施区域发展总体战略,促进区域经济协调发展。

第二,强化农业农村发展基础,推动城乡发展一体化。必须坚持把解决好"三农"问题作为全部工作的重中之重,要保障农民的财产权益,要坚持以家庭承包经营为基础,支持发展多种形式新型农民合作组织和多层次的农业社会化服务组织,毫不放松粮食生产,要继续加大"三农"投入,积极培育新型农民。要遵循城镇化的客观规律,积极稳妥推动城镇化健康发展,加快推进户籍制度、社会管理体制和相关制度改革,有序推进农业转移人口市民化。

第三,以保障和改善民生为重点,全面提高人民物质文化生活水平。千方百计扩大就业,完善社会保障制度,深化医药卫生事业改革发展,逐步完善人口政策,加强和创新社会管理,加强房地产市场调控和保障性安居工程建设,继续推进教育优先发展,深化科技体制改革,扎实推进文化建设。

第四,以更大的政治勇气和智慧,深入推进改革开放。要进一步完善社会主义市场经济体制,要推进社会主义民主法治建设,实行更加积极主动的开放战略。

(二)2014 年政府工作报告

2014 年 3 月 5 日,在第十二届全国人民代表大会第二次会议上,国务院总理李克强做了《政府工作报告》。

《报告》对 2014 年工作进行了明确部署:

第一,推动重要领域改革取得新突破。深入推进行政体制改革。加强事中事后监管。抓好财税体制改革这个重头戏。深化金融体制改革。增强各类所有制经济活力。

第二,开创高水平对外开放新局面。扩大全方位主动开放。从战略高度推动出口升级和贸易平衡发展。在走出去中提升竞争力。统筹多双边和区域开放合作。

第三,增强内需拉动经济的主引擎作用。把消费作为扩大内需的主要着力点。把投资作为稳定经济增长的关键。把培育新的区域经济带作为推动发展的战略支撑。

第四,促进农业现代化和农村改革发展。要坚持把解决好“三农”问题放在全部工作的重中之重,以保障国家粮食安全和促进农民增收为核心,推进农业现代化。强化农业支持保护政策,夯实农业农村发展基础,积极推进农村改革,创新扶贫开发方式。

第五,推进以人为核心的新型城镇化。要健全城乡发展一体化体制机制,坚持走以人为本、四化同步、优化布局、生态文明、传承文化的新型城镇化道路,遵循发展规律,积极稳妥推进,着力提升质量。有序推进农业转移人口市民化,加大对中西部地区新型城镇化的支持,加强城镇化管理创新和机制建设。

第六,以创新支撑和引领经济结构优化升级。要把创新摆在国家发展全局的核心位置,促进科技与经济社会发展紧密结合,推动我国产业向全球价值链高端跃升。加快科技体制改革,产业结构调整要依靠改革,进退并举。

第七,加强教育、卫生、文化等社会建设。要深化社会体制改革,以更大的投入和更有力的举措,推动经济社会协调发展。促进教育事业优先发展、公平发展,推动医改向纵深发展,建成现代文化强国,推进社会治理创新。

第八,统筹做好保障和改善民生工作。要坚持建机制、补短板、兜底线,保障群众基本生活,不断提高人民生活水平和质量。努力实现更加充分、更高质量就业,使城乡居民收入与经济同步增长,让每一个身处困境者都能得到社会关爱和温暖,完善住房保障机制,安全生产这根弦任何时候都要绷紧。

第九,努力建设生态文明的美好家园。必须加强生态环境保护,下决心用硬措施完成硬任务。出重拳强化污染防治,推动能源生产和消费方式变革,推进生态保护与建设。

第十,必须加强自身改革建设。各级政府要忠实履行宪法和法律赋予的职责,按照推进国家治理体系和治理能力现代化的要求,加快建设法治政府、创新政府、廉洁政府，增强政府执行力和公信力，努力为人民提供优质高效服务。深入贯彻依法治国基本方略，把政府工作全面纳入法治轨道，用法治思维和法治方式履行职责。各级政府必须厉行节约，反对浪费，坚持过紧日子。各级政府要自觉接受同级人大及其常委会的监督，接受人民政协的民主监督，全面接受人民监督。

（三）2015 年政府工作报告

2015 年 3 月 5 日，在第十二届全国人民代表大会第三次会议上，国务院总理李克强做了《政府工作报告》。

《报告》对 2015 年工作进行了明确部署：

第一，把改革开放扎实推向纵深。加大简政放权、放管结合改革力度。多管齐下改革投融资体制。不失时机加快价格改革。推动财税体制改革取得新进展。围绕服务实体经济推进金融改革。深化国企国资改革。增强各类所有制经济活力。继续推进科技、教育、文化、医药卫生、养老保险、事业单位、住房公积金等领域改革。必须实施新一轮高水平对外开放，加快构建开放型经济新体制，以开放的主动赢得发展的主动、国际竞争的主动。

第二，协调推动经济稳定增长和结构优化。既要全力保持经济在合理区间运行，又要积极促进经济转型升级、行稳致远。加快培育消费增长点。增加公共产品有效投资。加快推进农业现代化。新农村建设要惠及广大农民。推进农业现代化，改革是关键。推进新型城镇化取得新突破。加大城镇棚户区和城乡危房改造力度。提升城镇规划建设管理水平。拓展区域发展新空间。向海洋强国的目标迈进。推动产业结构迈向中高端。新兴产业和新兴业态是竞争高地。服务业就业容量大，发展前景广。以体制创新推动科技创新。企业是技术创新的主体。提高创新效率重在优化科技资源配置。

第三，持续推进民生改善和社会建设。要以增进民生福祉为目的，加快发展社会事业，改革完善收入分配制度，千方百计增加居民收入，促进社会公平正义与和谐进步。着力促进创业就业。加强社会保障和增加居民收入。促进教育公平发展和质量提升。加快健全基本医疗卫生制度。让人民群众享有更多更好文化发展成果。加强和创新社会治理。打好节能减排和环境治理攻坚战。能源生产和消费革命,关乎发展与民生。森林草原、江河湿地是大自然赐予人类的绿色财富,必须倍加珍惜。

第四,切实加强政府自身建设。全面推进依法治国,加快建设法治政府、创新政府、廉洁政府和服务型政府,增强政府执行力和公信力,促进国家治理体系和治理能力现代化。坚持依宪施政、依法行政,把政府工作全面纳入法治轨道。坚持创新管理,强化服务,着力提高政府效能。坚持依法用权,倡俭治奢,深入推进党风廉政建设和反腐败工作。坚持主动作为,狠抓落实,切实做到勤政为民。

(四)2016 年政府工作报告

2016 年 3 月 5 日,在第十二届全国人民代表大会第四次会议上,国务院总理李克强做了《政府工作报告》。

《报告》对 2016 年工作进行了明确部署:

第一,稳定和完善宏观经济政策,保持经济运行在合理区间。既要立足当前、有针对性地出招,顶住经济下行压力,又要着眼长远、留有后手、谋势蓄势。继续实施积极的财政政策和稳健的货币政策,创新宏观调控方式,加强区间调控、定向调控、相机调控,统筹运用财政、货币政策和产业、投资、价格等政策工具,采取结构性改革尤其是供给侧结构性改革举措,为经济发展营造良好环境。积极的财政政策要加大力度。稳健的货币政策要灵活适度。

第二,加强供给侧结构性改革,增强持续增长动力。围绕解决重点领域的突出矛盾和问题,加快破除体制机制障碍,以供给侧结构性改革提高供给体系的质量和效率,进一步激发市场活力和社会创造力。推动简政放权、放管结合、优化服务改革向纵深发展。充分释放全社会创业创新潜能。着力化解过剩产能和降本增效。努力改善产品和服务供给。大力推进国有企业改革。更好激发非公有制经济活力。

第三,深挖国内需求潜力,开拓发展更大空间。适度扩大需求总量,积极调整改革需求结构,促进供给需求有效对接、投资消费有机结合、城乡区域协调发展,形成对经济发展稳定而持久的内需支撑。增强消费拉动经济增长的基础作用。发挥有效投资对稳增长调结构的关键作用。深入推进新型城镇化。优化区域发展格局。

第四,加快发展现代农业,促进农民持续增收。继续毫不放松抓好“三农”工作,完善强农惠农富农政策,深化农村改革,拓展农民就业增收渠道,着力提高农业质量、效益和竞争力。加快农业结构调整。强化农业基础支撑。改善农村公共设施和服务。实施脱贫攻坚工程。

第五,推进新一轮高水平对外开放,着力实现合作共赢。面对国际经济合作和竞争格局的深刻变化,顺应国内经济提质增效升级的迫切需要,要坚定不移扩大对外开放,在开放中增强发展新动能、增添改革新动力、增创竞争新优势。扎实推进“一带一路”建设。扩大国际产能合作。促进外贸创新发展。提高利用外资水平。加快实施自由贸易区战略。

第六,加大环境治理力度,推动绿色发展取得新突破。治理污染、保护环境,事关人民群众健康和可持续发展,必须强力推进,下决心走出一条经济发展与环境改善双赢之路。重拳治理大气雾霾和水污染。大力发展节能环保产业。加强生态安全屏障建设。

第七,切实保障改善民生,加强社会建设。着力扩大就业创业。发展更高质量更加公平的教育。协调推进医疗、医保、医药联动改革。织密织牢社会保障安全网。推进文化改革发展。加强和创新社会治理。切实保障人民生命财产安全。

第八,加强政府自身建设,提高施政能力和服务水平。各级政府要深入贯彻落实新发展理念,把全面建成小康社会使命扛在肩上,把万家忧乐放在心头,建设人民满意的法治政府、创新政府、廉洁政府和服务型政府。坚持依法履职,把政府活动全面纳入法治轨道。坚持廉洁履职,深入推进反腐倡廉。坚持勤勉履职,提高执行力和公信力。要充分发挥中央和地方两个积极性。

（五）2017 年政府工作报告

2017 年 3 月 5 日，在第十二届全国人民代表大会第五次会议上，国务院总理李克强做了《政府工作报告》。

《报告》对 2017 年工作进行了明确部署：

第一，用改革的办法深入推进“三去一降一补”。扎实有效去产能。因城施策去库存。积极稳妥去杠杆。多措并举降成本。精准加力补短板。

第二，深化重要领域和关键环节改革。持续推进政府职能转变。继续推进财税体制改革。抓好金融体制改革。深入推进国企国资改革。更好激发非公有制经济活力。加强产权保护制度建设。大力推进社会体制改革。深化生态文明体制改革。

第三，进一步释放国内需求潜力。推动供给结构和需求结构相适应、消费升级和有效投资相促进、区域城乡发展相协调，增强内需对经济增长的持久拉动作用。促进消费稳定增长。积极扩大有效投资。优化区域发展格局。扎实推进新型城镇化。

第四，以创新引领实体经济转型升级。要深入实施创新驱动发展战略，推动实体经济优化结构，不断提高质量、效益和竞争力。提升科技创新能力。加快培育壮大新兴产业。大力改造提升传统产业。持续推进大众创业、万众创新。全面提升质量水平。

第五，促进农业稳定发展和农民持续增收。深入推进农业供给侧结构性改革，完善强农惠农政策，拓展农民就业增收渠道，保障国家粮食安全，推动农业现代化与新型城镇化互促共进，加快培育农业农村发展新动能。推进农业结构调整，加强现代农业建设。深化农村改革。加强农村公共设施建设。

第六，积极主动扩大对外开放。面对国际环境新变化和国内发展新要求，要进一步完善对外开放战略布局，加快构建开放型经济新体制，推动更深层次更高水平的对外开放。扎实推进“一带一路”建设。促进外贸继续回稳向好。大力优化外商投资环境。推进国际贸易和投资自由化便利化。

第七,加大生态环境保护治理力度。加快改善生态环境特别是空气质量,必须科学施策、标本兼治、铁腕治理。坚决打好蓝天保卫战。强化水、土壤污染防治。推进生态保护和建设。

第八,推进以保障和改善民生为重点的社会建设。要优先保障和改善民生,该办能办的实事要竭力办好,基本民生的底线要坚决兜牢。大力促进就业创业。办好公平优质教育。推进健康中国建设。织密扎牢民生保障网。发展文化事业和文化产业。推动社会治理创新。持之以恒抓好安全生产。

第九,全面加强政府自身建设。加快转变政府职能、提高行政效能,更好为人民服务。坚持依法全面履职。始终保持廉洁本色。勤勉尽责干事创业。

（六）2018 年政府工作报告

2018 年 3 月 5 日,在十三届全国人民代表大会第一次会议上,国务院总理李克强做了《政府工作报告》。

《报告》对 2018 年工作进行了明确部署:

第一,深入推进供给侧结构性改革。坚持把发展经济着力点放在实体经济上,继续抓好"三去一降一补",大力简政减税减费,不断优化营商环境,进一步激发市场主体活力,提升经济发展质量。发展壮大新动能。加快制造强国建设。继续破除无效供给。深化"放管服"改革。进一步减轻企业税负。大幅降低企业非税负担。

第二,加快建设创新型国家。把握世界新一轮科技革命和产业变革大势,深入实施创新驱动发展战略,不断增强经济创新力和竞争力。加强国家创新体系建设。落实和完善创新激励政策。促进大众创业、万众创新上水平。

第三,深化基础性关键领域改革。以改革开放 40 周年为重要契机,推动改革取得新突破,不断解放和发展社会生产力。推进国资国企改革。支持民营企业发展。完善产权制度和要素市场化配置机制。深化财税体制改革。加快金融体制改革。推进社会体制改革。健全生态文明体制。

第四,坚决打好三大攻坚战。要围绕完成年度攻坚任务,明确各方责任,强化政策保障,把各项工作做实做好。推动重大风险防范化解取得明显进展。加大精准脱贫力度。推进污染防治取得更大成效。

第五,大力实施乡村振兴战略。科学制定规划,健全城乡融合发展体制机制,依靠改革创新壮大乡村发展新动能。推进农业供给侧结构性改革。全面深化农村改革。推动农村各项事业全面发展。

第六,扎实推进区域协调发展战略。完善区域发展政策,推进基本公共服务均等化,逐步缩小城乡区域发展差距,把各地比较优势和潜力充分发挥出来。塑造区域发展新格局。提高新型城镇化质量。

第七,积极扩大消费和促进有效投资。顺应居民需求新变化扩大消费,着眼调结构增加投资,形成供给结构优化和总需求适度扩大的良性循环。增强消费对经济发展的基础性作用。发挥投资对优化供给结构的关键性作用。

第八,推动形成全面开放新格局。进一步拓展开放范围和层次,完善开放结构布局和体制机制,以高水平开放推动高质量发展。推进"一带一路"国际合作。促进外商投资稳定增长。巩固外贸稳中向好势头。促进贸易和投资自由化便利化。

第九,提高保障和改善民生水平。要在发展基础上多办利民实事、多解民生难事,兜牢民生底线,不断提升人民群众的获得感、幸福感、安全感。着力促进就业创业。稳步提高居民收入水平。发展公平而有质量的教育。实施健康中国战略。更好解决群众住房问题。强化民生兜底保障。打造共建共治共享社会治理格局。为人民过上美好生活提供丰富精神食粮。

进入新时代,政府工作在新的一年要有新气象新作为。要牢固树立"四个意识",坚定"四个自信",坚决维护习近平总书记核心地位,坚决维护党中央权威和集中统一领导,落实全面从严治党要求,加强政府自身建设,深入推进政府职能转变,为人民提供优质高效服务。全面推进依宪施政、依法行政。全面加强党风廉政建设。全面提高政府效能。

从上述政府工作报告的内容可以看出,为了适应我国经济社会发展的需要，我国政府对如何建设有效治理型政府进行了明确表述，并对有效治理型政府的工作目标、工作重点和工作举措进行了明确部署，为构建有效治理型政府并进而实现国家治理体系和治理能力现代化奠定了基础。

第三节　专家学者对有效治理型政府的研究

面对新形势下政府治理形势的变化，诸多学者对于构建有效治理型政府进行研究。本部分对专家学者的研究进行评述。

一、构建有效治理型政府的背景

对于构建有效治理型政府的背景，诸多学者从不同角度进行了评述。

（一）这是推进政府治理体系和政府治理能力现代化的需要

1.国家治理体系和治理能力现代化的实质是制度现代化

胡鞍钢认为，国家治理体系和治理能力现代化是指国家制度现代化，即制度和法律作为现代化政治要素，不断地、连续地发生由低级到高级的突破性变革的过程。一是国家制度体系更加完备、更加成熟、更加定型，这包括一整套政治的、经济的、社会的、文化的、生态环境的制度；二是在这一制度体系下，制度执行能够更加有效、更加透明、更加公平，这包括各种政治的、经济的、社会的、文化的、生态环境的、科技的、信息的现代化手段。这两者相辅相成，构成一个有机整体。有制度，无能力，那么制度就徒有虚名；有能力，没制度，那么能力就会被泛用滥用。在制度体系下不断提高执行能力，在执行过程中不断完善改进制度体系。①

王韶华认为，过去，我国虽然没有“国家治理体系”这一概念，但国家治理的实践还是存在的，谓之“治国理政”。但我国传统的国家治理是分散的、非系统

① 胡鞍钢.中国国家治理现代化[M].北京：中国人民大学出版社，2014：88.

的，缺乏制度化、体系化安排，而且是以人治和行政化、强制性为主要特征，以运动、活动和会议为主要载体，对国家各方面实行治理。国家治理体系的现代化，就是要打破传统习惯，打破人治思维方式，形成以制度化、体系化、系统化为其外在表现，以法治化、法治中国为其核心内容，逐步破除运动式、活动式、会议式的治理范式的治国理政的总的制度体系。①

2.政府治理现代化是国家治理体系现代化的重要组成部分

薛澜、李宇环认为，政府治理毫无疑问是国家治理体系的重要组成部分，在推动国家治理现代化的过程中扮演着重要角色。无论是建立完善的市场体系，还是培育成熟的社会体系，抑或是推动政府内部治理结构的改革完善，都取决于政府角色的现代转型。要在政府、市场、社会三者能力的权衡中动态调整政府职能边界。当前中国政府职能转变的取向是大幅减少和下放行政审批事项，真正向市场放权，发挥社会力量作用，但是，在向市场、社会放权的过程中还要考虑到市场、社会能否较好地接住政府传过的交接棒。在社会多元化、分层化发展的背景和趋势下，单独推进行政体制改革，或向市场放权，或社会建设都不足以达到良治的目标，建立政府、市场、社会相互补充的新型治理格局是大势所趋。国家治理的提出实质上是回应“政府失灵”“市场失灵”和“社会失灵”的总体战略思想。中国必须把以简政放权为核心的行政体制改革、以释放活力减少经济性规制的市场改革、以能力建设为核心的社会建设三者有机地结合起来，从而实现三者的有机互动和系统推进。②

何显明认为，政府、市场、社会关系的动态平衡，政府间职责权限的合理分工，是考察现代国家治理体系成长的两个重要维度。从全能主义国家向法治政府、市场经济、公民社会三元鼎立，从中央高度集权向中央集权与地方分权相统一转变，是60年以来国家治理模式演变的基本趋势，政府角色的转型则构成这

① 王韶华.国家治理体系现代化的核心是法治化[M]//完善和发展中国特色社会主义制度，推进国家治理体系和治理能力现代化党员干部读本.北京：红旗出版社，2014：87.

② 薛澜，李宇环.走向国家治理现代化的政府职能转变：系统思维与改革取向[J].政治学研究，2014(5)：61-70.

一变迁的中轴逻辑。新形势下的政府体制改革需要确立现代国家治理体系建设的整体性思维，以明确政府转型的战略目标与现实路径。①

李军鹏认为，现代政府建设是实现国家治理体系现代化的重要手段与突破口。国家治理现代化的核心，是科学处理国家权力与公民权利、国家与市场、国家与社会、国家机构之间的关系，逐步实现多元主体对国家事务的共同治理。现代政府建设通过政府权力与公民权利关系的重构，推进了国家权力与公民权利关系的科学化；通过正确处理政府与市场的关系、正确处理政府与社会的关系，推进了国家与市场、社会关系的科学化；通过正确处理与人大、政协、司法、检察等机构的关系，推进了国家机构之间关系的协同化与科学化。因此，实现国家治理体系现代化，首先必须推进现代政府建设。②

中央编办理论学习中心组认为，深化行政体制改革是推进国家治理体系和治理能力现代化的重要组成部分。十八届三中全会就行政体制改革提出了许多明确要求，强调要加快转变政府职能，优化政府组织结构，创新行政管理方式，增强政府公信力和执行力，建设法治政府和服务型政府。这些都是推进国家治理体系和治理能力现代化的重要内容。③

3.推进政府治理能力现代化是推进国家治理能力现代化的需要

周天楠认为，国家治理能力是国家统筹各个领域的治理，使其相互协调、共同发展的能力。“治理”理念是对传统“统治”和“管理”理念的扬弃，工业化、城市化、市场化、民主化、开放化、多元化等现代性因素及其交织形成的复杂关系，强调要在政府的主导之下实现国家治理思维体系、话语体系和制度体系的综合“大转型”，要从政府单一主体管理变为民主式、参与式、互动式的多元主体治理。推进政府治理能力现代化，要从目标凝聚能力、资源整合能力、工具使用能

① 何显明.政府转型与现代国家治理体系的建构——60年来政府体制演变的内在逻辑[J].浙江社会科学,2013(6):4-13.

② 李军鹏.国家治理体系现代化视域下的现代政府建设[J].中共天津市委党校学报,2015(2):58-68.

③ 中央编办理论学习中心组.深化行政体制改革，推进国家治理体系和治理能力现代化[M]//完善和发展中国特色社会主义制度，推进国家治理体系和治理能力现代化党员干部读本.北京：红旗出版社,2014:122.

力、责任控制能力这四个关键点突破。①

杨光斌认为,所谓"国家能力"就是权力中枢超越社会利益集团和部门政治的约束而将自己的意志变为现实的能力。权力要有边界,受约束。"推进国家治理体系和治理能力现代化"这一改革总目标,事实上是可以量化的、看得见摸得着的一个又一个具体制度安排的总和——"有能力的总和政府"。②

熊先兰认为,知识社会的来临,提出了建设学习型政府的要求。在知识社会背景下,建设学习型政府以知识管理为核心,它是由知识识别与获取子系统、知识输出与应用子系统、知识评估与创新子系统构成的系统工程。推进学习型政府建设,需要确立政府知识管理的宏观战略,构建完备的政府知识管理组织体系,搭建政府知识管理的硬件平台,形铸知识导向型的行政文化。③

张定安认为,构建网上政务服务平台,推进行政审批信息化和智能化。信息化建设对政府提高审批服务效率、改变审批方式、推进政务公开透明都有着积极的促进作用。④

张纪认为,粗放型经济增长方式长期困扰我国经济健康发展,虽然政府早已推出经济发展方式转型的理念和思路,但由于缺乏有效的机制设计,经济发展方式并未得到根本性转变。GDP 政绩观严重影响着经济发展方式转型,其与经济结构调整、科技进步和创新、改善民生、建设资源节约型和环境友好型社会之间存在着深刻矛盾。实现经济发展方式转型必须实现政绩观的转变。要破解 GDP 政绩观,树立科学的政绩观并深化政绩考核制度改革。⑤

(二)这是应对经济下行压力,保持经济平稳运行的需要

宋世明认为,把握"改革是中国最大红利"刻不容缓。改革开放以来促进中

---

① 周天楠.推进政府治理能力现代的关键[M]∥完善和发展中国特色社会主义制度,推进国家治理体系和治理能力现代化党员干部读本.北京:红旗出版社,2014:129-130.

② 杨光斌.2014 政治改革清单与走向[M]∥大国治理:国家治理体系和治理能力现代化.北京:中国经济出版社,2014:107-108.

③ 熊先兰.知识社会背景下的学习型政府建设:内涵、架构与路向[J].湖南社会科学,2015(1):48-51.

④ 张定安.全面推进地方政府简政放权和行政审批制度改革的对策建议[J].中国行政管理,2014(8):16-21.

⑤ 张纪.经济发展方式转型与政绩观转变[J].中州学刊,2014(7):23-26.

国经济高速发展的多重红利叠加状态已经开始改变,必须依靠深化体制改革来继续释放改革红利。劳动力无限供给的人口红利、资本转移的全球红利、土地价格低廉、环境资源容纳能力相对较大的资源红利、周边局势稳定的和平红利、地方与企业积极性高涨的制度红利正在减少,开发新的红利迫在眉睫。①

汪玉凯认为,本轮改革的核心是政府改革。之所以要深化改革,是因为传统的发展方式已经走到尽头。直接表现为,一方面中国经济快速发展,但是另一方面我们付出高昂的代价。目前的经济发展模式已经难以为继:其一,低成本出口战略,以金融危机爆发为标志,难以为继;其二,低端产业主导经济结构难以为继;其三,资源和环境的传统使用方式难以为继;其四,社会分配不公引发的社会问题使社会稳定的大局难以为继。②

(三)这是实施新一轮高水平对外开放,积极参与全球治理的需要

荆林波、袁平红认为,自由贸易区战略正在超越纯经济战略层面,向着全球政治、外交和全球经济主导权迁移带来的西方国家协调机制靠拢,因此对自由贸易区战略的认识不能停留于自由贸易区所带来的静态和动态福利效应分析上。要把自由贸易区的建设提升到我国对外开放新阶段来理解。结合中国—东盟自由贸易区构建的经验,中国应更加积极、主动地实施自由贸易区战略,力争在全球新的贸易规则制定中赢得主动权与话语权。③

张燕生认为,世界经济领域三大突出矛盾始终没有得到有效解决:一是全球增长动能不足,难以支撑世界经济持续稳定增长;二是全球经济治理滞后,难以适应世界经济新变化;三是全球发展失衡,难以满足人们对美好生活的期待。新兴市场和发展中国家不得不忍耐近年来发达国家退出量化宽松、加息、减税、缩表、美国优先等宏观政策调整的代价。推进全球经济治理,要以平等为基础,以开放为导向,以合作为动力,以共享为目标。十八大以来的五年,中国在积极

① 宋世明.国务院第七次行政体制改革的“表”与“里”[J].行政体制改革,2013(4):16-20.

② 汪玉凯.本轮改革的核心是政府改革[N].经济参考报,2014-09-23.

③ 荆林波,袁平红.中国加快实施自由贸易区战略研究[J].国际贸易,2013(7):47-51.

参与和大力推动全球治理改革的过程中,扮演着越来越主动作为、越来越贡献智慧的重要作用。未来我国将在进一步完善国际秩序、构建国际宏观政策协调机制、提升全球公共产品供给能力建设等方面迈出更坚实的步伐,共同打造人类命运共同体。①

黄河认为,2008 年国际金融危机爆发以来,"一带一路"沿线地区逐渐形成了区域性或区域间公共产品供应的新格局。中国通过主导"一带一路"沿线地区公共产品的提供,可改善因美日欧经济停滞所导致的公共产品供应能力的不足,推动沿线各国发展战略的对接与耦合,形成一个以中国为中心节点的合作体系网。在"一带一路"建设过程中,我国在人财物上将倾力支持,巨大的人力资源、管理技术、建设技术等传入所在国,必然重塑所在国经济发展模式,提高要素流动的物流效率,降低要素运输的成本。丝绸之路经济带位于欧亚大陆中心得天独厚的地理优势将进一步凸显,而作为丝绸之路经济带和上海合作组织经济合作的主导国,中国在世界经济体系中的地位将大大增强。②

(四)这是加快政府职能转变,提高政府运行效率,推进大众创业、万众创新的需要

周悦、王华春认为,从交易成本角度分析,行政体制改革的动力源泉涵盖行政成本、协调成本、决策成本、信息成本、寻租成本等要素。而制度变迁的路径依赖、利益集团的机会主义和公职人员的有限理性是行政体制改革中交易成本偏高的重要原因。未来行政体制改革方向,可以从建立节约型政府、合作型政府、创新型政府、学习型政府和廉洁型政府着手,降低交易成本,提高行政效能。③

吕同舟认为,政府职能转变有助于提升治理能力。职能转变意味着要重新

---

① 张燕生.十八大以来中国积极推动全球治理体系变革[J].当代世界,2017(10):4-8.

② 黄河.公共产品视角下的"一带一路"[J].世界经济与政治,2015(6):138-155.

③ 周悦,王华春.中国历次行政体制改革的动力机制研究——基于交易成本的视角[J].湖南行政学院学报,2015(1):15-18.

定义政府的角色，明确新形势下政府应该做什么、不应该做什么，进而在这一基础上有效地解决政府职能越位、缺位、不到位等问题。①

曾红颖认为，“双创”的本质，是全面推进改革，重新理顺市场和政府的关系，重塑个人价值和社会责任，再造资本与实体经济的格局。要推进“双创”，需要进一步细化政策，解决公共服务供给和创业者需求之间的错位问题，注重个性化解决方案，营造更好的市场环境，营造长效创业氛围。②

二、构建有效治理型政府的任务和手段

（一）基本思路和原则

高小平认为，行政体制改革作为经济体制改革、政治体制改革和社会管理体制改革的结合部，它的规律与经济、政治和社会改革规律有着密不可分的关系，存在于其内、表现于其外、贯穿于其中。要按照经济基础决定上层建筑的规律深化行政体制改革。③

周文彰接受记者解亚红采访时认为，政府行政文化和机关作风建设的方方面面都应该贯彻核心价值观。首先，要以核心价值观为引领建设行政文化。行政文化在政府行政管理中起引领和规范作用，涉及行政理想、行政价值、行政精神、行政道德等方面内容，要用核心价值观的要求充实内容，提升行政文化建设水平。第二，各级政府的主要领导干部，对核心价值观的要求要身体力行，率先垂范，带动机关作风建设。第三，要扬善惩恶，对严重背离核心价值观的工作人员要及时作出处理，对于践行核心价值观有突出表现的工作人员要大力表彰，在机关形成良好的核心价值风尚。④

---

① 吕同舟.政府职能转变的理论逻辑与过程逻辑——基于国家治理现代化的思考[J].国家行政学院学报，2017(5)：54-58.

② 曾红颖.“双创”的实施进展与建议[J].宏观经济管理，2015(12)：21-23.

③ 高小平.深化行政体制改革的几点深层思考[J].中国机构改革与管理，2013(5)：19-21.

④ 周文彰.政府自身建设应贯彻核心价值观[J]//解亚红.关注政府改革，推动国家治理体系和治理能力现代化.中国行政管理，2014(4)：24-26.

（二）关键在于转变政府职能

国家行政学院课题组认为，从国家公共治理层面展开的重大改革，以政府职能转变为核心推进行政体制改革，抓住了问题的关键和要害。深入推进政企分开、政资分开、政事分开、政社分开，这是转变政府职能的根本途径。[①]

郭金云、李翔宇认为，伴随着经济、社会的急剧转型，公共服务的日益复杂、社会风险的不确定、利益主体的多元化，以职能分工、机构改革、机制创新为核心的服务型政府面临着诸多困境。这些困境的成功解答是促进政府自身现代化的重要标志，而构建整体政府管理模式是当前深化公共服务型政府建设的重要方向。其核心内容包括服务行政的价值取向、基于现代性转型的理性思维、灵活性的公共服务战略和计划、整合型的政府职能及其组织结构、协调的公共服务政策、联合的公共服务供给方法、整合型的公共预算、自我发展的信息系统、具有网络新技能的人才、基于协作的绩效评估以及融合、共享的行政文化。[②]

吕同舟认为，政府职能转变的核心是打造"有为政府"。政府职能转变并不能简单地被理解为"放权"，也不意味着职能的体量越小越好。实际上，对政府的衡量，应当更关注其能否切实有效地管理好国家、社会。这就意味着要将"有为政府"视为职能转变的核心，围绕如何推动政府更加"有为"进行改革。[③]

（三）突破口在于进一步简政放权

当前构建有效治理型政府，突破口在于将简政放权改革向纵深推进。简政放权对激发市场活力和动力、更好发挥市场的决定性作用意义重大。

1.深化行政审批制度改革

迟福林认为，当前，行政审批事项仍然较多、审批程序烦琐、效率低下，利用审批牟取私利的问题比较严重。加大力度推进行政审批制度改革，已成为转变

---

① 国家行政学院课题组.以职能转变为核心推进行政体制改革[J].行政管理改革，2013(5)：15-20.

② 郭金云，李翔宇.整体政府：服务型政府建设的治理方向[J].上海行政学院学报，2014(1)：70-76.

③ 吕同舟.政府职能转变的理论逻辑与过程逻辑——基于国家治理现代化的思考[J].国家行政学院学报，2017(5)：54-58.

政府职能的迫切任务。①

张占斌认为，简政放权涉及国务院多部门及地方的权力和利益关系的再调整和划分，阻力之大可想而知。为确保改革顺利推进，迫切需要加强改革综合协调，统筹规划、协调推进。第一，法律法规的修订和部委规章的调整与简政放权改革同步进行。第二，改革要协同推进，避免出现短板效应。要加强部门间协同，加强层级间监管配套。第三，尽快形成合理有效的监管制度框架。第四，积极建立社会参与和第三方评估的长效机制。第四，进一步发展和规范行业专业性评估市场。②

张定安认为，地方政府推进简政放权和行政审批制度，要因地制宜进行地方改革整体设计，确保中央改革政策落地，既要做好“放”与“管”，还要做好“接”与“改”，更要做好“领”与“评”。建议由地方政府机构编制委员会而非其办公室来整体推进简政放权工作。地方政府要主动与上级对应部门对接，梳理各项权限涉及的类别、法律法规和政策依据、申请对象、办事标准、要求和时限，编制本地承接权限的事项目录、操作规范及流程图，确保下放的经济社会事项落到实处。要以行政审批资源集成为先导，推进审批机制创新。政务服务中心不断集成与企业和人民群众密切相关的行政管理事项，包括行政许可、非行政许可审批和其他服务事项，对原先分散、零星，不能统一管理的审批权力进行集中统一管理，科学整合行政服务资源，是以政府行政资源“集成”为先导，以为公众提供便捷高效的无缝隙服务为目标，创建集成化的政务服务新机制。③

2.深入推进商事制度改革

王宏刚认为，推进商事制度改革，就是按照发展市场经济的需要，从百姓经商兴业这第一道门改起，以改革工商登记为切入点，通过工商系统的自我革命、

---

① 迟福林.改革的当务之急是政府转型[J].西部大开发，2013(1)：6-7.

② 张占斌.经济新常态下简政放权改革新突破[J].行政管理改革，2015(1)：28-33.

③ 张定安.全面推进地方政府简政放权和行政审批制度改革的对策建议[J].中国行政管理，2014(8)：16-21.

主动放权,带动相关部门审批制的改革,为经济发展提供有力支撑,为“大众创业、万众创新”提供制度平台。要深化细化商事制度改革,一是加快推进“三证合一”改革。二是深入推进“先照后证”改革。三是加快推进登记注册制度便利化。简化名称登记,改革经营范围登记,进一步激发投资者的创业热情。四是放宽住所登记。进一步放宽住所条件管制,释放更多的场地资源,为投资创业提供更便捷的条件。五是加快推进电子营业执照和企业注册全程电子化,提高市场主体登记管理的信息化、便利化、规范化水平。①

（四）推进政府监管体制改革，促进社会公平正义

加强和改进市场监管,完善行政执法体制,促使市场监管公平公正,才能创造良好的市场环境,调动市场各方创业的积极性,消除市场失灵等各种负面影响,推进经济发展。

1.加快整合政府管理资源

刘现伟认为,政府市场监管职能是一个完整的体系,必须以系统思维和创新精神为指导,全面调整市场监管程序、重新配置和整合市场监管资源,以形成规范有序、运转协调、管理高效的政府市场监管体系。加强市场监管,关键是要整合政府管理资源。加强市场监管执法力度,将分散的执法权力相应集中,形成统一的市场监管执法主体,避免职能交叉和重复执法等不良现象,促进市场监管行为统一、规范和高效。重点是整合工商、质检、食品药品等领域的政府管理资源和监管队伍,形成政府市场监管合力。②

2.推进底线监管

张占斌、冯俏彬认为,对于由信息技术(IT)革命以及由信息技术革命带动的、以高新科技产业为龙头的新经济,要承认其可能超出了政府已有的认知范围,承认现有的监管规则可能是不适用的,政府监管应当贯彻“大道至简”“底线监管”的原则,守住法律法规的底线,只要在法律认可的范围内,就宜将广阔的

---

① 王宏刚.深化商事制度改革,释放经济发展活力[N].经济日报,2015-09-10.

② 刘现伟.加强政府监管,创造公平竞争市场环境[J].宏观经济管理,2016(2):32-36.

空间留给各类市场主体,政府不要轻易出手。政府对新经济的监管,要十分重视平台的作用,主动与平台协作,形成平台化治理。要点是将平台作为政府和个体之间的媒介与缓冲,政府管平台,平台管个体,并在与平台的协作和互动中,将其中一些具有普适性的规则上升到国家法律法规的层面,对于一时看不准的东西,则可以平台为主,继续在各方互动中逐渐探索清晰。[①]

3.推进负面清单管理,促进各类市场主体公平竞争

迟福林认为,实行负面清单制度有利于实现政府向市场放权到位。负面清单管理的重要特征是实现市场主体"法无禁止即可为",公权力"法无授权不可为"。明确各级政府权力清单,可望把过泛、过滥干预市场的政府权力真正关进制度的笼子里。[②]

王利明认为,负面清单管理模式的规则十分透明、公开,法律不禁止就可以直接进入,不需要进行烦琐的审批,也非常有效率。与正面清单相比,负面清单模式赋予了市场主体更充分的行为自由,可以有效激活市场主体的潜在活力。[③]

(五)深化政府机构改革

1.统筹设置党政机构

南方日报评论员认为,面对新时代新任务提出的新要求,党和国家机构设置和职能配置同统筹推进"五位一体"总体布局、协调推进"四个全面"战略布局的要求还不完全适应,同实现国家治理体系和治理能力现代化的要求还不完全适应。比如,一些领域党的机构设置和职能配置还不够健全有力,一些领域党政机构重叠、职责交叉、权责脱节问题比较突出,一些政府机构设置和职责划分不够科学,一些领域中央和地方机构权责划分不尽合理,等等。因此,必须深化党和国家机构改革。党的全面领导是深化党和国家机构改革的根本保证,完善坚持党的全面领导的制度是深化党和国家机构改革的首要任务。中国共产

---

① 张占斌,冯俏彬.创新监管方式,加快发展新经济[J].行政管理改革,2016(9):12-15.

② 迟福林.推行负面清单管理破题政府职能转变[N].经济参考报,2014-09-22.

③ 王利明.负面清单:一种新的治国理政模式[N].北京日报,2014-09-22.

党领导,是中国特色社会主义最本质的特征,是中国特色社会主义制度的最大优势。深化党和国家机构改革,努力形成更加成熟、更加定型的中国特色社会主义制度,就必须突出这个最本质特征、发挥这个最大优势。①

2.着力推进大部制改革

汪玉凯认为,作为改革开放以来第七次大的行政体制改革,本轮改革方案给人们最突出的印象,就是淡化机构的合并,突出职能转变。推进大部制改革需要确立三个前提:一是顶层权力结构的合理配置。这实际上是党委、政府、人大、政协四种权力结构的如何科学配置问题,特别是执政党、政府、人大之间的权力关系问题。二是政府对市场、社会的不必要干预。三是对政府过大权力的实质性削减和下放。大部制改革,必须以转变职能、大力推进审批制度改革为前提。②

3.推进军民融合发展

姜鲁鸣、王伟海认为,党的十九大把军民融合发展战略列为开启全面建设社会主义现代化国家新征程的七大国家战略之一,这将是通贯全面建成世界一流军队、全面建设社会主义现代化强国全过程的重大国家战略。推进军民融合深度发展,难在突破体制机制瓶颈。推进军民融合深度发展,根本上是要推动经济建设和国防建设由条块分散设计向军民一体筹划转变,由重点融合领域向多领域延伸拓展转变,由要素松散结合向全要素集成融合转变,进而实现结构优化、资源节约、技术创新的过程。③

4.深化群团组织改革

宋雄伟认为,近年来,国家和社会领域的双重变革带来了诸如社会群体不断分层分化、价值取向多元化、个性需求多样化以及利益诉求复杂化等问题,对群团组织的改革创新带来了巨大挑战。群团组织改革必须要打破自我封闭、自

---

① 南方日报评论员.坚定不移将国家治理现代化推向前进[N].南方日报,2018-03-22.

② 汪玉凯.大部制改革应如何推进[J].行政管理改革,2013(4).

③ 姜鲁鸣,王伟海.军民融合发展进入新时代[N].光明日报,2018-02-03.

我循环、自娱自乐的趋势，推动体制内向体制外开放，不断进行体制机制创新和方法创新。群团组织在性质上既具有执政党和政府的权力资源支撑的政治属性，又具有面向社会、服务大众的社会属性。目前政治属性延伸而来的群团组织行政化和官僚化运行机制特点比较突出，不能很好地满足日益多元化和多层次的社会需求。要破解这种困局，群团组织需要强化社会属性，建立社会化的工作机制。①

5.推进地方政府机构改革

蓝煜昕认为，新一轮地方政府职能转变和机构改革将是对上一轮改革的深化，将围绕建立中国特色社会主义行政体制目标，适应社会主义市场经济发展和民生领域的需要，与国务院机构改革和职能转变相衔接。改革可能呈现以下走向：鼓励地方坚持精简统一效能原则，探索大部门制，推进机构和职责整合。严格控制地方机构编制，以巩固改革成果。进一步充分发挥地方政府积极性，在客观上促成地方政府分权化。②

6.合理扩大高校和科研院所自主权

熊丙奇指出，要落实高校和科研院所的自主权，就应该在推进放权和完善高校和科研院所的内部治理上花工夫。对于放权，应该改变现在的改革模式，由行政部门自主推进改革，改为由全国人大立法推进改革。完善内部治理结构，则应推进行政权和教育权、学术权的分离，把学术委员会建设为最高学术权力机构，对教师、科研人员进行学术同行评价。另外，全面推进信息公开，尤其是财务信息公开，监督经费的使用，而不是依靠行政的前置审批。③

孙卫华、许庆豫认为，政府主导、法律规定、高校发展和社会进步共同促成了高校办学自主权的诞生和发展，同时在实践中共同干扰和制约高校办学自主权的有效落实。因而，构建政府、法律、高校与社会“四位一体”的协调框架，就成了落实办学自主权的必然选择。落实高校办学自主权，政府要自觉确定合理

① 宋雄伟.群团组织改革必须依靠体制机制创新[J].中国党政干部论坛,2016(7):32-34.

② 蓝煜昕.地方政府机构改革轨迹、阶段性特征及其下一步[J].改革,2013(9):13-19.

③ 熊丙奇.落实高校和科研院所自主权需打改革攻坚战[EB/OL].人民网教育频道,2015-11-04.

的政校关系，这是丰富和落实高校办学自主权的关键所在。要弄清“办学权”与“办教育权”的区别与联系，明确权力的“委托—代理”关系。高校要注重发挥学术委员会的作用。学术委员会作为学术权力机构，应当在学科建设、教学改革、学术道德建设以及科研成果认定等方面享有决定权，不能只将其简单地作为咨询机构。①

白春礼认为，目前我国科研院所由于定位不够清晰，科研管理上往往存在趋同化甚至“一刀切”现象，缺乏科学性、针对性和有效性。必须明确不同类型科研院所的核心使命和任务，尊重不同性质科技创新活动的特点和规律，对科研院所进行分类定位，实行区别化的组织管理、资源配置、科技评价、用人制度等。对基础研究为主的科研院所，应以学术水平和重大原创成果为主要目标，以国际同行评价为主要评价方式，保持适当比例的择优稳定支持。对以应用研究为主的科研院所，则以解决重大科技问题和满足市场需求为主要目标，以用户、专家和市场评价为主要评价方式，以国家重大任务和市场为资源配置的主要方式。其他不同类型的科研院所，也应建立与其科研活动规律相适应的管理和运行机制。②

（六）推进新一轮对外开放

1.构建开放型经济新体制

盛斌认为，要构建开放型经济新体制，一是要重新评估、审视与制定突出发展新导向的经贸政策目标。二是要强化政策决策与执行的协调机制。三是要完善和优化度量指标和数据。四是要确立开放型经济发展的新优势与新利益。五是要推动对内对外开放相互促进，打造开放型经济发展的新动力与机制。六是要确定优先改革领域。这些领域主要包括：有关贸易便利化的改革，如海关特殊监管区改革、跨境电子商务、政府采购等；有关投资便利化的改革，如投资准入的“负面清单”管理、行政审批制改革等；有关开放载体的建设及改革，如

---

① 孙卫华，许庆豫.差异与比较：我国高校办学自主权的思考——兼析地方高校办学自主权现状[J].浙江社会科学，2017(4)：72-80.

② 白春礼.科研院所改革，路在何方？[J].求是，2014(11)：50-52.

“一带一路”经贸产业园区或经济合作区等。①

2.改革外商投资管理体制

郝红梅认为,“全面实行准入前国民待遇加负面清单管理制度,促进内外资企业一视同仁、公平竞争”,指明了外商投资管理体制改革的方向。目前外商投资行政管理资源在一定程度上是分散的,下一步的改革重点是从根本上改革传统的政府部门体制,建立统一、高效的核准机构,消除多重核准现象;建立外商投资全周期监管体制;加强监管评价体系和信用体系建设。②

3.推进自由贸易试验区发展,探索建设自由贸易港

江若尘、陆煊认为,建立自由贸易试验区,是应对市场博弈全球化带来的现实挑战,是构建开放型经济新体制的内在要求。要推进自由贸易试验区制度创新,就必须在四个领域八个方面对接国际新规则。四个领域包括:投资领域、金融领域、贸易方式转变、相关配套改革(税收、外汇、海关、工商政策)。八个方面包括:一是“境内关外”的海关监管制度;二是接轨国际的服务贸易管理制度;三是基于负面清单管理的外资准入制度;四是高效规范的投资管理制度;五是风险可控的外汇管理制度;六是与市场全球化金融业务相适应的金融制度;七是符合国际惯例的税收管理制度;八是与国际规则相适应的法律制度。最终目标是形成一套完整的可复制、可推广的自贸试验区制度框架。③

白明接受记者夏旭田等采访时认为,作为自由贸易区的一种,自由贸易港一般处于港口等交通物流枢纽,在功能上,更加方便外国船只自由出入,如外国货物的进出、装卸、分选加工、重新包装、储存与过境中转,以及专门进口原材料进行外贸加工再出口等,也可享有免征全部或大部关税等优惠待遇。自由贸易港与自贸试验区相比,更多还是在功能上有不同的特征。④

---

① 盛斌.读懂开放型经济新体制的新意[N].解放日报,2015-06-07.

② 郝红梅.我国外商投资管理体制改革历程回顾及深化改革的思考[J].对外经贸,2016(9):35-38.

③ 江若尘,陆煊.中国(上海)自由贸易试验区的制度创新及其评估——基于全球比较的视角[J].外国经济与管理,2014(10):71-80.

④ 夏旭田,等.商务部研究院国际市场研究所副所长白明:扩大对外开放“坐标系面积”建设高水平自由贸易港[N].21世纪经济报道,2017-10-19.

4.推进“一带一路”建设

王战认为，现阶段，中国已处在全方位对外开放的历史新起点，需要通过长期结构优化与短期需求管理相结合，借助“一带一路”建设推动创新驱动和需求创造，引领经济发展进入历史新阶段。全方位对外开放是我国高水平对外发展的新阶段，是应对世界经济不确定性的战略举措，是实现国内经济均衡发展的必要途径。全方位对外开放的特征是：引进来与走出去并举，国内国外发展联动性加强。产业结构升级与对外开放升级同步，创新驱动发展成为共识。营造更加公平的营商环境日益迫切。当前，要围绕“一带一路”建设深入推动全方位对外开放，挖掘新的比较优势，优先向“一带一路”沿线开放，积极对接全球创新链，推动开放向纵深发展。以服务业开放为重点，努力实现高水平发展。坚持在有序开放中完善机制，高度重视防范潜在风险。①

毛艳华认为，“一带一路”倡议是中国积极参与21世纪全球治理和区域治理的顶层设计，对构建开放型经济新体制、形成全方位对外开放新格局有着重要意义。在金融危机爆发后全球经济治理变革态势日渐凸显的背景下，“一带一路”倡议标志着中国逐步迈入主动引领全球经济合作和推动全球经济治理变革的新时期。“一带一路”相关议程着眼于为全球经济治理输出公共产品，体现了中国作为负责任大国的作用与地位。“一带一路”倡议是对全球经济治理理论的重大贡献。②

5.推进全球治理体系变革

张幼文认为，近年来，中国参与全球治理主要有四个途径：一是维护现有的合理体制，如联合国；二是改革现有体制中不尽如人意之处，如国际货币基金组织的表决权份额改革；三是补充现有全球治理体制的不足，中国倡导建立的金砖银行、亚投行等都具有这方面的意义；四是创新治理模式以适应新发展需要，如面对全球气候变暖需要各国合作共同应对，中国在这方面积极履行减排承诺，为全球环境治理体制的发展作出了贡献。“一带一路”建设是中国以补充和

---

① 王战.在全方位对外开放中培育竞争新优势[J].求是，2017(6)：50-52.

② 毛艳华.“一带一路”对全球经济治理的价值与贡献[J].人民论坛，2015(3)：31-33.

创新方式推动全球治理的重大举措,是推动合作共赢的中国方案。中国以建立亚投行、丝路基金和金砖国家新开发银行等方式补充了世界发展资金的不足,并通过自身的努力动员了世界的巨额资金参与。同时,针对该地区区域合作水平较低的现状,中国倡导了以"五通"为内容的全面合作体系,推进了地区发展的互利共赢。[①]

6.构建人类命运共同体

阮宗泽认为,中国有两个梦想:一个是"中国梦",一个就是构建"共有共享的人类命运共同体"的"世界梦",两者相辅相成,互为机遇。构建"人类命运共同体"是中国特色大国外交的生动呈现,是中国在问鼎世界强国之际的政策表达,旨在回答"中国到底想要一个什么样的世界"之问。这一思想立意高远,为21世纪国际关系的发展提供了新思路,这超越了历史上大国争霸的"零和博弈"窠臼,具有时代的先进性。[②]

(七)降低政府服务成本,提高政府服务效率,优化政府服务方式,推进依法行政

1.要着力提高双创服务效率,降低交易成本

汪玉凯认为,企业的制度性交易成本,是指企业在运转过程中由于执行政府制定的一系列规章制度所付出的成本,例如各种税费负担、融资成本等。政府要降低企业制度性交易成本,要加大结构性减税力度。加快"营改增"步伐,针对不同行业状况适度降低税率,清理取消对企业的不合理收费,营造公平的税负环境。打好降低企业成本的组合拳。积极培育公开透明、健康发展的资本市场,优化金融资源配置,提高金融机构管理水平和服务质量,降低企业的财务成本;推进电价市场化改革,完善煤电价格联动机制以及电力管理体制改革,推动煤电价格下降,降低电力价格;推进流通体制改革,降低物流成本。[③]

---

① 张幼文."一带一路"建设:国际发展协同与全球治理创新[J].毛泽东邓小平理论研究,2017(5):88-94.

② 阮宗泽.人类命运共同体:中国的"世界梦"[J].国际问题研究,2016(1):9-21.

③ 汪玉凯.降低企业制度性交易成本[N].人民日报,2017-07-07.

2.**大力推进电子政务建设**

杨道玲认为,要推进“一号”申请、“一窗”受理、“一网”通办的“互联网+”政务服务新模式,需要抓好三个重点:一是整合共享。要对现有分散在各部门、各层级的政务数据资源进行有效整合,实现跨部门、跨层级、跨地域的协同和共享。二是深化应用。利用大数据技术和理念为公众提供更为精准化、个性化的服务,成为构建方便快捷、公平普惠、优质高效的政务服务体系的重要内容和必然要求。三是构建标准体系。在推进“互联网+政务服务”过程中,建立统一规范的政务数据标准体系十分必要。①

3.**大力推进政府服务标准化、法治化建设**

孙迎春认为,在现代政府的建设与发展中,无论是理论发展还是实践探索,英国政府一直都走在世界前沿,引领着国际公共行政发展方向和政府现代化改革潮流。在这一过程中,作为制度建设和机制创新的基石和动力,政府服务标准化建设起到了非常重要的推促作用,从强调政府责任到市场竞争,从关注服务质量到服务协同,充分彰显出“制度先于改革并进一步推促和保障改革”的英国特色,也为中国政府服务标准化建设提供了非常有价值的借鉴。②

袁曙宏认为,党的十八届四中全会提出“把公众参与、专家论证、风险评估、合法性审查、集体讨论决定确定为重大行政决策法定程序”,这是对健全依法决策机制主要内容提出的明确要求。要通过制定重大行政决策程序法律法规,明确规范五项程序的重点内容和步骤,把重大行政决策纳入法治化轨道。③

4.**推进政府与社会资本合作,优化政府服务方式**

贾康、陈通认为,政府与社会资本合作具有不容忽视的重大现实意义,它至少将产生如下六大方面的正面效应:缓解面对城镇化、老龄化历史进程的财政支出压力,使政府更好地发挥作用;在公共服务供给中形成“1+1+1>3”的机制,

① 杨道玲.大数据助力“互联网+政务服务”需抓好三个重点[J].电子政务,2016(8):12-14.

② 孙迎春.英国政府服务标准化实践与启示[J].中国行政管理,2017(2):137-142.

③ 袁曙宏.用五项程序确保重大行政决策科学民主[J].紫光阁,2015(3):25-26.

使进入中等收入阶段的社会公众可持续地受益受惠；为一大批作为市场主体的企业打开进一步生存、发展的空间，使现代市场体系更为健全和成熟；联结、对接意义重大的“混合所有制”改革，促进企业改革与全面改革的实质性深化；促进“全面依法治国”的法治化建设，培育契约精神和催化专业、敬业的营商文明；有利于在认识、适应和引领“新常态”的当前与今后的一个阶段，对冲经济下行压力，优化支持经济社会发展后劲的选择性“聪明投资”，增加有效供给。完善的 PPP 管理构架应该包括信息发布平台、PPP 项目筛选体系、PPP 项目顾问机制、PPP 项目监管系统及产权交易平台。政府 PPP 管理要贯穿于 PPP 项目全生命周期。①

龙海波认为，优化政府服务要研究与群众生活密切相关的全生命周期管理服务，全面梳理涉及群众办事的政务服务事项，简化手续，对涉及政务服务事项的证件数据、相关证明信息等实现跨部门、跨区域、跨行业互认共享，切实做到“证件联用、信息联通、服务联动”，增强群众的改革获得感。②

5.大力推进政务公开，推进依法行政

应松年认为，政务公开是保障公民知情权、参与权、表达权和监督权，加强对公共权力制约与监督的一项制度安排，是建设法治政府的一项基础性工作。推进政务公开，一是要明确公开内容。政务公开是行政机关全面推进决策、执行、管理、服务、结果全过程公开，加强政策解读、回应关切、平台建设、数据开放，保障公众知情权、参与权、表达权和监督权，增强政府公信力、执行力，提升政府治理能力的制度安排。二是要划定考核红线。要明确评价标准、评价方法和评价结果的使用。三是要建立新的工作机制。提交地方政府常务会议和国务院部门部务会议审议的重要改革方案和重大政策措施，除依法应当保密的以外，应在决策前向社会公布决策草案、决策依据，广泛听取公众意见。③

① 贾康，陈通.政府与社会资本合作效应［J］.中国金融，2015（15）：20-22.

② 龙海波.紧扣重点环节深化放管服改革［N］.光明日报，2017-03-23.

③ 应松年.创新推进政务公开的制度机制［N］.人民日报，2016-12-30.

汪玉凯认为,法治政府的本质说到底是要约束公权力。法治政府第一位的是治官的,第二位是保护公民权益的,第三位才是治民的。法治政府是连接法治国家和法治社会的桥梁和纽带,只有法治政府建设好了,法治国家才有基础。推进法治政府建设,要突出依法决策、严格执法等关键环节。[①]

6.深化行政执法体制改革

袁曙宏认为,行政执法体制既是行政体制的重要组成部分,更是法律实施体制的关键环节。深化行政执法体制改革能否取得显著成效,直接关系到法律法规能否全面正确实施,关系到人民群众合法权益能否得到切实保障,关系到经济社会秩序能否有效维护,关系到依法行政能否真正落到实处。[②]

(八)加强组织领导,确保改革措施落到实处

1.改革要重视自上而下和自下而上相结合,注意推广好经验好做法,鼓励地方积极探索创新

徐艳晴认为,机构整合需要强化自上而下的推动和顶层设计。我国改革已经进入深水区和攻坚期,深化改革意味着政府部门的自我革命,其难度可想而知。冲破阻力既要自下而上注入新动力,也需要自上而下的推动。对机构改革而言,顶层设计和自上而下的强力推动尤为重要。三定方案中明确国家公务员局的人财物等事务由人社部管理,人社部的辅助机构整合就比较到位。交通运输部三定方案中没有提出要求,中国民用航空局的辅助和业务机构就长期保留了分灶吃饭,名义上的物理聚集也没有实现。即使民航局比较特殊,整合需要循序渐进,但8年之后依然如故,无疑是顶层设计上的缺陷,即上级或主管部门一直没有提出改革路线图和时间表。此外,类似发改委“交人不交枪”导致的权责脱节问题,绝不是相关部委之间相互协商可以解决的,需要上级或主管部门的介入。这些同样属于统筹设计问题。[③]

---

① 汪玉凯.法治政府是政治体制改革的重要内容[N].光明日报,2015-01-08.

② 袁曙宏.深化行政执法体制改革[J].行政管理改革,2014(7):9-13.

③ 徐艳晴.基于三维框架对大部制机构整合的考察与审视[J].中国行政管理,2016(10):21-25.

许耀桐认为,我国改革始终有自上而下和自下而上的结合。比如行政审批制度改革早在2000年就在地方开始各种探索,后来得到中央认可,形成改革气候。现在的行政审批局也得到中央认可,在全国推进,而2008年在四川武侯区就率先成立了。现在上海自由贸易区的证照分离在各地复制推广,也得到广泛认可。推广这些好的创新经验和做法,有助于在全国营造良好的改革氛围,鼓舞士气。[①]

2.要继续以壮士断腕的勇气深化改革

赵霞认为,改革是一项长期的、艰巨的、繁重的事业,只有进行时没有完成时,必须一代人又一代人接力干下去。当前"壮士断腕"似的推进改革,讲究的是一种"咬定青山不放松"的精神。作为改革的制定者和推动者,必须坚定改革的信心,增强改革的动力,以积极主动的精神研究和推进改革,做改革的促进派、实干家。无论困难有多大,都要坚定不移地抓好落实,一步一步往前推,一层一层往下落,不断增强人民群众的幸福感和获得感。正所谓,唯其艰难,方显勇毅;唯其磨砺,始得玉成。"壮士断腕",既是一种勇气,也是一种谋略。"不谋而战,必为敌败""善谋势者,必成大事。"全面深化改革,不仅要有热情和干劲,还要有科学的策略和方法。[②]

3.以工匠精神实施改革推行公开公平公正治理

平言认为,"工匠精神"是指工匠对自己的产品耐心专注、精益求精、务实敬业、极致严谨、追求完美的精神理念。在工匠精神的引领之下,人们对标准的制定严谨甚至于苛刻,对细节的关注精准甚至于执拗。产品制造需要工匠精神,进入攻坚期的"放管服"改革同样需要工匠精神。今后的改革将更多涉及利益格局的调整、权责关系的重塑、管理模式的再造、工作方式的转型,哪一个方面、哪一个环节出问题,都会影响改革成效。我们必须秉持工匠精神,以执着专注

---

① 许耀桐.实现政府职能转变在于行政资源优化配置[N].社会科学报,2017-08-10.

② 赵霞."壮士断腕"方能革弊前行[EB/OL].人民网理论频道,2017-03-17.

的定力、精益求精的追求、勇于创新的闯劲，一步一动抓落实，蹄疾步稳促改革。①

4.严格责任落实和督查问责，充分调动政府工作人员积极性

张定安认为，推进行政审批制度改革要建立督查考核机制，做好“评”，以评促放，以评促改。一要评作风和行政文化。评作风就是看对群众的态度，是否尊重群众和关心群众，是否坚持党的群众路线、观点和方法。二要评项目和改革进程。为了确保取消和下放的行政审批项目落实到位，对已取消的行政审批项目要建立监督检查评估程序。三要评结果和实际绩效。重点是评估行政审批的效率、效能、效果和长效。评效率就是看行政审批是否少了，是否快了，是否更方便了；评效能就是看审批部门领导力、协同力、治理能力、依法行政水平等是否提高；评效果就是要看人民群众是否满意，是否取得了明显的社会效益、经济效益、生态效益等；评长效就是要评行政审批改革制度化的成效，是否建立政府行政管理科学的长效机制和治理体系。四要评人员和创先争优。广大公务员对行政审批制度的弊端有真切的直感，他们是取消和下放行政审批后加强监管的主力军，他们是一种推动改革不断深化的自动自发的力量。要评估公务员创新意识和创新成效，并将其纳入领导干部、公务人员、部门工作的年度考评体系。②

刘旭涛认为，要坚持转变思想观念、培育绩效文化、加强制度建设、优化技术手段“四位一体”，全面推进政府绩效管理。绩效管理在本质上是发现问题、诊断问题，并在此基础上持续改进绩效的重要工具。绩效文化是一种软环境，关系各利益相关者对绩效管理能否自觉认同、积极参与，是决定政府绩效管理成效的深层因素。评估是一个相对有效的模糊测量工具，对它的局限性应有清醒认识。在实践中，应坚持定量与定性结合、事实判断与价值判断结合，纠正要

① 平言.以工匠精神抓好“放管服”改革[N].经济日报，2016-05-26.

② 张定安.全面推进地方政府简政放权和行政审批制度改革的对策建议[J].中国行政管理，2014(8)：16-21.

么“完全定性”、要么“完全量化”的极端做法。①

三、构建有效治理型政府的难点

（一）政府观念需要进一步转变

王伟认为，机构改革的目的在于保证公共资源配置的高效和公平，因此，效率与公平是政府机构改革的基本价值取向。回顾政府机构改革轨迹，由于“效率优先、兼顾公平”的价值定位，导致了严重的公平问题，大部制将这种非均衡的价值取向转变为“讲究效率、注重公平”的均衡价值取向，是兼具效率与公平价值的体制，是政府机构改革的有益方向。新常态下，随着中国市场经济从政府主导型的经济转变让市场在资源配置中起决定性作用，这一变化必然要求政府行为随之变化，必须从重经济到重保障、从重权力到重责任、从重审批到重监管、从重管理到重服务、从重领导到重协商、从重数量到重质量发生一场深刻的理念和行政行为变革。②

（二）转变政府职能、推进行政体制改革缺乏内动力

吴志华认为，行政体制改革缺乏来自于改革者即政府部门及其公务员本身的内在动力。这是因为行政体制改革隐含利益悖论，即改革的显化公共目标取向与改革执行者隐化私自利益取向之间存在矛盾。借用公共选择理论分析，具有经济人特征的行政人（即政府部门及公务员）存在着通过行政权力来谋求自身利益的自然倾向。然而，行政体制改革的公共目标取向，转变政府职能、抑制行政顽症、建设服务型政府等，其实质是限制、规范、制约，甚至部分取消行政人的行政权力，这意味着“剥夺”行政人已有的来自于行政权力的既得利益。行政体制改革的公共目标取向与行政人的私自利益取向之间存在矛盾。因此，改革

---

① 刘旭涛.“四位一体”全面推进[N].人民日报，2013-07-03.

② 王伟.十八大以来大部制改革深层问题及未来路径探析[J].中国行政管理，2016(10)：16-20.

缺乏内动力。[①]

（三）进一步推进简政放权面临诸多困难

1.既得利益集团阻碍改革

汪玉凯认为，所谓既得利益，就是通过非公平竞争的手段和方式、借助公权力和政策资源、获取巨额利益的相关体。既得利益主要依赖公权力的影响力，通过子女、配偶、亲戚朋友，在市场进行资本套现，一夜之间就变成亿万富翁，这是最大的腐败，真正的腐败。现在中国的既得利益至少有三个形态，一是以贪腐官员为代表的权贵既得利益；二是以垄断行业为代表的垄断既得利益；三是以房地产和资源行业为代表的地产和资源既得利益。这三大既得利益，既掌握权力，又掌握资源，还掌握资本，羽翼丰满，实力雄厚，控制相当多的中国社会财富。在目前中国环境下，既得利益至少激化了三种冲突：一是官民冲突，二是劳资冲突，三是贫富冲突。社会上弥漫着仇富仇官的心态，群体事件的后面、大量黑色资本的后面，我们都可以看到既得利益的影子。改革最大的困难就是和既得利益作战，危险还没有过去，是我们战胜既得利益，还是既得利益最后吞噬我们，现在还难以下定论。所以二次改革的成败，在很大程度上，取决于我们能不能有效地遏制、战胜既得利益。[②]

2.深化行政审批制度改革面临一系列困难

张占斌认为，当前深化行政审批制度仍然面临许多问题与困难，一是审批事项仍然过多，上个企业项目，要跑十几个、几十个部门，盖几十个甚至上百个公章。甚至投资一个几十万元的小项目，也得从几千里外跑到北京来审批。这种时间浪费、成本增加，严重挫伤了主体创业的积极性。二是剩下的需要取消、调整的审批项目都是难啃的骨头。行政审批制度改革是“政府革自己的命”，每减少一项审批就减少一项权力。每一次改革都是权力格局的再调整和利益的

---

① 吴志华.行政体制改革的动因、目标和难题[J].上海师范大学学报，2013(5)：46-51.

② 汪玉凯.本轮改革的核心是政府改革[N].经济参考报，2014-09-23.

再分配。在权力部门化、部门利益化存在的情况下，调整、协调部门之间的利益关系非常困难，容易引起部门抵触。首先让出的权力一般不是核心权力，剩下的是相对含金量更高的权力，最本质的权力还在手中。改革越到后面越是难啃的“骨头”，真正要实现自我革命，壮士断腕。三是行政审批自由裁量权过大。自由裁量权过大，又欠缺有效的监察机制，一方面导致大量不当使用行政审批自由裁量权的现象，动摇政府的管理及制度。另一方面为个别官员进行寻租提供了极大的空间，在现实中导致“官商勾结”“利益输送”的贪腐现象严重，严重影响政府的形象和公信力。四是监管短板十分突出。五是部门之间政策协同效应差。六是行业专业性评估市场发育不够，也不够规范。[①]

（四）深化监管制度改革面临一系列问题

张占斌、冯俏彬认为，当前政府的监管体系还存在着很多问题。总体而言，现行政府监管主要是与传统经济相适应的一种管理方式。主要有以下几个方面问题：第一，从“管理”到“治理”的理念尚未完全形成。一个规则明确、标准详细、流程科学、多方参与、以治理为导向的政府工作理念还没有形成。第二，政府监管的标准化工作才刚刚起步。各地政府无论是行政审批的项目清单、收费清单、责任清单等都差异过大，相关的审批流程、监管要则还没有形成统一标准，监管的方式方法更是五花八门。第三，整体政府任重道远。目前，我国政府监管中存在着明显的部门不够协调、上下不够联动的问题，需要引入更多的整体和系统思维，以加强合作、形成协同、协调的工作方式，向社会提供一套无缝隙的公共管理服务。第四，对新问题新需求难以及时回应。信息技术的发展催生了一系列新业态、新模式、新产业的发展，对政府监管也提出了很多新要求。与新经济一日千里的发展势头相比，现行政府监管体系还很不相适应。[②]

（五）推进机构改革面临深层次问题

王伟认为，大部制改革的基本特征要达到：职能整合、运转协调；结构优化、

① 张占斌.经济新常态下简政放权改革新突破[J].行政管理改革，2015(1)：28-33.

② 张占斌，冯俏彬.创新监管方式，加快发展新经济[J].行政管理改革，2016(9)：32-36.

资源共享；机构精简、裁汰冗员；统一领导、一致行动。但从现实看，还存在着如下深层问题：一是大部制改革存在着理念和实践认识误区，改革进入攻坚区。这包括对“权力三分”理解有偏差，将大部制改革等同于简单的政府规模缩小，对行政分权的分散化治理认识不够。二是职能转变这个核心亟待加强。当前政府职能转变还存在如下问题：事转权不转，部门放权困难；职能下放中途截留；政出多门依然存在；政企分开，形分实不分；简政变味，变“跑几地”为“跑几趟”；权责义务关系不健全，企业基层很无奈；职能下放后管理效率难以保证等问题。三是部内部际协调机制建设不健全，改革需要顶层设计。①

（六）深化对外开放面临挑战

盛斌认为，我国开放型经济发展面临一系列新挑战：一是全球价值链的兴起改变国际竞争方式。全球价值链是贸易投资、服务、生产的一种综合体，在全球价值链分工条件下，国际竞争由整个产业链的竞争转变为在产品某个环节、任务和功能上的竞争。我国传统发展模式下的奖出限入政策和各种政府干预政策，在全球价值链分工条件下往往事与愿违。国际分工模式的变化对我国贸易政策、投资政策的变革，甚至对国内营商环境的改善提出了新的要求。二是国内成本上升与国际后来者的“竞争侵蚀”。近年来，国内特别是东部沿海地区劳动力、土地、自然资源等要素成本不断提高，同时，我国对环境、劳工、安全等规制成本快速上升，使得传统开放型经济体系竞争力有所削弱。而东南亚等周边国家成本优势相对明显，对我国外资外贸的国际竞争产生了后发性的“竞争侵蚀”。三是如何实施更高水平的对外开放，促进中西部地区的全面发展，将是我国开放型经济发展面临的重大难题。②

杨思灵认为，“一带一路”倡议涉及国家数量庞大，各个国家的战略需求不同，而且涉及的问题也多，比如有的国家非传统安全问题突出，如恐怖主义，有的国家与中国还存在边界争端问题。此外，“一带一路”沿线国家涉及的文化多

---

① 王伟.十八大以来大部制改革深层问题及未来路径探析[J].中国行政管理，2016(10)：16-20.

② 盛斌.读懂开放型经济新体制的新意[N].解放日报，2015-06-07.

元,思维理念有着极大的不同,再加之外部反华势力的干扰,中国要顺利推进“一带一路”的实施殊非易事。在这样的背景下,如何管理中国与“一带一路”沿线国家关系,深化合作,管控分歧,随时解决并处理好“一带一路”倡议实施进程中出现的各类问题,就显得非常重要。影响中国与“一带一路”沿线国家关系治理的主要挑战包括:一是战略利益互构及认同。在政治与安全利益方面,中国与部分沿线国家存在较大分歧。二是沿线国家政治与社会安全形势复杂。“一带一路”沿线国家多为发展中国家与欠发达国家,经济社会发展较为滞后,政治与社会安全形势异常复杂,为中国与沿线国家关系治理带来严峻挑战。三是中国与沿线国家的双边问题。中国与部分沿线国家存在战略互信不足,多数沿线国家并不是中国的主要经贸合作伙伴,中国与沿线国家的人文交流规模有限,中国与部分沿线国家存在领土领海争端以及历史纠葛问题。四是中国文化范式吸引力有待加强。“以利相交,利尽则散”。以心相交,才能持之久远。要做到这点,如何结合中国文化传统,建构起具有吸引力的文化范式,将是我们需要解决的重要课题。五是大国干扰及其影响。区内区外大国对“一带一路”必将产生较大疑心,并采取相应的政策,从而对中国与沿线国家关系治理构成挑战。①

（七）政府服务效率有待进一步提高，行政执法体制有待进一步深化

马亮认为,过去十余年,中国各级政府部门在政务服务的自动化和数字化方面不遗余力,但是数字治理水平仍然有待提升。政府网站仍然局限于单方面的信息发布和推送,在提供在线服务和增进网上互动方面进展乏力。即便一些政府部门提供了在线服务,也往往是各自为政,企业和公民不得不申请和注册多个账户,并且需要反复提交各种证明材料和填写各类表格。对于数量庞大的流动人口而言,由于各地普遍采取属地管理模式,异地办理政务服务的难度和成本更高。一方面是民众日益增长的政务服务需求,另一方面是政府部门的供给不足且质量低下,数字服务的供给与需求之间长期存在着巨大的差距,推进

---

① 杨思灵.“一带一路”倡议下中国与沿线国家关系治理及挑战[J].南亚研究,2015(2):15-34.

“互联网+”电子政务，为破解供需矛盾提供了可能。[①]

袁曙宏认为，应当看到，这些年来，行政执法总体有了很大改善，取得了明显进步，但也仍然存在着不少问题：乱执法、粗暴执法、执法寻租、贪赃枉法甚至充当黑恶势力“保护伞”的问题时有发生；执法不作为问题日益凸显；执法不重视程序、违反程序的问题较为普遍；一些执法人员素质、水平不高甚至“吃拿卡要”问题比较突出。这些问题的存在，特别是在一些案件中通过互联网集聚、放大和演化，严重损害了党和政府形象，造成了恶劣的社会影响。[②]

上述研究文献，为我国有效治理型政府的建设提供了理论上的认识和思考，对我国有效治理型政府的实践具有重要的影响和指导作用。

第四节　有效治理型政府的实践及其成就

党的十八大以来，在推进国家治理体系和治理能力现代化目标的指引下，政府治理不断深化，取得了积极成就。

一、以“放管服”为核心的政府职能转变

党的十八大以来，以转变政府职能为核心，政府大力推进简政放权、放管结合、优化政府服务，推进“权力清单、责任清单、负面清单”建设，将政府治理不断推向深入。

（一）大力推进简政放权

十八大之前，国务院各部门各类审批达 1 700 多项，投资创业门槛多，审批过程手续繁杂，严重抑制了群众创业的活力，滋生腐败，制约经济社会发展。新一届政府成立后，以壮士断腕的决心和勇气转变政府职能，推进行政体制改革，大力推进简政放权。

---

① 马亮.理解和推进“互联网+政务服务”需要处理好四对关系[J].电子政务，2016(8)：5-7.

② 袁曙宏.深化行政执法体制改革[J].行政管理改革，2014(7)：9-13.

1.大力推进行政审批制度改革

以转变政府职能为中心,大力推进行政审批制度改革。政府承诺减少行政审批事项三分之一以上。2013 年至 2017 年,国务院部门行政审批事项削减 44%,非行政审批彻底终结。中央政府层面核准的企业投资项目减少 90%,行政审批中介服务事项压减 74%,职业资格许可和认定大幅减少。中央政府定价项目缩减 80%,地方政府定价项目缩减 50%以上。[①] 连续两次修订政府核准的投资项目目录,中央层面核准的项目数量累计减少 76%,95%以上的外商投资项目、98%以上的境外投资项目改为网上备案管理。各地在承接上级下放权限的同时,积极推进本层级的"放管服"改革,多数省份行政审批事项减少 50%左右,有的达到 70%。[②]

2.商事制度改革取得明显成效

商事制度改革以改革工商登记为切入点,通过工商系统改革带动相关部门审批制改革,减少行政审批。工商登记由"先证后照"改为"先照后证",在全面实施工商营业执照、组织机构代码证、税务登记证"三证合一"的基础上,从 2016 年 10 月 1 日起整合社会保险登记证和统计登记证,实现"五证合一、一照一码"。2016 年起,对个体工商户实施营业执照和税务登记证"两证合一",简化个体工商户登记注册程序,便利公民从事个体经营,促进个体私营经济健康发展。简化住所(经营场所)登记手续。申请人提交场所合法使用证明即可予以登记。推行电子营业执照和全程电子化登记管理。注册资本由实缴改为认缴。放宽注册资本登记条件。除法律、行政法规以及国务院决定对特定行业注册资本最低限额另有规定的外,取消有限责任公司最低注册资本 3 万元、一人有限责任公司最低注册资本 10 万元、股份有限公司最低注册资本 500 万元的限制。[③] 不再限制公司设立时全体股东(发起人)的首次出资比例,不再限制公

---

① 2018 年国务院政府工作报告.

② 李克强在全国推进简政放权放管结合优化服务改革电视电话会议上的讲话[EB/OL].中国政府网,2016-05-09.

③ 国务院注册资本登记制度改革方案(国发〔2014〕7 号).

司全体股东（发起人）的货币出资金额占注册资本的比例，不再规定公司股东（发起人）缴足出资的期限。截至2016年，前置审批精简85%，个人和企业资质资格认定事项压减44%，[①]企业开办时间缩短三分之一以上。[②]

3.加大减税和普遍性降费力度

营改增作为影响最大的税制改革，其试点范围不断扩大。2012年9—12月，营改增试点从上海分4批扩大至8省（市）。2013年8月，营改增试点推向全国，同时将广播影视服务纳入试点范围。2014年1月、6月，铁路运输业和邮政业、电信业先后被纳入试点。在此基础上，2016年5月，营改增试点在所有行业全面推开。2017年7月，营改增改革再次迈出新步伐，原有四档税率被简并为三档，原按13%征税的23类货物税率统一降为11%。营改增作为本届政府最重头的财税改革举措和减税政策，发挥了多重积极效应。它有利于统一税制，减轻企业税负、带动税基扩大和就业增加，促进行业管理更加规范。[③]

清理规范行政审批中介服务事项，2015年、2016年、2017年分批出台《国务院关于清理规范国务院部门行政审批中介服务事项的决定》，砍掉了大部分行政审批中介服务事项。取消、停征、减免一大批行政事业性收费和政府性基金，据测算每年可减轻企业负担1 500多亿元。截至2016年，中央政府定价项目减少80%，中央对地方财政专项转移支付项目减少一半以上。[④]

简政放权改革取得显著成绩。新设市场主体保持较快增长势头，改革前，2013年平均每天新设企业0.69万户，2016年是1.5万户，2017年平均每天1.6万多户。各类市场主体达到9 800多万户，五年增加70%以上。全社会形成的创业创新热潮，为扩大就业发挥了重要支撑作用。据测算，2016年新设市场主

---

① 李克强在全国推进简政放权放管结合优化服务改革电视电话会议上的讲话[EB/OL].中国政府网，2016-05-09.

② 2018年国务院政府工作报告.

③ 李克强主持营改增工作座谈会[EB/OL].中国政府网，2017-09-27.

④ 李克强在全国推进简政放权放管结合优化服务改革电视电话会议上的讲话[EB/OL].中国政府网，2016-05-09.

体对城镇新增就业的贡献达到 40%。新设市场主体的税收贡献不断提升。据分析，通过“五证合一”“两证整合”改革，2016 年下半年办理税收申报户数比上半年增长 189%，申报纳税额增长 255%。[①②]

（二）推进政府监管改革

十八大以来，政府深入推进监管体制改革，创新监管方式，强化监管手段，从而使政府这只有形的手与市场这只无形的手密切配合，使社会既充满活力又和谐有序。

1.大力加强负面清单管理

实行“负面清单”制度，有利于促进政府运用法治思维和法治方式加强市场监管，推进市场监管制度化、规范化、程序化，促进政府职能转变。2015 年，国务院出台了《国务院关于实行市场准入负面清单制度的意见》。《意见》指出，所谓市场准入负面清单制度，是指国务院以清单方式明确列出在中华人民共和国境内禁止和限制投资经营的行业、领域、业务等，各级政府依法采取相应管理措施的一系列制度安排。市场准入负面清单以外的行业、领域、业务等，各类市场主体皆可依法平等进入。市场准入负面清单包括禁止准入类和限制准入类。对禁止准入事项，市场主体不得进入，行政机关不予审批、核准，不得办理有关手续；对限制准入事项，或由市场主体提出申请，行政机关依法依规作出是否予以准入的决定，或由市场主体依照政府规定的准入条件和准入方式合规进入；对市场准入负面清单以外的行业、领域、业务等，各类市场主体皆可依法平等进入。

2.实施“双随机、一公开”监管，规范事中事后监管

“双随机、一公开”是指在监管过程中随机抽取检查对象，随机选派执法检查人员，抽查情况及查处结果及时向社会公开。由于随机抽查检查对象、随机

---

① 张茅.深化改革创新，狠抓工作落实，全面完成今年市场监管工作任务——在全国工商和市场监管工作座谈会上的讲话[N].中国工商报，2017-07-01.

② 2018 年国务院政府工作报告.

指派执法检查人员，这就有效减少了执法检查人员的自由裁量权和寻租机会，有利于促进公正监管。2017 年实现“双随机、一公开”监管全覆盖。推进信用监管，加快建设企业信用信息“全国一张网”，建立健全市场主体诚信档案、行业黑名单制度和市场退出机制。推进智能监管，实施线上线下一体化监管。

3.对新经济发展探索审慎监管

十八大以来，随着“大众创业、万众创新”的热潮，我国新技术、新产业、新业态不断出现。大数据、人工智能、虚拟现实、智能化生产等新技术不断出现，节能与环保、新一代信息技术与信息服务、新能源、生物医药、高端装备制造业等产业快速发展，共享经济、跨境电商、移动支付、互联网金融等新业态不断涌现。新经济与传统经济相比，不论是发展模式、运行机制都与传统经济有很大不同，因此，不能套用老办法，而要探索审慎监管的方式。既要促进新经济发展，同时，对于那些打着创新名义实际上是搞非法经营的，比如有的打着发展互联网金融名义而实际上是搞非法集资的，要坚决予以取缔。

（三）优化政府服务，提高政府服务效率，深化行政执法体制改革

1.推广政府和社会资本合作模式，形成公共服务供给新机制

在公共服务领域推广政府和社会资本合作模式，是形成公共服务供给新机制、拉动投资、化解地方政府债务风险、打造经济新增长点的重要举措。为此，我国政府颁布了《中共中央国务院关于深化投融资体制改革的意见》《国务院关于创新重点领域投融资机制鼓励社会投资的指导意见》《国务院办公厅转发财政部发展改革委人民银行关于在公共服务领域推广政府和社会资本合作模式指导意见的通知》等文件，在能源、交通运输、水利、环境保护、农业、林业、科技、保障性安居工程、医疗、卫生、养老、教育、文化等公共服务领域广泛采用政府和社会资本合作模式。根据项目类型采用多种合作方式，健全项目协调机制，明确项目实施主体，规范项目价格管理。按照补偿成本、合理收益、节约资源以及社会可承受的原则，加强投资成本和服务成本监测，加快理顺价格水平。加强价格行为监管，既要防止项目法人随意提价损害公共利益、不合理获利，又要规

范政府价格行为，提高政府定价、调价的科学性和透明度。

2.大力推进扶贫工作，加强基本公共服务，切实保障和改善民生

扶贫工作是中央确定的重要工作。各级政府根据中央决策部署，全面推进扶贫攻坚工作。首先，精准识别贫困户。2014 年精准识别 12.8 万个贫困村，8 962 万贫困人口。其次，建立中央统筹、省负总责、市县抓落实攻坚脱贫责任机制，从五个方面推进脱贫，即发展生产脱贫一批、易地扶贫搬迁脱贫一批、生态补偿脱贫一批、发展教育脱贫一批、社会保障兜底一批。2013—2017 年，中央财政专项扶贫资金累计投入 2 787 亿元，平均每年增长 22.7%；省级财政扶贫资金累计投入 1 825 亿元，平均每年增长 26.9%，安排地方政府债务 1 200 亿元，用于改善贫困地区生产生活条件。财政涉农资金统筹整合使用试点扩大到所有贫困县。金融扶贫力度明显加大。[①]

我国脱贫攻坚战取得显著成效。贫困人口减少 6 800 多万，易地扶贫搬迁 830 万人，贫困发生率由 10.2%下降到 3.1%。[②] 我国提前 10 年实现联合国 2030 年可持续发展议程确定的减贫目标，继续在全球减贫事业中保持领先地位。[③]

优先发展教育事业，深化医药卫生体制改革，加强社会保障体系建设。以深化考试招生制度改革推进教育事业发展，推进教育公平。以公益性为导向推进基本医疗卫生制度改革，全面建立分级诊疗制度，健全现代医院管理制度，健全全民医疗保障制度。按照兜底线、织密网、建机制的要求，全面建成覆盖全民、城乡统筹、权责清晰、保障适度、可持续的多层次社会保障体系。尽快实现养老保险全国统筹。完善统一的城乡居民基本医疗保险制度和大病保险制度。全面实施一对夫妇可以生育两个孩子政策。

3.着力解决突出环境问题，建设美丽中国

十八大以来，针对生态文明体制改革滞后的现状，中央出台了《生态文明体

① 韩俊.坚决打赢脱贫攻坚战[M]//党的十九大报告辅导读本.北京：人民出版社，2017：350-351.

② 2018 年国务院政府工作报告.

③ 韩俊.坚决打赢脱贫攻坚战[M]//党的十九大报告辅导读本.北京：人民出版社，2017：351.

制改革总体方案》等方案，提出构建起由自然资源资产产权制度、国土空间开发保护制度、空间规划体系、资源总量管理和全面节约制度、资源有偿使用和生态补偿制度、环境治理体系、环境治理和生态保护市场体系、生态文明绩效评价考核和责任追究制度八项制度构成的产权清晰、多元参与、激励约束并重、系统完整的生态文明制度体系，推进生态治理现代化。同时，着力解决大气、水、土壤污染防治等突出环境问题，加大生态系统保护力度，改革生态环境监管体制。生态文明建设取得明显成效。

五年来，生态环境状况逐步好转。制定实施大气、水、土壤污染防治三个“十条”并取得扎实成效。单位国内生产总值能耗、水耗均下降 20%以上，主要污染物排放量持续下降，重点城市重污染天数减少一半，森林面积增加 1.63 亿亩，沙化土地面积年均缩减近 2 000 平方千米，绿色发展呈现可喜局面。①

4.推进电子政务

2015 年，国务院印发《促进大数据发展行动纲要》，运用大数据提升政府办事效率。加快政府数据开放共享，推动资源整合，提升治理能力。大力推动政府部门数据共享，稳步推动公共数据资源开放，统筹规划大数据基础设施建设，建立国家宏观调控数据体系，推动政府治理精准化。电子政务迅速发展，政务治理信息化、公共服务信息化、大数据平台、信息安全和基础设施等建设取得较快发展。

5.深化行政执法体制改革

十八届三中全会指出，要深化行政执法体制改革。整合执法主体，相对集中执法权，推进综合执法，着力解决权责交叉、多头执法问题，建立权责统一、权威高效的行政执法体制。十九届三中全会通过的《深化党和国家机构改革方案》指出，深化行政执法体制改革，统筹配置行政处罚职能和执法资源，相对集中行政处罚权，是深化机构改革的重要任务。根据不同层级政府的事权和职能，

---

① 2018 年国务院政府工作报告.

按照减少层次、整合队伍、提高效率的原则，大幅减少执法队伍种类，合理配置执法力量。一个部门设有多支执法队伍的，原则上整合为一支队伍。具体方案是：

第一，整合组建市场监管综合执法队伍。整合工商、质检、食品、药品、物价、商标、专利等执法职责和队伍，组建市场监管综合执法队伍。由国家市场监督管理总局指导。

第二，整合组建生态环境保护综合执法队伍。整合环境保护和国土、农业、水利、海洋等部门相关污染防治和生态保护执法职责、队伍，统一实行生态环境保护执法。由生态环境部指导。

第三，整合组建文化市场综合执法队伍。将旅游市场执法职责和队伍整合划入文化市场综合执法队伍，统一行使文化、文物、出版、广播电视、电影、旅游市场行政执法职责。由文化和旅游部指导。

第四，整合组建交通运输综合执法队伍。整合交通运输系统内路政、运政等涉及交通运输的执法职责、队伍，实行统一执法。由交通运输部指导。

第五，整合组建农业综合执法队伍。将农业系统内兽医兽药、生猪屠宰、种子、化肥、农药、农机、农产品质量等执法队伍整合，实行统一执法。由农业农村部指导。

继续探索实行跨领域跨部门综合执法，建立健全综合执法主管部门、相关行业管理部门、综合执法队伍间协调配合、信息共享机制和跨部门、跨区域执法协作联动机制。对涉及的相关法律法规及时进行清理修订。

二、以统筹党政机构关系为核心，深化政府机构改革

（一）十八大以来党政机构统筹设置进展

1.十八大以来统筹党政机构设置进展

十八大以来，在坚持党的领导下，根据国内外形势的变化，我国统筹党政关系，科学配置党政部门及内设机构权力和职能，明确职责定位和工作任务。

2013 年 12 月 30 日，中央全面深化改革领导小组成立。中央全面深化改革领导小组由习近平任组长。中央全面深化改革领导小组负责改革的总体设计、统筹协调、整体推进、督促落实，主要职责是研究确定经济体制、政治体制、文化体制、社会体制、生态文明体制和党的建设制度等方面改革的重大原则、方针政策、总体方案；统一部署全国性重大改革；统筹协调处理全局性、长远性、跨地区跨部门的重大改革问题；指导、推动、督促中央有关重大改革政策措施的组织落实。截至 2017 年 8 月，中央全面深化改革领导小组已经召开 38 次会议，审议通过 360 多个重大改革方案，中央和国家有关部门共出台 1 500 多项改革举措，重要领域和关键环节改革取得突破性进展。[①]

十八届三中全会决定设置国家安全委员会。2014 年 1 月 24 日中央政治局会议研究决定中央国家安全委员会设置。中央国家安全委员会由习近平任主席。中央国家安全委员会作为中共中央关于国家安全工作的决策和议事协调机构，向中央政治局、中央政治局常务委员会负责，统筹协调涉及国家安全的重大事项和重要工作。

2014 年 2 月 27 日，中央网络安全和信息化领导小组召开第一次会议，习近平任组长。中央网络安全和信息化领导小组统筹协调各个领域的网络安全和信息化重大问题，制定实施国家网络安全和信息化发展战略、宏观规划和重大政策，不断增强安全保障能力。

同时，习近平总书记还担任中央财经领导小组组长，李克强总理任该小组副组长。中央财经领导小组是中共中央政治局领导经济工作的议事协调机构，是我国经济的核心领导和决策部门。

2.十九大以来统筹党政机构设置进展

十九大指出，全面依法治国是国家治理的一场深刻革命。中央决定成立中央全面依法治国领导小组，加强对法治中国建设的统一领导。健全党和国家监

---

① 林兆木.党的十八大以来党和国家事业发生历史性变革[M]//党的十九大报告辅导读本.北京：人民出版社，2017：112.

督体系。深化国家监察体制改革,组建国家、省、市、县监察委员会,同党的纪律检查机关合署办公,实现对所有行使公权力的公职人员监察全覆盖。

党的十九届三中全会指出,深化党和国家机构改革的首要任务是,完善坚持党的全面领导的制度,加强党对各领域各方面工作领导,确保党的领导全覆盖,确保党的领导更加坚强有力。深化党中央机构改革的方案是:

第一,组建国家监察委员会,不再保留国家监察部、国家预防腐败局。国家监察委员会同中央纪律检查委员会合署办公,履行纪检、监察两项职责,实行一套工作机构、两个机关名称。

第二,组建中央全面依法治国委员会。中央全面依法治国委员会办公室设在司法部。

第三,组建中央审计委员会。中央审计委员会办公室设在审计署。

第四,中央全面深化改革领导小组、中央网络安全和信息化领导小组、中央财经领导小组、中央外事工作领导小组改为委员会。4 个委员会的办事机构分别为中央全面深化改革委员会办公室、中央网络安全和信息化委员会办公室、中央财经委员会办公室、中央外事工作委员会办公室。

第五,组建中央教育工作领导小组。中央教育工作领导小组秘书组设在教育部。

第六,组建中央和国家机关工作委员会,不再保留中央直属机关工作委员会、中央国家机关工作委员会。

第七,组建新的中央党校(国家行政学院)。一个机构两块牌子,作为党中央直属事业单位。

第八,组建中央党史和文献研究院。不再保留中央党史研究室、中央文献研究室、中央编译局。

第九,中央组织部统一管理中央机构编制委员会办公室。

第十,中央组织部统一管理公务员工作。不再保留单设的国家公务员局。中央组织部对外保留国家公务员局牌子。

第十一,中央宣传部统一管理新闻出版工作。国家新闻出版广电总局的新闻出版管理职责划入中央宣传部。中央宣传部对外加挂国家新闻出版署(国家版权局)牌子。

第十二,中央宣传部统一管理电影工作。国家新闻出版广电总局的电影管理职责划入中央宣传部。中央宣传部对外加挂国家电影局牌子。

第十三,中央统战部统一领导国家民族事务委员会。国家民族事务委员会仍作为国务院组成部门。

第十四,中央统战部统一管理宗教工作。国家宗教事务局并入中央统战部。中央统战部对外保留国家宗教事务局牌子。

第十五,中央统战部统一管理侨务工作。将国务院侨务办公室并入中央统战部,中央统战部对外保留国务院侨务办公室牌子。

第十六,优化中央网络安全和信息化委员会办公室职责。将国家计算机网络与信息安全管理中心由工业和信息化部管理调整为由中央网络安全和信息化委员会办公室管理。

第十七,不再设立中央维护海洋权益工作领导小组。有关职责交由中央外事工作委员会及其办公室承担,在中央外事工作委员会办公室内设维护海洋权益工作办公室。

第十八,不再设立中央社会治安综合治理委员会及其办公室。有关职责交由中央政法委员会承担。

第十九,不再设立中央维护稳定工作领导小组及其办公室,有关职责交由中央政法委员会承担。

第二十,将中央防范和处理邪教问题领导小组及其办公室职责划归中央政法委员会、公安部。

(二)深化国务院机构改革

1.2013 年国务院机构改革

2013 年 3 月,第七次国务院机构改革开始。这次机构改革,重点围绕转变职能和理顺职责关系，稳步推进大部门制改革，实行铁路政企分开，整合加强卫生和计划生育、食品药品、新闻出版和广播电影电视、海洋、能源管理机构。

（1）实行铁路政企分开。将铁道部拟订铁路发展规划和政策的行政职责划入交通运输部。交通运输部统筹规划铁路、公路、水路、民航发展，加快推进综合交通运输体系建设。组建国家铁路局，由交通运输部管理，承担铁道部的其他行政职责，负责拟订铁路技术标准，监督管理铁路安全生产、运输服务质量和铁路工程质量等。组建中国铁路总公司，承担铁道部的企业职责，负责铁路运输统一调度指挥，经营铁路客货运输业务，承担专运、特运任务，负责铁路建设，承担铁路安全生产主体责任等。不再保留铁道部。

（2）组建国家卫生和计划生育委员会。将卫生部的职责、国家人口和计划生育委员会的计划生育管理和服务职责整合，组建国家卫生和计划生育委员会。将国家人口和计划生育委员会的研究拟订人口发展战略、规划及人口政策职责划入国家发展和改革委员会。国家中医药管理局由国家卫生和计划生育委员会管理。不再保留卫生部、国家人口和计划生育委员会。

（3）组建国家食品药品监督管理总局。将国务院食品安全委员会办公室的职责、国家食品药品监督管理局的职责、国家质量监督检验检疫总局的生产环节食品安全监督管理职责、国家工商行政管理总局的流通环节食品安全监督管理职责整合，组建国家食品药品监督管理总局。保留国务院食品安全委员会，具体工作由国家食品药品监督管理总局承担。国家食品药品监督管理总局加挂国务院食品安全委员会办公室牌子。新组建的国家卫生和计划生育委员会负责食品安全风险评估和食品安全标准制定。农业部负责农产品质量安全监督管理。将商务部的生猪定点屠宰监督管理职责划入农业部。不再保留国家食品药品监督管理局和单设的国务院食品安全委员会办公室。

（4）组建国家新闻出版广电总局。将国家新闻出版总署、国家广播电影电视总局的职责整合，组建国家新闻出版广电总局。国家新闻出版广电总局加挂国家版权局牌子。不再保留国家广播电影电视总局、国家新闻出版总署。

（5）重新组建国家海洋局。将现国家海洋局及其中国海监、公安部边防海警、农业部中国渔政、海关总署海上缉私警察的队伍和职责整合，重新组建国家海洋局，由国土资源部管理。设立高层次议事协调机构国家海洋委员会，负责研究制定国家海洋发展战略，统筹协调海洋重大事项。国家海洋委员会的具体工作由国家海洋局承担。

（6）重新组建国家能源局。将现国家能源局、国家电力监管委员会的职责整合，重新组建国家能源局，由国家发展和改革委员会管理。不再保留国家电力监管委员会。

经过改革，国务院正部级机构减少4个，其中组成部门减少2个，副部级机构增减相抵数量不变。改革后，除国务院办公厅外，国务院设置组成部门25个，直属特设机构1个，直属机构15个，办事机构4个，直属事业单位13个，国务院部委管理的国家局16个，议事协调机构3个。

2.2018年国务院机构改革

2018年3月，第八次国务院机构改革启动。这一次国务院机构改革，着眼于转变政府职能，坚决破除制约使市场在资源配置中起决定性作用、更好发挥政府作用的体制机制弊端，围绕推动高质量发展，建设现代化经济体系，加强和完善政府经济调节、市场监管、社会管理、公共服务、生态环境保护职能，结合新的时代条件和实践要求，着力推进重点领域、关键环节的机构职能优化和调整，构建起职责明确、依法行政的政府治理体系，增强政府公信力和执行力，加快建设人民满意的服务型政府。具体改革方案如下：

（1）组建自然资源部。将国土资源部的职责，国家发展和改革委员会的组织编制主体功能区规划职责，住房和城乡建设部的城乡规划管理职责，水利部的水资源调查和确权登记管理职责，农业部的草原资源调查和确权登记管理职责，国家林业局的森林、湿地等资源调查和确权登记管理职责，国家海洋局的职责，国家测绘地理信息局的职责整合，组建自然资源部，作为国务院组成部门。自然资源部对外保留国家海洋局牌子。不再保留国土资源部、国家海洋局、国家测绘地理信息局。

(2)组建生态环境部。将环境保护部的职责,国家发展和改革委员会的应对气候变化和减排职责,国土资源部的监督防止地下水污染职责,水利部的编制水功能区划、排污口设置管理、流域水环境保护职责,农业部的监督指导农业面源污染治理职责,国家海洋局的海洋环境保护职责,国务院南水北调工程建设委员会办公室的南水北调工程项目区环境保护职责整合,组建生态环境部,作为国务院组成部门。生态环境部对外保留国家核安全局牌子。不再保留环境保护部。

(3)组建农业农村部。将中央农村工作领导小组办公室的职责,农业部的职责,以及国家发展和改革委员会的农业投资项目、财政部的农业综合开发项目、国土资源部的农田整治项目、水利部的农田水利建设项目等管理职责整合,组建农业农村部,作为国务院组成部门。中央农村工作领导小组办公室设在农业农村部。将农业部的渔船检验和监督管理职责划入交通运输部。不再保留农业部。

(4)组建文化和旅游部。将文化部、国家旅游局的职责整合,组建文化和旅游部,作为国务院组成部门。不再保留文化部、国家旅游局。

(5)组建国家卫生健康委员会。将国家卫生和计划生育委员会、国务院深化医药卫生体制改革领导小组办公室、全国老龄工作委员会办公室的职责,工业和信息化部的牵头《烟草控制框架公约》履约工作职责,国家安全生产监督管理总局的职业安全健康监督管理职责整合,组建国家卫生健康委员会,作为国务院组成部门。保留全国老龄工作委员会,日常工作由国家卫生健康委员会承担。民政部代管的中国老龄协会改由国家卫生健康委员会代管。国家中医药管理局由国家卫生健康委员会管理。不再保留国家卫生和计划生育委员会。不再设立国务院深化医药卫生体制改革领导小组办公室。

(6)组建退役军人事务部。将民政部的退役军人优抚安置职责、人力资源和社会保障部的军官转业安置职责,以及中央军委政治工作部、后勤保障部有关职责整合，组建退役军人事务部，作为国务院组成部门。

（7）组建应急管理部。将国家安全生产监督管理总局的职责，国务院办公厅的应急管理职责，公安部的消防管理职责，民政部的救灾职责，国土资源部的地质灾害防治、水利部的水旱灾害防治、农业部的草原防火、国家林业局的森林防火相关职责，中国地震局的震灾应急救援职责以及国家防汛抗旱总指挥部、国家减灾委员会、国务院抗震救灾指挥部、国家森林防火指挥部的职责整合，组建应急管理部，作为国务院组成部门。中国地震局、国家煤矿安全监察局由应急管理部管理。不再保留国家安全生产监督管理总局。

（8）重新组建科学技术部。将科学技术部、国家外国专家局的职责整合，重新组建科学技术部，作为国务院组成部门。科学技术部对外保留国家外国专家局牌子。国家自然科学基金委员会改由科学技术部管理。

（9）重新组建司法部。将司法部和国务院法制办公室的职责整合，重新组建司法部，作为国务院组成部门。不再保留国务院法制办公室。

（10）优化水利部职责。将国务院三峡工程建设委员会及其办公室、国务院南水北调工程建设委员会及其办公室并入水利部。不再保留国务院三峡工程建设委员会及其办公室、国务院南水北调工程建设委员会及其办公室。

（11）优化审计署职责。将国家发展和改革委员会的重大项目稽察、财政部的中央预算执行情况和其他财政收支情况的监督检查、国务院国有资产监督管理委员会的国有企业领导干部经济责任审计和国有重点大型企业监事会的职责划入审计署，相应对派出审计监督力量进行整合优化，构建统一高效审计监督体系。不再设立国有重点大型企业监事会。

（12）组建国家市场监督管理总局。将国家工商行政管理总局的职责，国家质量监督检验检疫总局的职责，国家食品药品监督管理总局的职责，国家发展和改革委员会的价格监督检查与反垄断执法职责，商务部的经营者集中反垄断执法以及国务院反垄断委员会办公室等职责整合，组建国家市场监督管理总局，作为国务院直属机构。组建国家药品监督管理局，由国家市场监督管理总局管理，主要职责是负责药品、化妆品、医疗器械的注册并实施监督管理。将国家质量监督检验检疫总局的出入境检验检疫管理职责和队伍划入海关总署。保留国务院食品安全委员会、国务院反垄断委员会，具体工作由国家市场监督管理总局承担。国家认证认可监督管理委员会、国家标准化管理委员会职责划入国家市场监督管理总局，对外保留牌子。不再保留国家工商行政管理总局、国家质量监督检验检疫总局、国家食品药品监督管理总局。

(13)组建国家广播电视总局。在国家新闻出版广电总局广播电视管理职责的基础上组建国家广播电视总局，作为国务院直属机构。不再保留国家新闻出版广电总局。

(14)组建中央广播电视总台。整合中央电视台（中国国际电视台）、中央人民广播电台、中国国际广播电台，组建中央广播电视总台，作为国务院直属事业单位，归口中央宣传部领导。撤销中央电视台（中国国际电视台）、中央人民广播电台、中国国际广播电台建制。对内保留原呼号，对外统一呼号为“中国之声”。

(15)组建中国银行保险监督管理委员会。将中国银行业监督管理委员会和中国保险监督管理委员会的职责整合，组建中国银行保险监督管理委员会，作为国务院直属事业单位。将中国银行业监督管理委员会和中国保险监督管理委员会拟订银行业、保险业重要法律法规草案和审慎监管基本制度的职责划入中国人民银行。不再保留中国银行业监督管理委员会、中国保险监督管理委员会。

(16)组建国家国际发展合作署。将商务部对外援助工作有关职责、外交部对外援助协调等职责整合，组建国家国际发展合作署，作为国务院直属机构。

(17)组建国家医疗保障局。将人力资源和社会保障部的城镇职工和城镇居民基本医疗保险、生育保险职责，国家卫生和计划生育委员会的新型农村合作医疗职责，国家发展和改革委员会的药品和医疗服务价格管理职责，民政部的医疗救助职责整合，组建国家医疗保障局，作为国务院直属机构。

(18)组建国家粮食和物资储备局。将国家粮食局的职责，国家发展和改革委员会的组织实施国家战略物资收储、轮换和管理，管理国家粮食、棉花和食糖储备等职责，以及民政部、商务部、国家能源局等部门的组织实施国家战略和应急储备物资收储、轮换和日常管理职责整合，组建国家粮食和物资储备局，由国家发展和改革委员会管理。不再保留国家粮食局。

(19)组建国家移民管理局。将公安部的出入境管理、边防检查职责整合，建立健全签证管理协调机制，组建国家移民管理局，加挂中华人民共和国出入境管理局牌子，由公安部管理。

(20)组建国家林业和草原局。将国家林业局的职责，农业部的草原监督管理职责，以及国土资源部、住房和城乡建设部、水利部、农业部、国家海洋局等部门的自然保护区、风景名胜区、自然遗产、地质公园等管理职责整合，组建国家林业和草原局，由自然资源部管理。国家林业和草原局加挂国家公园管理局牌子。不再保留国家林业局。

(21)重新组建国家知识产权局。将国家知识产权局的职责、国家工商行政管理总局的商标管理职责、国家质量监督检验检疫总局的原产地地理标志管理职责整合，重新组建国家知识产权局，由国家市场监督管理总局管理。

(22)调整全国社会保障基金理事会隶属关系。将全国社会保障基金理事会由国务院管理调整为由财政部管理，承担基金安全和保值增值的主体责任，作为基金投资运营机构，不再明确行政级别。

(23)改革国税地税征管体制。将省级和省级以下国税地税机构合并，具体承担所辖区域内各项税收、非税收入征管等职责。为提高社会保险资金征管效率，将基本养老保险费、基本医疗保险费、失业保险费等各项社会保险费交由税务部门统一征收。国税地税机构合并后，实行以国家税务总局为主与省(自治区、直辖市)政府双重领导管理体制。

国务院机构改革后，除国务院办公厅外，国务院设置组成部分 26 个，正部级机构减少 8 个，副部级机构减少 7 个。

（三）深化跨军地改革

党的十九大指出，坚持富国和强军相统一，强化统一领导、顶层设计、改革创新和重大项目落实，形成军民融合深度发展格局。十九届三中全会通过的《深化党和国家机构改革方案》指出，着眼全面落实党对人民解放军和其他武装力量的绝对领导，贯彻落实党中央关于调整武警部队领导指挥体制的决定，按照军是军、警是警、民是民原则，将列武警部队序列、国务院部门领导管理的现役力量全部退出武警，将国家海洋局领导管理的海警队伍转隶武警部队，将武警部队担负民事属性任务的黄金、森林、水电部队整体移交国家相关职能部门并改编为非现役专业队伍，同时撤收武警部队海关执勤兵力，彻底理顺武警部队领导管理和指挥使用关系。

（四）深化群团组织改革

党的十九大指出，增强群众工作本领，创新群众工作体制机制和方式方法，推动工会、共青团、妇联等群团组织增强政治性、先进性、群众性，发挥联系群众的桥梁纽带作用，组织动员广大人民群众坚定不移跟党走。十九届三中全会通过的《深化党和国家机构改革方案》指出，群团组织改革要聚焦突出问题，改革机关设置、优化管理模式、创新运行机制，坚持眼睛向下、面向基层，将力量配备、服务资源向基层倾斜，更好适应基层和群众需要。促进党政机构同群团组织功能有机衔接，支持和鼓励群团组织承接适合由群团组织承担的公共服务职能，增强群团组织团结教育、维护权益、服务群众功能，充分发挥党和政府联系人民群众的桥梁纽带作用。

（五）深化地方行政机构改革

党的十八大指出，要继续深化地方行政机构改革，优化行政层级和行政区划设置，有条件的地方可探索省直接管理县（市）改革，深化乡镇行政体制改革。创新行政管理方式，提高政府公信力和执行力，推进政府绩效管理。严格控制机构编制，减少领导职数，降低行政成本。

经过五年实践，党的十九大指出，继续深化地方行政机构改革。赋予省级及以下政府更多自主权。在省市县对职能相近的党政机关探索合并设立或合署办公。

十九届三中全会通过的《深化党和国家机构改革方案》指出，地方机构改革要全面贯彻落实党中央关于深化党和国家机构改革的决策部署，坚持加强党的全面领导，坚持省市县统筹、党政群统筹，根据各层级党委和政府的主要职责，合理调整和设置机构。

（六）深化事业单位改革，合理扩大高校和科研院所自主权，推进政事分开

创新是国家经济发展的第一推动力。要推动科技创新，就要调动高校和科研人员的积极性和创造性，扩大高校和科研院所自主权、赋予创新领军人才更大人财物支配权技术路线决策权，进一步推动政事分开。

合理扩大高校自主权。积极探索实行高校人员总量管理，高校依法自主管理岗位设置，落实高校人员聘用自主权、薪酬分配自主权。落实《关于深化职称制度改革的意见》，将高校教师职称评审权直接下放至高校。

扩大科研机构和高校收入分配自主权。拓宽收入来源，逐步提高科研人员收入水平。在保障基本工资水平正常增长的基础上，逐步提高基础性绩效工资水平，并建立绩效工资稳定增长机制。发挥财政科研项目资金的激励引导作用。对不同功能和资金来源的科研项目实行分类管理，在绩效评价基础上，加大对科研人员的绩效激励力度。鼓励科研人员通过科技成果转化获得合理收入。积极探索通过市场配置资源加快科技成果转化、实现知识价值的有效方式。允许科研人员从事兼职工作获得合法收入；允许高校教师从事多点教学获得合法收入。

改进科研项目经费管理。2016 年，中办、国办联合印发《关于进一步完善中央财政科研项目资金管理等政策的若干意见》。《意见》提出，简化预算编制，下放预算调剂权限。提高间接费用比重，加大绩效激励力度。中央财政科技计划

（专项、基金等）中实行公开竞争方式的研发类项目，均要设立间接费用，核定比例可以提高到不超过直接费用扣除设备购置费的一定比例：500 万元以下的部分为 20%，500 万元至 1 000 万元的部分为 15%，1 000 万元以上的部分为 13%。明确劳务费开支范围，不设比例限制。简化预算编制科目，合并会议费、差旅费、国际合作与交流费科目，由科研人员结合科研活动实际需要编制预算并按规定统筹安排使用，其中不超过直接费用 10%的，不需要提供预算测算依据。①

三、以“一带一路”为重点推进国际治理

推进全球治理，要以“一带一路”为重点，推动形成全面对外开放新格局，为全球治理体系变革不断贡献中国模式和中国智慧。

（一）积极促进“一带一路”合作

2013 年，习近平总书记提出建设丝绸之路经济带和 21 世纪海上丝绸之路的倡议。这一倡议从理念转化为行动，从愿景转变为现实，取得丰硕成果。截至 2017 年 10 月，全球 140 多个国家和 80 多个国际组织积极支持和参与“一带一路”建设，联合国大会、联合国安理会等重要决议纳入相关内容。经贸合作扎实推进，中国企业对沿线国家投资累计超过 500 亿美元，贸易总额超过 3 万亿美元。②

推进“一带一路”建设，要恪守联合国宪章的宗旨和原则，遵守和平共处五项原则，即互相尊重主权和领土完整、互不侵犯、互不干涉内政、和平共处、平等互利。要坚持开放合作、和谐包容、市场运作、互利共赢，体现各方智慧和创意，各施所长，各尽所能，把各方优势和潜力充分发挥出来。

政策沟通、设施联通、贸易畅通、资金融通、民心相通是“一带一路”建设的

---

① 关于进一步完善中央财政科研项目资金管理等政策的若干意见[EB/OL].中国政府网，2016-07-31.

② 高虎城.积极推进“一带一路”国际合作[M]//党的十九大报告辅导报告.北京：人民出版社，2017：408.

核心内容。要以“五通”为抓手，全面提升合作水平。政策沟通是“一带一路”建设的重要保障，基础设施互联互通是“一带一路”建设的优先领域，投资合作贸易畅通是“一带一路”建设的重点内容，资金融通是“一带一路”建设的重要支撑，民心相通是“一带一路”建设的社会根基。

推进“一带一路”建设，要充分尊重各国差异，共同探讨符合各国国情的合作模式。要加强双边合作，开展多层次、多渠道沟通磋商，推动双边关系全面发展。强化多边合作机制作用，发挥上海合作组织（SCO）、中国—东盟“10+1”、亚太经合组织（APEC）、亚欧会议（ASEM）、亚洲合作对话（ACD）、亚信会议（CICA）、中阿合作论坛（CASCF）、中国—海合会战略对话、大湄公河次区域经济合作（GMS）、中亚区域经济合作（CAREC）等现有多边合作机制作用，相关国家加强沟通，让更多国家和地区参与“一带一路”建设。继续发挥沿线各国区域、次区域相关国际论坛、展会等平台的建设性作用。2017 年 5 月，我国举办首届“一带一路”国际合作高峰论坛，并将于 2019 年举办第二届“一带一路”国际合作高峰论坛。

（二）以“一带一路”为重点形成对外开放新格局

党的十九大指出，要以“一带一路”为重点，坚持引进来和走出去相结合，形成陆海内外联动、东西双向互济的开放格局。

对外商投资要全面实行准入前国民待遇加负面清单管理制度。国民待遇，又称平等待遇，是指一国给予外国人和本国人以相同的待遇。在投资领域，国民待遇的适用范围按投资阶段可以分为“外资准入前国民待遇”（或“准入阶段国民待遇”）和“外资准入后国民待遇”。“准入前国民待遇”是指在企业设立、取得、扩大等阶段给予外国投资者及其投资不低于本国投资者及其投资的待遇。

赋予自由贸易试验区更大改革自主权，探索建设自由贸易港。2013 年，我国成立上海自由贸易试验区，随后，自由贸易试验区不断发展。截至 2017 年 3

月，我国已成立 11 个自由贸易试验区。自由贸易试验区对于探索建立新的政府经济管理体制、率先建立同国际投资和贸易通行规则相衔接的制度体系、推动高水平对外开放起到重要作用。自由贸易港是设在一国境内关外、货物资金人员进出自由、绝大多数商品免征关税的特定区域，是目前全球开放水平最高的特殊经济功能区。

坚持引进来与走出去并重。预计未来 5 年，中国将从"一带一路"沿线国家进口 2 万亿美元，对沿线国家投资 1 500 亿美元。[①] 拓展对外贸易，培育贸易新业态新模式，推进贸易强国建设。创新对外投资方式，发挥市场在资源配置中的决定性作用，以企业为主体、市场为导向扩大投资，促进国际产能合作，形成面向全球的贸易、投融资、生产、服务网络，加快培育国际经济合作和竞争新优势。

（三）积极参与全球治理

习近平同志指出："什么样的国际秩序和全球治理体系对世界好、对世界各国人民好，要由各国人民商量，不能由一家说了算，不能由少数人说了算。"[②]我国秉承共商共建共享的全球治理观，倡导国际关系民主化，呼吁各国人民同心协力，构建人类命运共同体，建设持久和平、普遍安全、共同繁荣、开放包容、美丽清洁的世界。

建立多边金融机构，努力推动国际金融体制改革。2013 年，我国倡议成立亚洲基础设施投资银行。2014 年 7 月，金砖国家领导人第六次会晤在巴西福塔莱萨举行。五国签署协议，成立金砖国家新开发银行，建立金砖国家应急储备安排。按照协议，新开发银行初始资本为 1 000 亿美元，由各成员国平等捐资，银行总部设在中国上海，首任行长来自印度。2015 年 7 月，金砖国家新开发银行在上海正式开业。作为金砖国家合作机制中的重要组成部分，金砖国家新开发银行经历了从萌芽到设想、从论证到共识、从落成到运营的发展轨迹，目标是

---

① 高虎城.积极推进"一带一路"国际合作[M]//党的十九大报告辅导报告.北京：人民出版社，2017：409.

② 习近平.在庆祝中国共产党成立 95 周年大会上的讲话[EB/OL].新华网.2016-07-01.

成为专业、高效、透明、绿色的21世纪新型多边开发机构。2015年12月25日，亚洲基础设施投资银行正式成立，这是首个由中国倡议设立的多边金融机构。截至2018年3月23日，亚投行有84个正式成员国。在建立多边金融机构的同时，我国也在努力推动现有国际金融体制改革。2016年1月，国际货币基金组织份额改革计划取得进展。我国在国际货币基金组织份额从3.996%升至6.394%，排名从第六位跃居第三位。2016年10月1日，人民币正式纳入国际货币基金组织特别提款权（SDR）货币篮子，使得人民币国际化程度进一步提升。未来，我们将继续推动国际货币基金组织、世界银行等治理机制改革，增加新兴市场国家和发展中国家的代表性和发言权。

积极应对全球挑战。当前，全球气候变化、网络安全等非传统安全威胁持续蔓延。我国积极应对全球气候变化挑战，继续在全球生态文明建设中发挥重要参与者、贡献者、引领者作用。我国推动各方达成并落实气候变化《巴黎协定》，推动制定联合国《2030年可持续发展议程》。我国发起并主办首届世界互联网大会，推动建立多边、民主、透明的全球互联网治理体系。积极开展国际反腐败合作，推动构建国际反腐败合作新秩序。

第五节　未来我国政府治理的发展趋势

从2020年开始，我国要开启全面建设社会主义现代化国家新征程。新征程的最终目标是到21世纪中叶，实现国家治理体系和治理能力现代化，成为综合国力和国际影响力领先的国家。要实现国家治理体系和治理能力现代化，就要求实现政府治理体系和治理能力现代化。这就意味着，从现在起到21世纪中叶，我国政府治理也分为两个阶段：第一个阶段是从2020年到2035年，基本实现政府治理体系和治理能力现代化，第二个阶段是从2035年到21世纪中叶，实现政府治理体系和治理能力现代化。

要实现奋斗目标,需要不断改进和完善政府治理。改进和完善政府治理,在构建思路上,需要坚持党的领导,坚持新时代中国特色社会主义的道路自信、理论自信、制度自信和文化自信。这是改进和完善政府治理的前提和基础。改进和完善政府治理不能偏离新时代中国特色社会主义基本路线、基本方针、基本政策。在此基础上,要善于吸收借鉴世界各国政府治理的优秀经验,善于挖掘我国历史上政府治理的好经验、好做法,并加以融会贯通,从而构建新时代有中国特色的高效政府治理。

在治理理念上,要坚持以人民为中心的政府治理理念。人民是历史的创造者,是决定党和政府前途命运的根本力量。必须坚持人民主体地位,坚持立党为公,执政为民,把党的群众路线贯彻到政府治理全过程中,把人民对美好生活的向往作为奋斗目标,依靠人民推动政府治理,把人民群众满意不满意、高兴不高兴、答应不答应作为评价政府治理绩效的根本标准和出发点,推进政府有效治理。

在治理方法上,要统筹政府、市场、社会和党政之间的关系,统筹中央与地方的关系。加强政府改革的顶层设计,全面论证,科学决策,加强各项改革的关联性、系统性和可行性研究。在顶层设计的基础上,要紧紧依靠人民推动改革。要将自上而下的改革和自下而上的基层改革有机结合起来,共同推动政府治理转型。政府治理体系和能力建设是循序渐进的过程,既要勇于突破,又要一步一个脚印,稳扎稳打,确保分阶段实现政府治理任务。

中国特色社会主义已经进入新时代,政府治理也进入了新时代。新时代的政府治理要有新气象、新突破、新成绩。我们必须努力奋斗,努力推动政府转型,通过有效治理展现奋发有为的政府新形象,从而为夺取新时代中国特色社会主义伟大胜利、为实现中华民族伟大复兴的中国梦、为实现人民对美好生活的向往贡献全部力量和智慧!

参考文献

[1] 中国共产党中央委员会全体会议公报(十一届三中全会—十九届三中全会).

[2] 中国共产党第十六届中央委员会第六次全体会议文件汇编[M].北京:人民出版社,2006.

[3] 中华人民共和国第十届全国人民代表大会第四次会议文件汇编[M].北京:人民出版社,2006.

[4] 关于进一步完善中央财政科研项目资金管理等政策的若干意见.中办发〔2016〕50号.

[5] 国务院注册资本登记制度改革方案.国发〔2014〕7号.

[6] 民政部关于在全国推进城市社区建设的意见.中办发〔2000〕23号.

[7] 国务院关于加强和改进社区服务工作的意见.国发〔2006〕14号.

[8] 中华人民共和国国民经济和社会发展统计公报(2005—2017年).

[9] 国务院政府工作报告(1979—2018年).

[10] 中国统计年鉴(1981—2017年).

[11] 邓小平.邓小平文选(1—3卷)[M].北京:人民出版社,1993.

[12] 江泽民.江泽民文选(1—3卷)[M].北京:人民出版社,2006.

[13] 胡锦涛.胡锦涛文选(1—3卷)[M].北京:人民出版社,2016.

[14] 胡锦涛.在省部级主要领导干部提高构建社会主义和谐社会能力专题研讨班的讲话[M].北京:人民出版社,2005.

[15] 习近平.习近平谈治国理政[M].北京:外文出版社,2014.

[16] 习近平.习近平谈治国理政(第二卷)[M].北京:外文出版社,2017.

[17] 习近平.习近平在省部级主要领导干部学习贯彻十八届四中全会精神

全面推进依法治国专题研讨班开班式上发表重要讲话[EB/OL].新华网,2015-02-02.

[18] 习近平.习近平在十八届中央纪委二次全会上发表重要讲话[EB/OL].新华网,2013-01-22.

[19] 习近平.携手推进“一带一路”建设——在“一带一路”国际合作高峰论坛开幕式上的讲话[EB/OL].中国政府网,2017-05-14.

[20] 习近平.共同构建人类命运共同体——在联合国日内瓦总部的演讲[EB/OL].中国政府网,2017-01-18.

[21] 习近平.习近平关于全面深化改革论述摘编[M].北京:中央文献出版社,2014.

[22] 李克强.李克强在全国推进简政放权放管结合优化服务改革电视电话会议上的讲话[EB/OL].中国政府网,2016-05-09.

[23] 李克强.主持召开营改增工作座谈会[EB/OL].中国政府网,2017-09-27.

[24] 温家宝.深化行政管理体制改革加快实现政府管理创新[J].国家行政学院学报,2004(1).

[25] 万里.决策民主化和科学化是政治体制改革的一个重要课题[N].人民日报,1986-08-15.

[26] 田纪云.国营企业推行“以税代利”的一些认识问题[N].人民日报,1983-02-07.

[27] 刘鹤.没有画上句号的增长奇迹(上)[N].第一财经日报,2008-11-26.

[28] 刘鹤.没有画上句号的增长奇迹(下)[N].第一财经日报,2008-11-28.

[29] 沙伊贝,瓦特,福克纳.近百年美国经济史[M].彭松建,等,译.北京:中国社会科学出版社,1983.

[30] 丹尼斯,C.缪勒.公共选择理论[M].杨春学,等,译.北京:中国社会科学出版社,1999.

[31] 凯恩斯.就业、利息和货币通论[M].徐毓枬,译.北京:商务印书馆,1983.

[32] 中央保持共产党员先进性教育活动领导小组办公室.保持共产党员先进性教育读本[M].北京:党建读物出版社,2004.

[33] 本书编写组.党的十九大报告辅导读本[M].北京:人民出版社,2017.

[34] 本书编写组.十八大报告辅导读本[M].北京:人民出版社,2012.

[35] 中共中央宣传部.习近平新时代中国特色社会主义思想三十讲[M].北京:学习出版社,2018.

[36]《国际经济和社会统计资料》编辑组.国际经济和社会统计资料 1950—1982[M].北京:中国财政经济出版社,1985.

[37] 本书编写组.完善和发展中国特色社会主义制度,推进国家治理体系和治理能力现代化党员干部读本[M].北京:红旗出版社,2014.

[38] 陈雪薇.十一届三中全会以来重大事件和决策调查[M].北京:中共中央党校出版社,1998.

[39] 迟福林.门槛——政府转型与改革攻坚[M].北京:中国经济出版社,2005.

[40] 国家教育行政学院.建设中国特色公共服务型政府[M].北京:中央文献出版社,2005.

[41] 胡鞍钢.中国国家治理现代化[M].北京:中国人民大学出版社,2014:88.

[42] 李军鹏.公共服务型政府[M].北京:北京大学出版社,2004.

[43] 李兴山.宏观经济运行与调控[M].北京:中共中央党校出版社,2002.

[44] 刘智峰.第七次革命——1998—2003 中国政府机构改革问题报告[M].北京:中国社会科学出版社,2003.

[45] 人民论坛.大国治理:国家治理体系和治理能力现代化[M].北京:中国经济出版社,2014.

[46] 沈立人.中国经济·重大决策始末[M].南京:江苏人民出版社,1999.
[47] 孙健.中国经济通史:下卷(1949 年—2000 年)[M].北京:中国人民大学出版社,2000.
[48] 吴敬琏.1987 年中国经济实况分析[M].北京:中国社会科学出版社,1989.
[49] 夏海.政府的自我革命——中国政府机构改革研究[M].北京:中国法制出版社,2004.
[50] 项怀诚,吴东胜,王保安,等.中国:市场经济与宏观调控[M].北京:中国财政经济出版社,1993.
[51] 谢春涛.改变中国——十一届三中全会前后的重大决策[M].上海:上海人民出版社,1998.
[52] 张德信,薄贵利,李军鹏.中国政府改革的方向[M].北京:人民出版社,2003.
[53] 张文寿.中国行政管理体制改革——研究与思考[M].北京:当代中国出版社,1994.
[54] 中国(海南)改革发展研究院.聚焦中国公共服务体制[M].北京:中国经济出版社,2006.
[55] 中国(海南)改革发展研究院.建设公共服务型政府[M].北京:中国经济出版社,2004.
[56] 中国(海南)改革发展研究院.政府转型——中国改革下一步[M].北京:中国经济出版社,2005.
[57] 中央文献研究室本书编写组.三中全会以来重大决策的形成和发展[M].北京:中央文献出版社,1998.
[58]《中国经济体制改革总体设计》课题组.建立宏观调控和国有资产管理新体制的基本设想[J].改革,1993(5).
[59] 白春礼.科研院所改革,路在何方?[J].求是,2014(11).

[60] 包心鉴.国家与社会:市场经济条件下的政府职能定位——兼论政府机构改革的原则与实质[J].济南市社会主义学院学报,1999(1).

[61] 北京大学中国经济研究中心宏观组.寻求多重经济目标下的有效政策组合——1998 年中国宏观经济形势分析与建议[J].经济研究,1998(4).

[62] 曾红颖."双创"的实施进展与建议[J].宏观经济管理,2015(12).

[63] 陈国权.论政府能力的有限性与政府机构改革[J].求索,1999(4).

[64] 陈武元,梁与延.我国农村管理体制必须改革[J].经济研究,1983(4).

[65] 迟福林.改革的当务之急是政府转型[J].西部大开发,2013(Z1).

[66] 迟福林.加快向公共服务型政府转变——从 SARS 突袭谈起[J].港口经济,2003(4).

[67] 戴园晨.经济体制模式转换过程中的双重价格[J].经济研究,1986(1).

[68] 邓正兵.论三代领导人关于中央与地方关系的思想与实践[J].长江论坛,2002(3).

[69] 邓子基.深化财政改革,理顺分配关系[J].经济研究,1992(11).

[70] 丁元竹.2005 年社会发展回顾与 2006 年发展重点[J].新华文摘,2006(5).

[71] 丁元竹.充分发挥政府公共服务职能[J].为实,2006(7).

[72] 杜铁章,李镭,董沛霖,等.增强宏观经济间接调控能力[J].改革,1988(3).

[73] 范从来.论通货紧缩时期货币政策的有效性[J].经济研究,2000(7).

[74] 高尚全.改革共识与建设服务型政府[J].经济社会体制比较,2005(6).

[75] 高尚全.探索有中国特色的社会主义商品经济体制[J].改革,1988(1).

[76] 高小平.深化行政体制改革的几点深层思考[J].中国机构改革与管理,2013(5).

[77] 龚士其,许毅.坚持计划经济为主、市场调节为辅[J].经济研究,

1982(6).

[78] 顾松年,沈立人.宏观经济的分层调控[J].改革,1990(4).

[79] 桂世镛,周叔莲.论经济调整的目标、阶段和措施[J].经济研究,1981(6).

[80] 桂世镛.搞好调整,更加稳妥、更加迅速地推进四个现代化[J].经济研究,1979(7).

[81] 桂世镛.关于正确认识计划经济为主、市场调节为辅的几个问题[J].经济研究,1984(5).

[82] 郭金云,李翔宇.整体政府:服务型政府建设的治理方向[J].上海行政学院学报,2014(1).

[83] 郭俊华,程琼.我国重大自然灾害的公共财政应急措施研究——以“5·12”汶川大地震为例[J].上海交通大学学报,2009(3).

[84] 郭树清.发展中国的宏观经济管理[J].改革,1993(4).

[85] 郭树清.关于价格体制改革的目标模式[J].中国社会科学院研究生院学报,1985(3).

[86] 国家行政学院课题组.以职能转变为核心推进行政体制改革[J].行政管理改革,2013(5).

[87] 国家计委经济研究中心课题组.体制转换时期的宏观调控[J].经济研究,1989(5).

[88] 郝红梅.我国外商投资管理体制改革历程回顾及深化改革的思考[J].对外经贸,2016(9).

[89] 何建章,王积业,吴凯泰.关于计划调节和市场调节相结合问题[J].经济研究,1980(5).

[90] 何建章.我国全民所有制经济计划管理体制存在的问题和改革方向[J].经济研究,1979(5).

[91] 何建章.再论计划经济与市场调节[J].经济研究,1982(6).

[92] 何显明.政府转型与现代国家治理体系的建构——60 年来政府体制演变的内在逻辑[J].浙江社会科学,2013(6).

[93] 何琢.调整国民经济是加速现代化建设的战略决策[J].经济研究,1979(5).

[94] 洪银兴.论社会主义商品生产的调节机制——兼论经济杠杆的类型及其功能[J].经济研究,1985(5).

[95] 胡鞍钢.从适度从紧到积极扩大内需:怎样看待宏观经济政策[J].改革,1998(6).

[96] 胡家勇.我国政府规模的系统分析[J].经济研究,1996(2).

[97] 华生,何家成,蒋跃,等.论具有中国特色的价格改革道路[J].经济研究,1985(2).

[98] 华生,何家成,张学军,等.经济运行模式的转换——试论中国进一步改革的问题和思路[J].经济研究,1986(2).

[99] 华生.转到有计划的商品经济轨道上来[J].经济研究,1984(11).

[100] 黄河.公共产品视角下的"一带一路"[J].世界经济与政治,2015(6).

[101] 黄志凌,李今早,焦玉良.我国宏观间接调控机制与体制研究[J].改革,1993(2).

[102] 贾博."服务型政府"探究[J].学习论坛,2005(2).

[103] 贾康,陈通.政府与社会资本合作效应[J].中国金融,2015(15).

[104] 江若尘,陆煊.中国(上海)自由贸易试验区的制度创新及其评估——基于全球比较的视角[J].外国经济与管理,2014(10).

[105] 江晓薇.1988 年经济形势的反思与对策[J].经济纵横,1989(7).

[106] 蒋学模.论计划调节与市场调节的结合[J].经济研究,1979(8).

[107] 蒋一苇.企业本位论[J].中国社会科学,1980(1).

[108] 蒋云根.公共服务型政府的制度建构[J].广东行政学院学报,2005(6).

[109] 解亚红.关注政府改革,推动国家治理体系和治理能力现代化[J].中

国行政管理,2014(4).

[110] 荆林波,袁平红.中国加快实施自由贸易区战略研究[J].国际贸易,2013(7).

[111] 蓝煜昕.地方政府机构改革轨迹、阶段性特征及其下一步[J].改革,2013(9).

[112] 李成瑞,张卓元.关于高速度进行社会主义现代化建设的几个问题[J].经济研究,1979(2).

[113] 李成瑞,作沅.坚定不移、扎扎实实地把国民经济调整的任务完成[J].经济研究,1979(12).

[114] 李京文.对当前我国经济形势的分析与建议[J].数量经济技术经济研究,1999(11).

[115] 李军鹏.国家治理体系现代化视域下的现代政府建设[J].中共天津市委党校学报,2015(2).

[116] 李军鹏.论中国政府公共服务职能[J].国家行政学院学报,2003(4).

[117] 李明.政企分开是经济体制改革的中心环节[J].经济研究,1984(9).

[118] 李琪,董幼鸿.论公共服务型政府的建设与创新[J].中国行政管理,2004(11).

[119] 厉以宁.计划体制改革中宏观经济与微观经济协调问题的探讨[J].经济研究,1984(2).

[120] 廖季立.谈深化改革中的宏观经济调节[J].改革,1988(5).

[121] 刘成瑞,胡乃武,余广华.计划和市场相结合是我国经济管理改革的基本途径[J].经济研究,1979(7).

[122] 刘大庆.我国现阶段的不完全市场与宏观调控[J].改革,1988(5).

[123] 刘东汶.正确划分中央与地方的权力范围[J].江西行政学院学报,2003(6).

[124] 刘国光,赵人伟.论社会主义经济中计划与市场的关系[J].经济研究,

1979(5).

[125] 刘国光.改造经济体制模式、完善社会主义制度——学习《中共中央关于经济体制改革的决定》的一些体会[J].经济研究,1984(12).

[126] 刘国光.关于国民经济综合平衡的一些问题[J].经济研究,1979(3).

[127] 刘国光.略论计划调节与市场调节的几个问题[J].经济研究,1980(10).

[128] 刘国光.总量上坚持紧缩,结构上抓紧调整[J].改革,1989(2).

[129] 刘国光,陈吉元,张卓元,等.经济体制改革与宏观经济管理——"宏观经济管理国际讨论会"评述[J].经济研究,1985(12).

[130] 刘家义.加强宏观调控与完善财政货币政策的思考[J].财经科学,1997(3).

[131] 刘尚希.基本公共服务均等化:现实要求和政策路径[J].浙江经济,2007(13).

[132] 刘熙瑞.服务型政府——经济全球化背景下中国政府改革的目标[J].中国行政管理,2002(7).

[133] 刘现伟.加强政府监管,创造公平竞争市场环境[J].宏观经济管理,2016(2).

[134] 刘智勇,张志泽.我国服务型政府的内涵定位与实现路径选择[J].理论与改革,2005(2).

[135] 柳随年,周荧.正确处理积累和消费的比例关系加速实现四个现代化[J].经济研究,1979(4).

[136] 柳随年.搞好综合平衡、提高计划质量[J].经济研究,1982(2).

[137] 柳随年.关于我国经济体制改革方向的探讨[J].经济研究,1980(1).

[138] 楼继伟,周小川.论我国价格体系改革方向及其有关的模型方法[J].经济研究,1984(10).

[139] 楼继伟.管住货币,改善调控——总需求管理体制若干问题[J].改革,1993(1).

[140] 吕同舟.政府职能转变的理论逻辑与过程逻辑——基于国家治理现代化的思考[J].国家行政学院学报,2017(5).

[141] 马海涛,程岚,秦强.论我国城乡基本公共服务均等化[J].财经科学,2008(12).

[142] 马洪.关于经济管理体制改革的几个问题[J].经济研究,1981(7).

[143] 马洪.关于社会主义制度下我国商品经济的再探索[J].经济研究,1984(12).

[144] 马洪.建立社会主义市场经济新体制[J].经济研究,1992(11).

[145] 马亮.理解和推进"互联网+政务服务"需要处理好四对关系[J].电子政务,2016(8).

[146] 马述林.加快建立适应市场经济的宏观管理体制[J].改革,1993(5).

[147] 毛艳华."一带一路"对全球经济治理的价值与贡献[J].人民论坛,2015(3).

[148] 倪红日,张亮.基本公共服务均等化与财政管理体制改革研究[J].管理世界,2012(9).

[149] 彭向刚,王郅强.服务型政府:当代中国政府改革的目标模式[J].吉林大学社会科学学报,2004(4).

[150] 邱晓华,刘秋生.对当前经济形势的判断及治理整顿的基本对策[J].经济研究,1989(12).

[151] 阮宗泽.人类命运共同体:中国的"世界梦"[J].国际问题研究,2016(1).

[152] 盛来运,王冉,阎芳.国际金融危机对农民工流动就业的影响[J].中国农村经济,2009(9).

[153] 宋世明.国务院第七次行政体制改革的"表"与"里"[J].行政体制改革,2013(4).

[154] 宋维强.论从发展型政府到服务型政府的转型[J].甘肃理论学刊,

2005(5).

[155] 苏星.中国的计划经济与市场[J].经济研究,1982(8).

[156] 宋雄伟.群团组织改革必须依靠体制机制创新[J].中国党政干部论坛,2016(7).

[157] 孙祁祥.论我国宏观调控模式的选择[J].改革,1992(4).

[158] 孙尚清,陈吉元,张耳.社会主义经济的计划性与市场性相结会的几个理论问题[J].经济研究,1979(5).

[159] 孙尚清.我国经济发展的战略性转变[J].经济研究,1982(5).

[160] 孙卫华,许庆豫.差异与比较:我国高校办学自主权的思考——兼析地方高校办学自主权现状[J].浙江社会科学,2017(4).

[161] 孙冶方.谈谈搞好综合平衡的几个前提条件——在国民经济综合平衡理论问题讨论会上的发言[J].经济研究,1981(2).

[162] 孙迎春.英国政府服务标准化实践与启示[J].中国行政管理,2017(2).

[163] 唐铁汉.强化政府公共服务职能,努力建设公共服务型政府[J].中国行政管理,2004(7).

[164] 汪玉凯.大部制改革应如何推进[J].行政管理改革,2013(4).

[165] 王爱珠.关于社会主义国家经济职能的几个问题[J].经济研究,1985(7).

[166] 王东京.政府改革的经济学逻辑[J].中南大学学报(社会科学版),2006(6).

[167] 王凡斌,付钦太,杨宪萍.机构改革如何走出精简——膨胀的怪圈[J].学习论坛,1999(7).

[168] 王珏.全面贯彻治理、整顿、深化改革的方针[J].改革,1989(5).

[169] 王梦奎.当前经济形势和需要研究的一些问题[J].经济研究,1989(12).

[170] 王伟.十八大以来大部制改革深层问题及未来路径探析[J].中国行政

管理,2016(10).

[171] 王永银.论以农轻重为序安排计划[J].经济研究,1980(7).

[172] 王玉明.中央与地方关系:演变与定位[J].岭南学刊,1998(3).

[173] 王战.在全方位对外开放中培育竞争新优势[J].求是,2017(6).

[174] 韦伟.中央与地方权责关系的重建[J].经济研究,1993(9).

[175] 唯实.按照经济规律办事认真做好国民经济的调整工作[J].经济研究,1979(10).

[176] 魏礼群.国际金融危机与中国政府管理[J].中国行政管理,2011(2).

[177] 吴超林.1984 年以来中国宏观调控中的货币政策演变[J].当代中国史研究,2004(5).

[178] 吴敬琏.建设一个公开、透明和可问责的服务型政府[J].领导决策信息,2003(25).

[179] 吴亮平.经济建设是无产阶级专政的根本任务[J].经济研究,1979(7).

[180] 吴敏一.关于地方政府行为的若干思考——兼与部分同志商榷[J].经济研究,1990(7).

[181] 吴玉宗.服务型政府:概念、内涵与特点[J].西南民族大学学报(人文社科版),2004(2).

[182] 吴玉宗.服务型政府:缘起和前景[J].社会科学研究,2004(3).

[183] 吴志华.行政体制改革的动因、目标和难题[J].上海师范大学学报,2013(3).

[184] 项继权.基本公共服务均等化:政策目标与制度保障[J].华中师范大学学报,2008(1).

[185] 肖奴.如何认识用行政手段干预经济[J].经济研究,1982(9).

[186] 熊先兰.知识社会背景下的学习型政府建设:内涵、架构与路向[J].湖南社会科学,2015(1).

[187] 徐国喜,王成福.增产节约是实现我国社会主义现代化的根本方针

[J].经济研究,1980(3).

[188] 徐艳晴.基于三维框架对大部制机构整合的考察与审视[J].中国行政管理,2016(10).

[189] 许涤新.有关我国社会主义现代化建设的几个问题[J].经济研究,1979(9).

[190] 许经勇.我国宏观经济调控政策的回顾与思考[J].财经研究,2003(2).

[191] 薛澜,李宇环.走向国家治理现代化的政府职能转变:系统思维与改革取向[J].政治学研究,2014(5).

[192] 薛暮桥.经济管理体制改革需要解决的几个问题[J].经济研究,1982(1).

[193] 薛暮桥.关于经济体制改革理论需要继续深入讨论的几个问题[J].经济研究,1983(1).

[194] 薛暮桥.一九七九年以来稳定和调整物价问题[J].经济研究,1985(6).

[195] 薛暮桥.计划经济与商品经济,计划调节与市场调节[J].改革,1988(1).

[196] 薛暮桥.关于社会主义市场经济问题[J].经济研究,1992(10).

[197] 荀大志,常清,姚广海.宏观经济管理体制的近期改革思路[J].改革,1990(6).

[198] 阎滔.论从抑制通胀到扩大内需转型期的宏观经济政策[J].改革,1998(6).

[199] 杨道玲.大数据助力“互联网+政务服务”需抓好三个重点[J].电子政务,2016(8).

[200] 杨坚白.论社会主义市场经济的宏观调控和计划[J].经济研究,1994(3).

[201] 杨启先.关于我国经济体制改革目标模式研究[J].中国经济体制改革,1986(5).

[202] 杨思灵.“一带一路”倡议下中国与沿线国家关系治理及挑战[J].南亚研究,2015(2).

[203] 杨小云.论新中国建立以来中国共产党处理中央与地方关系的历史经

验[J].政治学研究,2001(2).

[204] 于景文.略论市场经济中的政府职能转变[J].天津社会科学,1999(3).

[205] 于祖尧.社会主义商品经济论[J].经济研究,1984(11).

[206] 余永定.中国宏观经济管理的新阶段[J].改革,1998(5).

[207] 袁东.当前国际国内经济形势下的财政货币政策分析[J].改革,1999(2).

[208] 袁木.论治理整顿[J].管理世界,1989(3).

[209] 袁曙宏.用五项程序确保重大行政决策科学民主[J].紫光阁,2015(3).

[210] 袁曙宏.深化行政执法体制改革[J].行政管理改革,2014(7).

[211] 张昌彩.2001 年宏观经济政策效应分析及今后政策建议[J].宏观经济研究,2001(12).

[212] 张定安.全面推进地方政府简政放权和行政审批制度改革的对策建议[J].中国行政管理,2014(8).

[213] 张富强.国际金融危机下现代责任政府的构建[J].广东社会科学,2012(5).

[214] 张纪.经济发展方式转型与政绩观转变[J].中州学刊,2014(7).

[215] 张萍.论计划经济和市场调节的结合与完善宏观调控机制[J].经济研究,1990(2).

[216] 张塞.我国宏观经济运行和调控的几个问题研究[J].经济研究,1990(11).

[217] 张雅林.适度政府规模与我国行政机构改革选择[J].经济社会体制比较,2001(3).

[218] 张燕生.十八大以来中国积极推动全球治理体系变革[J].当代世界,2017(10).

[219] 张幼文."一带一路"建设:国际发展协同与全球治理创新[J].毛泽东邓小平理论研究,2017(5).

[220] 张占斌,冯俏彬.创新监管方式,加快发展新经济[J].行政管理改革,

2016(9).

[221] 张占斌.经济新常态下简政放权改革新突破[J].行政管理改革,2015(1).

[222] 张卓元.推进宏观调控和流通环节改革[J].改革,1989(5).

[223] 中国社会科学院“体制改革纲要”课题组.中国经济体制中期改革纲要[J].改革,1988(2).

[224] 中国社会科学院经济所宏观课题组.寻求更有效的财政政策——中国宏观经济分析[J].经济研究,2000(3).

[225] 中国社会科学院经济学科片课题组.建立社会主义市场经济体制的理论思考与政策选择[J].经济研究,1993(8).

[226] 中国社会科学院经济学片形势分析小组.经济形势、理论和政策[J].经济研究,1989(3).

[227] 中国社会科学院经济研究所宏观经济管理课题组.坚持适度分权方向,重塑国家管理格局——几年来财政体制和宏观管理改革的回顾与思考[J].经济研究,1987(6).

[228] 周诚.农村人民公社生产队实行产量责任制问题的探讨[J].经济研究,1980(10).

[229] 周庆行,杨兴坤.建设服务型政府的困扰[J].当代行政,2004(5).

[230] 周绍朋,王健,汪海波.宏观调控政策协调在经济“软着陆”中的作用[J].经济研究,1998(2).

[231] 周叔莲.调整国民经济的几个理论问题[J].经济研究,1981(3).

[232] 周太和,詹武,傅丰祥.建立具有中国特色的经济体制[J].经济研究,1983(10).

[233] 周悦,王华春.中国历次行政体制改革的动力机制研究——基于交易成本的视角[J].湖南行政学院学报,2015(1).

[234] 朱家良,吴敏一.中国地方政府调控:障碍与选择——兼论中央和地方的调控关系[J].经济研究,1992(8).

［235］朱明春.市场经济中的宏观管理组织:论机构改革［J］.改革,1993(2).
［236］高尚全.历史新起点上的中央地方关系［J］.新世纪周刊,2007(5).
［237］张继政.对我国政府机构改革的回顾与反思［D］.武汉:华中科技大学,2005.
［238］夏天.中国中央与地方关系改革的研究［D］.上海:华东师范大学,2006.
［239］王顺华.从抑制通货膨胀到治理通货紧缩——20 世纪 90 年代以来的中国宏观经济政策研究［D］.武汉:华中科技大学,2003.
［240］王以忠.改革开放以来我国中央政府机构改革的述评［D］.北京:中共中央党校,2001.
［241］迟福林.推行负面清单管理破题政府职能转变［N］.经济参考报,2014-09-22.
［242］曹普.中国改革开放的历史由来［N］.学习时报,2008-09-29.
［243］张茅.深化改革创新,狠抓工作落实,全面完成今年市场监管工作任务——在全国工商和市场监管工作座谈会上的讲话［N］.中国工商报,2017-07-01.
［244］董克伟.政府转型须向部门利益开刀［N］.中国改革报,2006-07-11.
［245］杜润生.联产承包制和农村合作经济的新发展［N］.人民日报,1983-03-07.
［246］何振一.利改税第二步的理论与方法探讨［N］.人民日报,1983-11-30.
［247］林子力.社会主义商品经济探讨［N］.光明日报,1980-08-30.
［248］刘旭涛."四位一体"全面推进［N］.人民日报,2013-07-03.
［249］刘卓甫.关于价格改革的几个问题［N］.光明日报,1983-06-05.
［250］龙海波.紧扣重点环节深化放管服改革［N］.光明日报,2017-03-23.
［251］吕巍.从一张"万里长征图"到一份"汇总清单"［N］.人民政协报,2014-06-03.

[252] 平言.以工匠精神抓好“放管服”改革[N].经济日报,2016-05-26.

[253] 盛斌.读懂开放型经济新体制的新意[N].解放日报,2015-06-07.

[254] 汪玉凯.本轮改革的核心是政府改革[N].经济参考报,2014-09-23.

[255] 汪玉凯.法治政府是政治体制改革的重要内容[N].光明日报,2015-01-08.

[256] 汪玉凯.降低企业制度性交易成本[N].人民日报,2017-07-07.

[257] 王宏刚.深化商事制度改革,释放经济发展活力[N].经济日报,2015-09-10.

[258] 王利明.负面清单:一种新的治国理政模式[N].北京日报,2014-09-22.

[259] 王树华.建设服务型政府[N].人民日报,2004-02-12.

[260] 夏旭田,等.商务部研究院国际市场研究所副所长白明:扩大对外开放“坐标系面积”建设高水平自由贸易港[N].21 世纪经济报道,2017-10-19.

[261] 许耀桐.实现政府职能转变在于行政资源优化配置[N].社会科学报,2017-08-10.

[262] 薛暮桥.关于经济体制改革的一些意见[N].人民日报,1980-06-10.

[263] 薛暮桥.关于物价的几个问题[N].人民日报,1985-01-28.

[264] 应松年.创新推进政务公开的制度机制[N].人民日报,2016-12-30.

[265] 有林.经济体制改革中若干问题的探讨[N].光明日报,1983-07-31.

[266] 南方日报评论员.坚定不移将国家治理现代化推向前进[N].南方日报,2018-03-22.

[267] 姜鲁鸣,王伟海.军民融合发展进入新时代[N].光明日报,2018-02-03.

[268] 迟福林.公共需求的深刻变化与政府转型压力[EB/OL].人民网,2005-11-04.

[269] 刘伟.财政部副部长刘伟:我国政府债务风险总体可控[EB/OL].中国政府网,2017-07-28.

［270］熊丙奇.落实高校和科研院所自主权需打改革攻坚战［EB/OL］.人民网教育频道,2015-11-04.

［271］赵霞."壮士断腕"方能革弊前行［EB/OL］.人民网理论频道,2017-03-17.

［272］肖捷.财政部部长肖捷答记者问［EB/OL］.人民网,2018-03-07.